Heinz Köhler, Renate Wolf, María C. Martín

Éxito

Spanische Handelskorrespondenz

5. Auflage

Bestellnummer 1331

Bildungsverlag EINS

Haben Sie Anregungen oder Kritikpunkte zu diesem Produkt?
Dann senden Sie eine E-Mail an 1331_005@bv-1.de
Autoren und Verlag freuen sich auf Ihre Rückmeldung.

Wir danken . . .
Agradecemos a . . .

Concha Gaudó, Zaragoza;
Cecilia Krogmann, Santiago de Chile
Chus Wolfhagen, Valencia
Juan Segura, Hamburg/Madrid
Merche Mateo-Sanz, Valencia
Dolores Bravo-Paz, Pontevedra
Jaime Feijóo, Santiago de Compostela
Silvia Villanueva, Tarifa
Mara Morillo, Caracas
Arturo Blanco-Coto, San José de Costa Rica
Alicia Díaz-Verdes-Montenegro, Madrid
Maite Espiga Peletier, Madrid
Ignacio Descalzo, Hamburg

und den Unternehmen...
y a las empresas...

Máximo Moreno, S.A., Molina de Segura (Murcia)
Conservas Cerqueira, S.A., Vilaboa (Pontevedra)
Marina Real, S.A., Tarifa
Codorníu, S.A., Barcelona
Freixenet, S.A., Sant Sadurní d'Anoia
Conservas del Noroeste, S.A., Vigo
Pita Hnos., S.A., Vilagarcía de Arousa (Pontevedra)
Pérez, Blumenimport, Hamburg
Pánama Jack, Alicante
Bernhard Rothfos GmbH, Kaffeeimport, Hamburg.
Antonio Puig, Perfumes, Barcelona

für die freundliche Unterstützung
la ayuda prestada.

Die in diesem Produkt gemachten Angaben zu Unternehmen (Namen, Internet- und E-Mail-Adressen, Handelsregistereintragungen, Kontonummern, Steuer-, Telefon- und Faxnummern und alle weiteren Angaben) sind i. d. R. fiktiv, d. h., sie stehen in keinem Zusammenhang mit einem real existierenden Unternehmen in der dargestellten oder einer ähnlichen Form. Dies gilt auch für alle Kunden, Lieferanten und sonstigen Geschäftspartner der Unternehmen wie z. B. Kreditinstitute, Versicherungsunternehmen und andere Dienstleistungsunternehmen. Ausschließlich zum Zwecke der Authentizität werden die Namen real existierender Unternehmen und z. B. im Fall von Kreditinstituten auch deren Bankleitzahlen, IBAN- und Swift-Codes verwendet.

www.bildungsverlag1.de

Bildungsverlag EINS
Hansestraße 115, 51149 Köln

ISBN 978-3-8242-**1331**-3

Vorwort zur Neuauflage von EXITO

Im Geschäftsleben erfolgreich sein mit „Exito"

„Die beste Sprache ist immer die Sprache des Kunden!" Das ist seit Generationen die Devise der Kaufleute. Der Handel mit Spanien und Lateinamerika hat für die deutsche Wirtschaft eine lange Tradition und große Bedeutung. Deshalb war der Gebrauch der spanischen Sprache immer sehr wichtig.

Die Beherrschung des Spanischen gewinnt weiter an Gewicht – trotz der Prädominanz des Englischen. In der Muttersprache verhandeln schafft Vertrauen – eine unerlässliche Voraussetzung für gute Beziehungen und wichtiger Faktor für den Erfolg.

„Exito" führt die Lernenden aufgrund seiner methodischen Struktur – vom Leseverstehen zur Textproduktion und vom Hörverstehen zum Sprechen – dahin, sich sowohl in der schriftlichen als auch in der mündlichen Handelssprache sicher zu bewegen. Dazu tragen neben den Modellbriefen zu Anfrage, Angebot, Auftrag, Auftragsbestätigung, Reklamation, Antwort auf eine Reklamation, Handelsvertretung und Bewerbung um einen Arbeitsplatz die Übungen zu Wortschatz und Grammatik, Übersetzung und Textproduktion sowie (in dieser Neuauflage eingeführte) Gespräche über geschäftliche Situationen bei.

Auf einer soliden Grundlage – Beherrschung des spezifischen Wortschatzes, der Grammatik und der Redemittel – werden Lernende in die Lage versetzt, die modernen Medien, sei es E-Mail oder Telefon, gezielt einzusetzen. Alle Übungen und Gespräche sind den einzelnen Kapiteln angepasst, bauen aufeinander auf und sind von ansteigendem Schwierigkeitsgrad.

Das vorliegende Werk führt schrittweise zu den Niveaus B1 bis B2, (teilweise auch C1) des Europäischen Referenzrahmens und ist damit sowohl an Fachschulen für kaufmännische Assistenz als auch an Fachhochschulen einsetzbar. „Exito" bereitet natürlich auch auf international anerkannte IHK-Prüfungen vor.

Das Autorenteam wünscht viel Erfolg mit „Exito"!

Hamburg, Januar 2013

ÍNDICE		INHALT	
Unidad 1:	**Solicitud de oferta**	**Anfrage**	**11**
1.1	**Modelos de cartas**	**Modellbriefe**	12
	Preguntas	Fragen zu den Modellbriefen	16
1.2	**Frases modelo**	**Modellsätze**	17
1.3	**Ejercicios de gramática**	**Grammatikübungen**	18
	– Preposiciones	Präpositionen	
	– Futuro	Futur	
	– Pronombres personales de acusativo y dativo y preposicionales	Personalpronomina im Akkusativ und Dativ u. nach Präpositionen	
	– Uso de "interesar"	Gebrauch von „interesar"	
	– Presente de subjuntivo	Präsens Subjuntivo	
	– Imperativo	Befehlsform („Ud." und „Uds.")	
	– "ser" y "estar"	„ser" und „estar"	
1.4	**Ejercicios de vocabulario y construcción de frases**	**Übungen zu Wortschatz und Satzbau**	24
	– Abreviaturas	Abkürzungen	
	– Fecha	Datum	
	– Definiciones	„como" und „ya que"	
	– "como" y "ya que"	Annäherung an den Entwurf einer Anfrage	
	– Acercamiento a la redacción de una solicitud de oferta		
1.5	**Ejercicios de redacción**	**Übungen zum Briefentwurf**	28
1.5.1	Anuncios	Anzeigen	28
1.5.2	Minutas en alemán	Briefentwürfe nach deutschen Angaben	30
1.6	**Ejercicios de traducción**	**Übersetzungsübungen**	32
1.7	**Pasatiempos**	**Spaß- und Rätselecke**	35
Unidad 2:	**Oferta**	**Angebot**	**37**
2.1	**Modelos de cartas**	**Modellbriefe**	38
	Preguntas	Fragen zu den Modellbriefen	45
	Envases y embalajes	Gefäße und Verpackungen	46
2.2	**Frases modelo y condiciones**	**Modellsätze und Bedingungen**	49
2.2.1	Incoterms	Incoterms	49
2.2.2	Condiciones de pago	Zahlungsbedingungen	50
2.2.3	Frases modelo	Modellsätze	52

Unidad 1:

Solicitud de oferta

Una empresa necesita uno o varios productos y desea informarse sobre la posibilidad de conseguirlos.

A) Todavía no existen relaciones comerciales

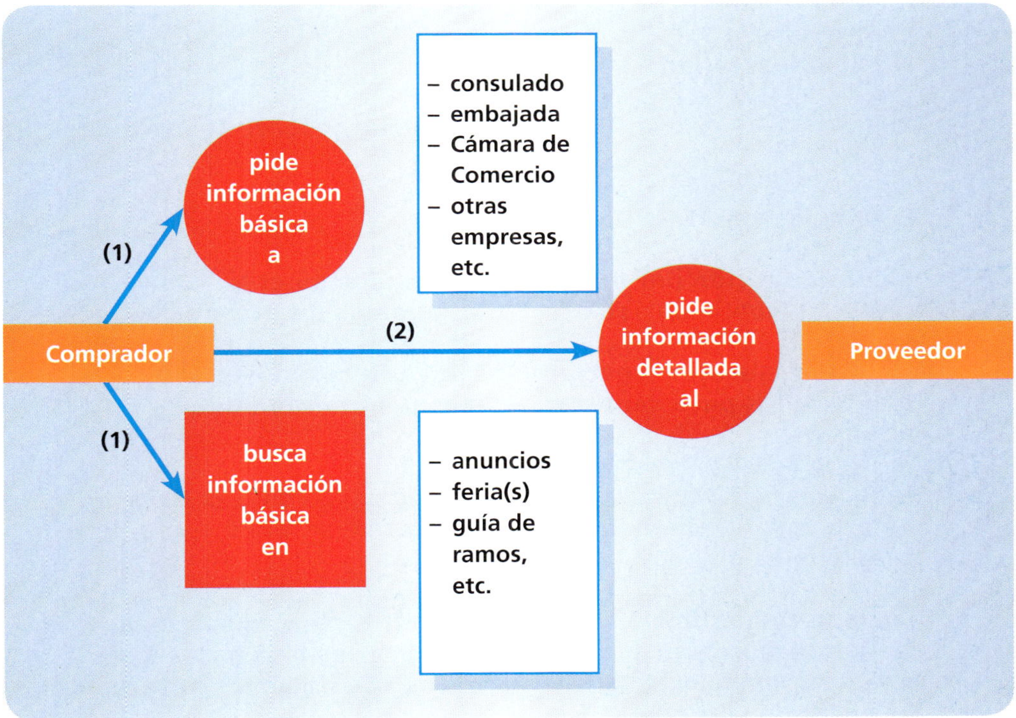

B) Ya existen relaciones comerciales

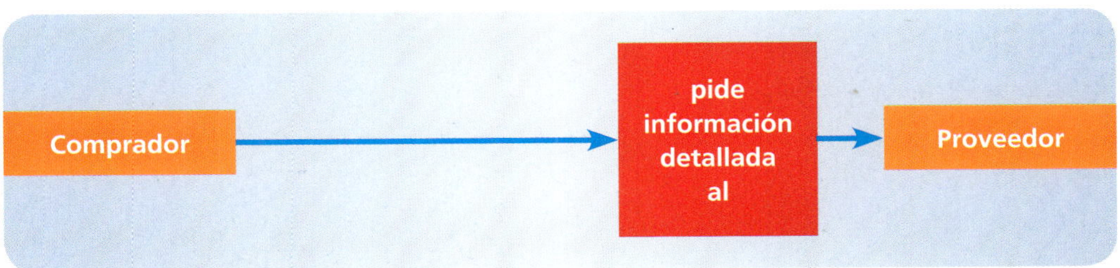

Carta A

Falke GmbH
Büroeinrichtungen
Eiffestr. 36, 20537 Hamburg
Tel.: 0 40/2 91 78-0
www.falkebuero.de

Señores
Olmedo & Román
c/ San José, 13
E-12005 Castellón

Hamburgo, 5 de febrero de...

Estimados señores:

Hemos conocido por el anuncio aparecido en el n° 128 de la revista "Moblanda" su oferta de muebles de oficina.

Entre los muebles mencionados nos interesan especialmente sillas para secretarias, mesas para reuniones y armarios.

Tengan la amabilidad de enviarnos su catálogo y la lista de precios. Además, les rogamos nos comuniquen sus condiciones de pago y entrega.

Como la competencia es muy fuerte en el mercado alemán, les agradeceremos nos indiquen sus precios más bajos y sus mejores condiciones. Si su oferta nos satisface, les pasaremos un pedido de prueba.

Esperamos su respuesta con mucho interés.

Atentamente

A. Falke
A. Falke

Carta B

WEINHAUS SCHLEGEL

Eppendorfer Weg 120 · D-20259 Hamburg
Tel. 0 40/22 34 67
www.weinschlegel.de

Codornet, S.A.
Apartado de Correos n° 1
08770 Sant Sadurní d'Anoia
ESPAÑA

Hamburgo, 6 de enero de ...

Apreciados señores:

La Cámara de Comercio Alemana para España nos ha proporcionado su dirección.

Desde hace 40 años nos dedicamos a la importación de vinos y cavas. Como los precios de los champanes franceses han subido considerablemente en los últimos años, nos gustaría entablar relaciones comerciales con una casa española.

Tengan la bondad de informarnos de los precios actuales de sus diferentes cavas y de su plazo aproximado de entrega. Si sus precios y demás condiciones son favorables, podrán contar con importantes pedidos.

En caso de que ustedes deseen informarse sobre nuestra casa, diríjanse, por favor, al Deutsche Bank de Hamburgo, que les facilitará todos los datos necesarios.

Esperamos que nos sometan una oferta interesante y, entretanto, les saludamos muy atentamente.

Heinz Schlegel
Heinz Schlegel

Carta C

Tiendas Preciosas, S.A.
Avenida de Burgos, 115 · 28050 Madrid
Tel.: (91) 5820690
Fax: (91) 5828346
www.tiendaspreciosas.es

AWG
Wolfenbütteler Straße 56
D-38124 Braunschweig

Madrid, 20 de mayo de…

Asunto: Notebooks Adler

Estimado señor Wulff:

Nos alegramos de poder comunicarle que los Notebooks Adler, que nos envió hace dos meses, se venden muy bien.

Para ampliar nuestro surtido estamos interesados en comprar algunos modelos de la nueva serie. Por ello, le agradeceremos nos informe más detalladamente sobre estos modelos y sobre las nuevas impresoras laser ultraligeras. Además, quisiéramos saber si nos puede garantizar el suministro de las piezas de recambio para las impresoras durante 5 años por lo menos.

Como deseamos incluir todos los nuevos modelos en nuestro próximo catálogo y nuestra página web, le rogamos nos conteste cuanto antes.

Muy atentamente

Antonio Molina

Antonio Molina
a.molina@preciosas.es
Departamento de Compras

Carta D

INTERNATIONALE
SCHUHMODE
GMBH

Gerberallee 44 · 10030 Berlin
Tel. 030 4678903 · Fax 030 4678904
www.berlinshoe.de

AVENTURA JACK
Grupo Internacional, S. A.
Ctra. Murcia-Alicante, km 49,5
E-03330 Alicante

Ihr Zeichen	Unser Zeichen	Ihr Schreiben	Berlin,
–	HW/PK	–	2 de julio de...

Lanzamiento de sus modelos en Alemania

Señores/Señoras:

Durante nuestra visita a la Feria del Calzado de Düsseldorf tuvimos ocasión de comprobar la alta calidad de los modelos expuestos en su stand. Al mismo tiempo, pudimos informarnos a través de su representante de que ustedes todavía no exportan a Alemania.

Somos una de las mayores cadenas de calzado de Alemania, y nuestro volumen de ventas es considerable. Nos interesa introducir su marca en nuestro mercado y, por eso, les rogamos nos envíen su catálogo de la próxima temporada, además de los precios de exportación y sus condiciones de venta. Tengan la amabilidad de enviarnos también algunas muestras de las pieles utilizadas. Para lanzar sus productos, les agradeceremos nos concedan una rebaja especial.

En espera de su pronta respuesta, aprovechamos la ocasión para saludarles atentamente.

Franziska Steiner
Gerente

1.1 Modelos de cartas

¿¿¿PREGUNTAS???

Carta A de Falke GmbH

1. ¿Dónde ha encontrado la casa Falke GmbH la dirección de la empresa española?
2. ¿Qué productos le interesan especialmente a la casa Falke?
3. ¿Qué información pide la casa alemana?
4. ¿Por qué necesita la empresa alemana precios bajos y condiciones favorables?
5. ¿En qué caso está dispuesta la casa Falke a pasar un pedido de prueba?
6. ¿Por qué quiere pasar primero un pedido de prueba?
7. ¿Qué tipo de carta es ésta?
8. ¿Qué expresiones utiliza la casa Falke GmbH para formular sus deseos?

Carta B de Weinhaus Schlegel

1. ¿Quién ha dado la dirección de la empresa Codornet S.A. a la casa Schlegel?
2. ¿Qué tipo de empresa es la casa Schlegel?
3. ¿Qué artículo le interesa comprar ahora a la casa Schlegel?
4. ¿Por qué escribe el señor Schlegel a una casa española?
5. ¿Qué información pide el señor Schlegel?
6. a) ¿Qué promete el señor Schlegel? b) ¿Bajo qué condiciones?
7. ¿Quién puede informar a la empresa Codornet sobre la casa Schlegel?
8. ¿Por qué puede ser necesaria esta información?
9. ¿Qué tipo de carta espera el señor Schlegel como respuesta?
10. ¿Qué productos de la misma categoría exporta España?
11. ¿Por qué parece interesante importar cava español a Alemania?
12. ¿Qué expresiones se utilizan en el texto para formular los deseos de la empresa Schlegel?

Carta C de Tiendas Preciosas, S.A.

1. ¿Quién ha escrito a quién?
2. Compare la introducción de esta carta con las de las anteriores. Explique la diferencia.
3. ¿Qué motivo tiene la casa española para escribir a la alemana?
4. ¿Qué información específica necesita la casa española?
5. ¿Por qué necesita la información rápidamente?

Carta D de Internationale Schuhmode GmbH

1. ¿Dónde ha encontrado la empresa Internationale Schuhmode la dirección del fabricante español?
2. ¿Por qué quiere entrar la casa alemana en relaciones comerciales con la casa española?
3. ¿Por qué es el fabricante español una empresa más interesante que otras empresas para la casa alemana?
4. ¿Por qué puede ser el distribuidor alemán un cliente interesante para el fabricante español?
5. ¿Qué detalles debe contener la oferta?
6. ¿Qué clase de muestras pide el distribuidor?
7. ¿Para qué las necesita?

1.2 Frases modelo

Estudie, comente y traduzca.

Bitte . . .

Le(s) rogamos	(que) nos envíe(n) su catálogo.
Le(s) agradeceremos	(que) nos envíe(n) su catálogo.
Por favor	envíe(n)nos su catálogo.
Tenga(n) la bondad	**de** enviarnos su catálogo.
Tenga(n) la amabilidad	**de** enviarnos su catálogo.

mitteilen

Tenga(n) la bondad de informarnos **de** (o: **sobre**) sus condiciones.
Tenga(n) la bondad de comunicarnos sus condiciones.
Tenga(n) la bondad de comunicarnos si Ud(s). está(n) dispuesto(s) a . . .
Tenga(n) la bondad de informarnos si Ud(s). está(n) dispuesto(s) a . . .

(gerne) wissen wollen, ob . . ./kennenlernen

Nos interesaría saber si podrán suministrar la mercancía dentro de 6 semanas.

Nos gustaría	saber si exportan estos productos.
Quisiéramos	informarnos de sus condiciones.
Deseamos	conocer su oferta.

Da . . ./. . ., weil . . .

Como la competencia es muy fuerte,
les rogamos nos indiquen sus mejores condiciones.
Les rogamos nos indiquen sus mejores condiciones,
porque (o: **ya que**) la competencia es muy fuerte.

Falls . . .

Si su oferta nos satis**face**, podrán contar con un pedido.
En caso de que su oferta nos satis**faga**, podrán contar con un pedido.

(er)hoffen, erwarten

Esperamos **que** su oferta **sea** favorable.
Esperamos **poder** pasarles pronto un primer pedido.
Esperamos **su oferta** con mucho interés.
En espera de sus prontas noticias, les saludamos atentamente.

1.3 Ejercicios de gramática

A. Ponga las preposiciones necesarias (1):

Hemos recibido su dirección . . . (1) . . . los señores Sánchez . . . (2) . . . Bilbao . . . (3) . . . los que mantenemos relaciones comerciales desde hace más . . . (4) . . . veinte años. Como somos mayoristas . . . (5) . . . perfumes, nos gustaría . . . (6) . . . introducir una nueva marca . . . (7) . . . el mercado alemán. Ya tenemos la representación . . . (8) . . . marcas muy conocidas como, por ejemplo, Lacase, Givencho e Yves Saint Croix.
Si Uds. están interesados . . . (9) . . . colaborar . . . (10) . . . nuestra casa, les rogamos nos envíen folletos, la lista de precios y demás condiciones. Además, nos interesaría . . . (11) . . . saber cuál sería el plazo de entrega.
. . . (12) . . . espera . . . (13) . . . sus prontas noticias, les saludamos atentamente.

Ponga las preposiciones necesarias (2):

Hemos leído su anuncio . . . (1) . . . la revista "Moblofa" . . . (2) . . . el 2 . . . (3) . . . abril. Nos dedicamos . . . (4) . . . la importación de muebles de oficina y estamos muy interesados . . . (5) . . . ampliar nuestro surtido . . . (6) . . . productos españoles. Por eso, tengan la bondad . . . (7) . . . informarnos detalladamente . . . (8) . . . su oferta.
Si sus condiciones y precios son ventajosos, les pasaremos un pedido . . . (9) . . . mayor importancia.
Esperamos su oferta . . . (10) . . . mucho interés y les saludamos atentamente.

FUTURO

Recuerde
compraré, comprarás, comprará, compraremos, compraréis, comprarán
Atención con las excepciones: hacer - *haré*, poder - *podré*, etc.

B. Ponga la forma correcta del futuro:

1. Los precios de estos productos (subir) pronto.
2. El importador (poder) informarse de todos los detalles.
3. El cliente (desear) un descuento importante.
4. Los representantes (introducir) los aparatos en el mercado francés.
5. El importador (dirigirse) a la Cámara de Comercio.
6. El Consulado General le (dar) la dirección del fabricante.
7. La empresa (dedicarse) a la importación de vino.
8. Los clientes (ver) que nuestros productos son de primera calidad.
9. Los fabricantes (suministrar) la máquina el 10 de agosto.
10. (hacer, yo) todo para satisfacer a la clientela.

11. Los clientes (cambiar) de fabricante.
12. (producir, nosotros) artículos de la mejor calidad.
13. Estamos seguros de que la calidad les (convenir).
14. Uds. (proponer) las condiciones de pago y entrega.
15. Uds. (tener) un producto de alta calidad.
16. Los resultados de venta (ser) excelentes.
17. (estar, nosotros) dispuestos a concederles un descuento.
18. Les (enviar, yo) muestras de todas las pieles que utilizamos.
19. Le (gustar) introducir nuestro producto.
20. Le (decir, ellos) cuánto cuesta la máquina.

PRONOMBRES PERSONALES

Verbo conjugado:

Importamos **los productos**.
Los importamos
Uds. ofrecen **los productos *a los clientes***.
Uds. ***se* los** ofrecen.
Nos envían **la factura**.
***Nos* la** envían.

Infinitivo:

Queremos importar **las máquinas**.
Queremos importar**las**.
Deseamos enviar **la oferta *a Uds.***
Deseamos enviár***se*la**.
¿Puede escribir***nos* la carta**?
¿Puede escribír***nos*la**?
¿***Nos* la** puede escribir?

Imperativo:

Importemos **los productos**.
Importémos**los**.
Enséñen***me*** Uds. **la muestra**.
Enséñen***me*la**.

Gerundio:

Estoy importando **los productos**.
Estoy importándo**los**.
Uds. están comunicándo***me* las noticias**.
Están comunicándo***me*las**.
***Me* las** están comunicando.

¡¡¡ATENCIÓN!!!

Estamos interesados *en* ***el modelo B***.
Estamos interesados *en* ***él***.
Está interesado *en* ***las mercancías***.
Está interesado *en* ***ellas***.

C. Ponga el pronombre en la posición correcta:

1. Su producto interesa mucho. (nos)
2. Envío una lista completa de nuestros productos. (les)
3. Por favor, manden una muestra. (nos)
4. Rogamos envíen su último catálogo. (les)(nos)
5. Nos gustaría someter nuestra oferta completa. (les)
6. Lamentamos tener que comunicar que ya no fabricamos este aparato. (les)
7. Nos dice que está despachando en este momento. (los)
8. Informen si pueden conceder un descuento. (nos)(nos)
9. Llamaremos cuanto antes. (les)
10. Deseo ver todos. (los)
11. Por favor, comuniquen todos los detalles. (me)
12. Actualmente estamos comunicando las condiciones. (le)

D. Sustituya el complemento *en cursiva* por el pronombre personal:

1. Ellos ofrecen *los muebles de oficina.* ....
2. Hemos leído *su anuncio.* ....
3. Ayer encontramos *a su representante.* ....
4. Uds. no exportan *sus productos* a Alemania. ....
5. Agradeceré nos comuniquen *si ya exportan a Alemania.* ....
6. Nos interesa mucho lanzar *sus lavadoras* a este mercado. ....
7. Estamos interesados en *sus vinos.* ....
8. Tengan la amabilidad de enviarnos *las muestras.* ....
9. Tengan la bondad de enviarme *la revista.* ....
10. Por favor, comuníquennos *las condiciones.* ....
11. Por favor, infórmennos sobre *la empresa Ruiz & Cía.* ....
12. ¿Podría indicarme *los precios más bajos?* ....
13. ¿Están Uds. de acuerdo con *el señor Segura?* ....
14. Les rogamos nos comuniquen *si podrán garantizarnos el suministro hasta el 30 de junio.* ....
15. Les rogamos *nos envíen su catálogo.* ....
16. Indíquennos, por favor, *el plazo de entrega.* ....
17. Estoy dispuesto a pasarles *el pedido.* ....
18. Esperamos *su oferta* con mucho interés. ....
19. Podrán contar con *nuestro pedido.* ....

¿CÓMO SE UTILIZA EL VERBO "INTERESAR"?

I) Forma impersonal: interesar (+ verbo sin preposición)
Me/nos interes*a* ***conocer*** sus productos.
Sus product***os*** me/nos interes***an.***

II) Forma compuesta: estar interesado en (+ sustantivo o verbo)
Estamos interesados ***en*** su producto.
Estoy interesado ***en*** comprar muebles.

III) Forma reflexiva: interesarse por (+ sustantivo)
Nos interesamos ***por*** su producto.
Me intereso ***por*** su producto.

E. Ponga la forma correcta de "interesar":

1. Me . . . saber si las piezas de recambio se encuentran en almacén.
2. Nos . . . mucho por los negocios.
3. Nos . . . mucho su oferta.
4. Sus condiciones de pago y entrega nos . . . mucho.
5. Están . . . en nuestros productos.
6. Me . . . entrar en relaciones comerciales con esa casa.
7. Nos . . . sus últimos modelos.
8. Estoy . . . en ampliar mi surtido.
9. Me . . . por su colección de verano.
10. Me . . . enormemente sus nuevos vídeos.
11. Estamos . . . en representar a su empresa.
12. Nos . . . vender sus artículos.
13. Me . . . especialmente por sus sillas.
14. Nos . . . conocer su nueva calidad.
15. Nos . . . por esas conservas.

PRESENTE DE SUBJUNTIVO

Recuerde

compr***ar***	>	compre	dedicarse	>	se dedi**que**
vend***er***	>	venda	empezar	>	emp**iece**
escrib***ir***	>	escriba	pagar	>	pa**gue**
			dirigirse	>	se diri**ja**
ofrecer	>	ofre**zca**	estar	>	**esté**
pedir	>	p**i**da	ser	>	**sea**
hacer	>	ha**ga**	haber	>	**haya**
			ir	>	**vaya**
			saber	>	**sepa**
			dar	>	**dé**

. . . Ejemplos → . . .

Les **rogamos** (que) nos env**íen** su catálogo.
Les **agradeceremos** (que) nos env**íen** su catálogo.
Esperamos que nos contest**en** pronto.
En caso de que nos somet**an** una oferta favorable, . . .

F. Ponga la forma correcta del presente de subjuntivo:

Les rogamos que (Uds.) . . .

1. (comunicarnos) . . . sus condiciones de pago.
2. (hacernos) . . . su mejor oferta.
3. (enviarnos) . . . su catálogo.
4. (indicarnos) . . . sus mejores precios.
5. (darnos) . . . algunas informaciones.
6. (informarnos) . . . sobre el plazo aproximado de entrega.
7. (dirigirse) . . . al Dresdner Bank.
8. (garantizarnos) . . . la entrega antes del 31 de marzo.
9. (visitarnos) . . . .
10. (entregarnos) . . . los artículos antes del 31 de marzo.

G. ¿Presente de indicativo o subjuntivo?

Ejemplos:
(Si / sus precios / ser / favorables > (nosotros) / pasarles / pedido de prueba).
Si sus precios **son** favorables, les pasaremos un pedido de prueba.
(En caso de que / Uds. / tener / los prospectos en inglés > rogarles / enviarnos / unos 30 ejemplares)
En caso de que tengan los prospectos en inglés, les rogamos nos envíen unos 30 ejemplares.

1. *(Si / precios / ser / competitivos > nosotros / pasarles / pedido de prueba)* . . . .
2. *(En caso de que / Ud. / tener / el catálogo en alemán > yo / rogar / enviármelo)* . . . .
3. *(Si / Uds. / poder / garantizar el suministro de las piezas de recambio durante los próximos 10 años > yo / pasarles / importantes pedidos)* . . . .
4. *(Si / condiciones / satisfacernos > nosotros / estar dispuestos a pasarles un pedido)* . . . .
5. *(En caso de que / Uds. / estar interesados en colaborar con nuestra casa > nosotros / rogarles / hacernos / la mejor oferta)* . . . .
6. *(En caso de que / su oferta / satisfacernos > nosotros / pasarles importantes pedidos)* . . . .

H. Ponga la forma correcta de presente de indicativo o subjuntivo de los verbos entre paréntesis:

(indicarme, poder, estar, fabricar, pasar, ser, enviarnos)

1. Esperamos que (Uds.) . . . interesados en colaborar con nuestra empresa.
2. Creemos que los precios de la competencia . . . menos favorables.
3. Es probable que les (nosotros) . . . pedidos de mayor importancia.
4. Les ruego . . . sus mejores precios.
5. Si nos . . . garantizar el suministro de las piezas de recambio durante 10 años, les pasaremos un pedido.
6. Les agradeceremos . . . su catálogo y la lista de precios.
7. En caso de que (Uds.) . . . también antenas parabólicas, infórmennos, por favor, de los detalles técnicos.

IMPERATIVO (BEFEHLSFORM)

Recuerde
Por favor, envíen**me** (Uds.) un catálogo.
Por favor, envíe**nn**os (Uds.) un catálogo.
Cono**zca** (Ud.) nuestra cerveza.
Por favor, **diga** (Ud.) la verdad.

I. Transforme las siguientes frases utilizando el imperativo:

Ejemplo: Tengan la bondad de informarnos sobre sus mejores precios. . . . .
Por favor, infórmennos sobre sus mejores precios.

1. Tengan la bondad de indicarnos sus precios CIF Hamburgo. . . . .
2. Les rogamos nos envíen su mejor oferta. . . . .
3. Tenga la bondad de hacerme una demostración de este aparato. . . . .
4. Le rogamos nos comunique si puede garantizarnos la entrega antes del 15 de abril. . . . .
5. Les ruego me indiquen su actual plazo de entrega. . . . .
6. Tenga la bondad de enviarme su lista de precios. . . . .

J. Ponga la forma correcta de *ser* o *estar*:

1. (nosotros) . . . mayoristas de mobiliario de oficina.
2. (nosotros) . . . interesados en importar sartenes de acero inoxidable.
3. La competencia . . . muy fuerte en este mercado.
4. Quisiéramos saber si les . . . posible entregar la mercancía dentro de 15 días.
5. Si sus precios . . . favorables, (nosotros) . . . dispuestos a pasarles un pedido de prueba.
6. Esperamos que (Uds.) . . . dispuestos a concedernos una rebaja por cantidades.

1.4 Ejercicios de vocabulario y construcción de frases

A. **¿Qué significan estas abreviaturas**
a) en español,
b) en alemán?

(1)	c/	= . . .	(4)	S.A.	= . . .
(2)	Ctra.	= . . .	(5)	E	= . . .
(3)	Tel.	= . . .	(6)	n.°	= . . .

B. **Escriba la fecha:**
Ejemplo: 03-03-15 = 3 de marzo de 2015

a)	14-01-1995	= . . .	e)	21-12-2012	= . . .
b)	01-04-2007	= . . .	f)	18-08-2019	= . . .
c)	22-09-2013	= . . .	g)	11-11-2013	= . . .
d)	05-10-2008	= . . .	h)	03-05-2014	= . . .

C. **Indique la palabra que no corresponda al resto:**
Ejemplo: verde – azul – **fuerte** – rojo

1. a) enero, b) agosto, c) mes, d) mayo
2. a) por teléfono, b) por fax, c) por correo electrónico, d) por favor
3. a) la revista, b) el periódico, c) el anuncio, d) la televisión
4. a) la mercancía, b) la lavadora, c) el artículo, d) el producto
5. a) la calidad, b) el precio, c) la cantidad, d) la muestra
6. a) de repente, b) de metal, c) de cuero, d) de cristal
7. a) la marca, b) el folleto, c) el catálogo, d) la lista de precios
8. a) en español, b) en inglés, c) en el extranjero, d) en alemán

D. **Relacione las siguientes frases utilizando "Como . . ."**
o ". . ., ya que (porque) . . .":

Ejemplo: **Como** la competencia es muy fuerte, les rogamos nos indiquen sus precios más bajos (frases 1 y 6).

1. La competencia es muy fuerte.
2. Quisiéramos saber si les es posible concedernos una rebaja.
3. No tenemos tiempo para verle antes.
4. Normalmente, pasamos pedidos de mayor importancia.
5. Los precios de los vinos italianos han subido considerablemente.
6. Les rogamos nos indiquen sus precios más bajos.
7. La feria ya se celebra dentro de una semana.
8. Nos interesaría entrar en relaciones comerciales con Uds.

E. Ordene las frases:

( ) 1. Me interesa especialmente el modelo ABS 500 altavoces estéreo incorporados.
( ) 2. Estimados señores:
( ) 3. Si las condiciones son favorables, les pasaré un pedido de prueba de 5 pianos.
( ) 4. Además, les ruego me informen de sus condiciones más ventajosas y el plazo de entrega.
( ) 5. Espero con interés su oferta y, entretanto, les saludo atentamente.
( ) 6. Me refiero a su anuncio aparecido en el n° 354 de la revista "Comex", en el que ofrecen pianos electrónicos.
( ) 7. Tengan la bondad de enviarme detalles técnicos de este modelo.

F. Complete esta carta de la empresa alemana Wegscheider KG, Kiel, a CUERISPANO, S.A., Murcia:

Anrede (an viele)	. . .
Interesse	. . . maletas y bolsos de cuero.
Bitte	. . . enviarnos la lista de precios de los artículos ofrecidos en el n °153 de la revista "Cuero".
weitere Bitte	. . . nos indiquen el plazo de entrega aproximado. Estaremos dispuestos a pasarles importantes pedidos
Bedingung (falls . . .)	. . . los precios (ser) . . . favorables.
Erwartung	. . . su pronta oferta,
Gruß	. . .

G. Complete esta carta de ESSENCE & Co., Parfümerie-Großhandel, Düsseldorf, a Perfumerías Puig (fabricante), Barcelona:

	Asunto: . . .
Anrede (an viele)	. . .
Herkunft der Adresse	. . . el señor Alvelos, su representante, con el que nos encontramos en la última reunión de los importadores de esencias para perfumería.
Beschäftigung	. . . la importación de perfumes desde hace 25 años
gerne	y . . . completar nuestro surtido.
Bedingung (falls)	. . . ustedes estén interesados en colaborar con nosotros,
Bitte um Zusendung	. . . catálogos, muestras y listas de precios.
Dank (Futur)	. . . su pronta respuesta y, entretanto,
Gruß	. . .

H. Relacione estos puntos con los respectivos párrafos:

– pedir catálogo
– estar interesado en nuevas marcas
– referirse al anuncio aparecido en la revista "Merca"
– tener la intención de pasar pedidos de mayor importancia si . . .
– esperar prontas noticias
– dedicarse a la importación de chocolates
– pedir información sobre las condiciones de pago y entrega

párrafo 1: a) ....
párrafo 2: b) ....
c) ....
d) ....
e) ....
párrafo 3: f) ....
párrafo 4: g) ....

Ahora escriba la carta.

I. Complete estas frases con las palabras que faltan:

1. Nos * a Uds. porque * interesados en la * de vinos y licores.
2. * su dirección a * de sus clientes.
3. Hemos * su stand en la * del Mueble de Colonia.
4. Quisiéramos * un nuevo producto al mercado alemán.
5. Nos * introducir su marca en Francia.
6. Desde * muchos años * la marca LIRIAM en este país.
7. Solo * productos de * calidad.
8. Estamos * * colaborar con su casa.
9. Somos propietarios de una * de tiendas en esta ciudad.
10. Quisiéramos * nuestro surtido con sus artículos.
11. Estamos * de que sus productos se * bien en Alemania.
12. Existe una fuerte * en el mercado de artículos electrodomésticos.
13. Tenemos clientes muy * que compran siempre la * calidad.
14. Por favor, * sus mejores precios CIF Barcelona.
15. Además, * su catálogo * con la * lista de precios y las * condiciones.
16. ¿Pueden * (nos) descuentos importantes si compramos grandes * ?
17. Por favor, * (nos) si están * a concedernos descuentos.
18. * la bondad de someternos su oferta cuanto antes.
19. Les rogamos nos * algunas muestras.
20. Envíennos, por favor, * * del cuero que utilizan.

J. Complete las frases:

Estimados señores:
Estamos impresionados por la alta . . . (1) . . . de sus modelos que . . . (2) . . . en el stand de la . . . (3) . . . del Mueble de Colonia.
. . . (4) . . . siete años, nos . . . (5) . . . a la importación de muebles de mimbre, y ya somos una de las empresas más . . . (6) . . . de este ramo. Como nos . . . (7) . . . comparar su oferta con . . . (8) . . . de la competencia, les rogamos nos . . . (9) . . . su catálogo.
Además, . . . (10) . . . saber si están . . . (11) . . . a concedernos descuentos.
Si sus condiciones son . . . (12) . . ., podrán . . . (13) . . . con pedidos de mayor importancia.
En caso de que deseen . . . (14) . . . sobre nuestra empresa, diríjanse, por favor, al Dresdner Bank de Hamburgo, que les . . . (15) . . . todos los datos solicitados.
En . . . (16) . . . de sus prontas noticias, les . . . (17) . . . atentamente.

Necesitamos urgentemente su oferta para la entrega de sillones para la oficina.

1.5 Ejercicios de redacción

1.5.1 Anuncios

JEREZ "EL AUTÉNTICO"

en su original 3 de 0,5 l. – 0,75 l.
Estuche regalo para Navidad
Lista de precios núm. 12/346

LA AUTÉNTICA, S.A.
Carretera Gijón, 325
11400 JEREZ DE LA FRONTERA

Aceite GIRASOL

100 % natural
Botellas de 0,75 y 0,5 l.

EL SOL DE ESPAÑA
Fábrica de aceites vegetales
Avda. de Velázquez – 41003 SEVILLA
Tel. 954 · 33 66 22 – Fax 954 · 33 22 66
www.soldeespaña.es
correo electrónico: info@aceitegirasol.es

La Estrella

GRAN QUESO DE OVEJA
45% de materia grasa
SE DISTINGUE POR SU CURACIÓN Y SABOR

FÁBRICA "LA ESTRELLA"
Carretera de Oviedo, 28 – 13 700 Tomelloso
Tel. 926 · 34650·1 Fax 926 · 346 520
www.estrella.es
correo electrónico: contacto@estrella.es

1.5.2 Minutas en alemán

Entwerfen Sie Briefe nach den folgenden Angaben:

A. Spanischer Importeur Ferrim, S.A., Valencia, an deutschen Hersteller Kleinert KG, Nürnberg

Töpfe aus rostfreiem Stahl (1)

1. Sie verweisen darauf, dass Sie die Adresse von der Deutschen Handelskammer in Madrid erhalten haben.
2. Sie stellen sich als Großhändler (2) mit ausgezeichneten Geschäftsbeziehungen zu zahlreichen Supermarktketten vor.
3. Sie äußern Interesse vor allem an den Töpfen aus rostfreiem Stahl.
4. Sie bitten um Zusendung des Katalogs, von Prospekten und der Preisliste.
5. Sie stellen größere Aufträge in Aussicht, falls die Ware Ihnen zusagt und die Preise günstig sind.
6. Sie möchten die Zahlungs- und Lieferbedingungen des deutschen Herstellers erfahren.
7. Sie erwarten das Angebot mit großem Interesse.

Vocabulario:
(1) der Topf aus rostfreiem Stahl – la olla de acero inoxidable
(2) der Großhändler – el mayorista

B. Die Firma Bürowelt GmbH, Karlsruhe, an spanische Herstellerfirma Mobex, S.A., Alicante

Büromöbel

1. Sie beziehen sich auf die Anzeige in der Zeitschrift „Office World" Nr. 108 vom 4. Dezember.
2. Sie erklären, dass die Preise der deutschen Hersteller von Büromöbeln in den letzten Monaten erheblich gestiegen sind.
3. Sie äußern Interesse, das Angebot eines spanischen Herstellers kennenzulernen, insbesondere über Sitzungstische und Stühle für Sekretärinnen.
4. Sie bitten um Informationen über die angebotenen Artikel, die aktuellen Preise und die besten Lieferungs- und Zahlungsbedingungen.
5. Sie möchten wissen, mit welcher Lieferzeit Sie rechnen müssen.
6. Bei einem konkurrenzfähigen (1) Angebot stellen Sie einen Probeauftrag in Aussicht.
7. Sie hoffen, bald eine Antwort zu erhalten.

Vocabulario:
(1) konkurrenzfähig – competitivo

C. Die Firma Electromat S.A., Zaragoza, an deutschen Hersteller, die Firma Schnick GmbH, Stuttgart

Kühlschränke

1. Sie haben Kühlschränke des deutschen Herstellers auf der Messe „HomeTech" gesehen, hatten jedoch keine Zeit, um mit dem Vertreter zu sprechen.
2. Sie stellen sich vor als einer der größten Importeure für elektrische Haushaltsgeräte (1); beträchtlicher Umsatz.
3. Sie haben Kühlschränke bisher nur aus Italien bezogen, jetzt besteht Interesse, das Sortiment zu erweitern.
4. Bitte um ausführliche Information über die Kühlschränke.
5. Bitte um Mitteilung, ob Kühlschränke mit Energiesparprogramm (2) ausgestattet sind und wie viele Jahre die Lieferung der Ersatzteile garantiert wird.
6. Falls Angebot zusagt, größeren Auftrag ankündigen.

Vocabulario:
(1) elektr. Haushaltsgeräte – aparatos electrodomésticos
(2) das Energiesparprogramm – el programa de ahorro de energía

D. Kaufhauskette „Wohnparadies", Köln, an Fábrica de Tejidos Saida, Barcelona

Bestickte Tischdecken (1)

1. Sie beziehen sich auf eine Anzeige in „Hogar Ideal" vom 20. d. M.
2. Eine Kaufhauskette mit Häusern in ganz Deutschland möchte gerne mit einem spanischen Unternehmen Geschäftsbeziehungen aufnehmen.
3. Besonderes Interesse an runden, bestickten (2) Tischdecken (3), wie auf dem Foto der Anzeige, wenn möglich Leinen (4), mit den Durchmessern (5) 120 und 160 cm.
4. Frage, in welchen Farben die Tischdecken angeboten werden.
5. Sie erbitten Preise, günstigste Konditionen und Rabatte bei Abnahme großer Mengen, sowie die ungefähre Lieferzeit.
6. Bitte um Zusendung von Prospekten und Mustern.
7. Sie hoffen auf prompte Reaktion.

Vocabulario:
(1) Tischdecke – el mantel
(2) bestickt – bordado
(3) runde Tischdecke – mantel para mesas redondas
(4) Leinen – el lino
(5) Durchmesser – el diámetro; ... de 100 cm de diámetro

E. Die Firma Schlemmerparadies, München, an die Firma Asado y Cía. Burgos

Luftgetrockneter Schinken (1) und Chorizo

1. Sie haben die Anschrift der spanischen Firma von einem Kunden erhalten.
2. Sie vertreten eine bekannte Firma, die sich mit dem Import von Spezialitäten verschiedener Länder befasst. Sie importieren z. B. Käse aus Frankreich, Wein aus Italien und Oliven aus Griechenland.
3. Sie würden gerne Ihr Sortiment erweitern und wären deshalb an Schinken (luftgetrocknet, am Stück à 6 –7 kg) und Chorizo interessiert.
4. Sie bitten um Zusendung eines Angebots und einiger Muster (2), um die Qualität und den Geschmack (3) prüfen zu können.
5. Sie weisen darauf hin, dass Sie eine anspruchsvolle Kundschaft haben.
6. Wenn Qualität, Geschmack und Konditionen zusagen, kann die spanische Firma mit großen Aufträgen rechnen, da die Münchner Firma an Geschäfte in ganz Deutschland liefert.

Vocabulario:
(1) luftgetrockneter Schinken – el jamón serrano
(2) Muster – hier: la prueba
(3) Geschmack – el sabor

1.6 Ejercicios de traducción

A. Türen

Import von Türen (Datum)

Sehr geehrte Damen und Herren,

anlässlich unseres Besuches der „Bau-Fachmesse Leipzig" (1) waren wir beeindruckt von (2) der guten Qualität der Türen, die wir auf Ihrem Stand sahen.
Wir sind Großhändler mit ausgezeichneten Geschäftsbeziehungen in ganz Deutschland und immer auf der Suche nach neuen Materialien. Deshalb sind wir sehr an Ihren Türen interessiert.
Bitte schicken Sie uns Ihren aktuellen Katalog und Ihre Preisliste. Gleichzeitig würden wir gerne wissen, ob Sie die Lieferung der Ersatzteile mindestens zehn Jahre lang garantieren können.
Wegen (3) der starken Konkurrenz, die auf dem deutschen Markt herrscht, bitten wir Sie, uns Ihre günstigsten Rabatte, Zahlungs- und Lieferungsbedingungen anzugeben. Falls uns Ihr Angebot zusagt, können Sie mit größeren Aufträgen rechnen.
In Erwartung Ihrer Nachricht verbleiben wir

mit freundlichen Grüßen,

Vocabulario:
(1) nicht übersetzen! (2) beeindruckt sein von – quedar impresionado por
(3) wegen – debido a

B. Elektrische Haushaltsgeräte

Import Ihrer Mixgeräte (1)

Sehr geehrte Damen und Herren, (Datum)

mit großem Interesse haben wir Ihre Anzeige in der Zeitschrift „Casa" (Nr. 2195) gelesen.
Wir sind eine Kette von Großhändlern mit Häusern in allen großen Städten Spaniens. Da die Preise der elektrischen Haushaltsgeräte aus Italien und Frankreich erheblich gestiegen sind, sind wir daran interessiert, Geräte aus anderen Ländern einzuführen. Wenn Sie noch keinen Vertreter (2) in Spanien haben, senden Sie uns bitte Ihren Katalog sowie Ihre neueste Preisliste und informieren Sie uns über die Verkaufsbedingungen und die ungefähre Lieferzeit.
Ihr Mixgerät „Mixafix" scheint uns für den spanischen Markt besonders interessant zu sein. Wir würden gerne einen Auftrag über 5.000 Geräte erteilen. Da die Konkurrenz sehr stark ist, bitten wir Sie, uns Ihr niedrigstes Preisangebot und die günstigsten Bedingungen anzugeben.
Falls Sie Informationen über unser Unternehmen wünschen, wenden Sie sich bitte an die Banco Hispano Americano, Filiale (3) Barcelona, Diagonal 410, die Ihnen alle gewünschten Daten zur Verfügung stellen wird.
Wir erwarten Ihr Angebot mit großem Interesse.

Mit freundlichen Grüßen,

Vocabulario:
(1) das Mixgerät – la batidora
(2) der Vertreter – el representante
(3) die Filiale – la sucursal

C. Ledergürtel

Import von Ledergürteln (Datum)

Sehr geehrte Damen und Herren,

wir haben Ihre Anzeige, die in der Zeitschrift "Dunia" Nr. 8 vom 10. März erschienen ist, gelesen. Wir sind sehr an Ihren Produkten interessiert und bitten Sie, uns einen bebilderten Katalog und Ihre neueste Preisliste zu schicken sowie einige Ledermuster (1).
Zurzeit importieren wir alle Modelle, die wir in unserer Ladenkette verkaufen, aus Italien. Wir würden jedoch gerne mit einer spanischen Firma in Geschäftsverbindung treten, wenn die Qualität der Gürtel uns zusagt. Eines der angebotenen Modelle, "Isabel", interessiert uns besonders. Wir würden gerne einige Muster sehen, um sie mit den Erzeugnissen der italienischen Konkurrenz vergleichen zu können.
Bitte unterbreiten Sie uns ein Spezialangebot für 500 Stück dieses Modells in der Länge (2) 80 cm und in der Breite (3) 6 cm.

Wenn Ihre Preise, Liefer- und Zahlungsbedingungen günstig sind, werden wir Ihnen umfangreiche Aufträge erteilen, da wir Geschäfte in allen großen Städten Deutschlands haben.
Wir wären Ihnen dankbar, wenn Sie uns vor dem 30. d. M. antworten könnten, da wir die Gürtel in unseren Katalog für die nächste Saison aufnehmen möchten.
Wir hoffen, dass Sie uns bald ein günstiges Angebot unterbreiten werden.

Mit freundlichen Grüßen,

Vocabulario:
(1) das Leder – el cuero
(2) 80 cm Länge – 80 cm de largo
(3) 6 cm Breite – 6 cm de ancho

D. Mangos und Ananas

Import von Mangos und Ananas (1) (Datum)

Sehr geehrte Damen und Herren,

das Generalkonsulat Ihres Landes hat uns Ihre Anschrift übermittelt.
Seit über 20 Jahren befassen wir uns mit dem Import von Früchten aus Südamerika. Wir sind einer der größten Fruchtimporteure in Deutschland und verkaufen Apfelsinen, Bananen, Ananas, Papayas und Mangos aus Venezuela und Kolumbien vor allem an Kaufhäuser und Hotels .
Wir möchten gerne mit Ihnen in Geschäftsverbindung treten, wenn Sie Früchte von erstklassiger Qualität zu günstigen Preisen liefern können.
Bitte senden Sie uns Ihre aktuelle Preisliste zusammen mit einem Einführungsangebot (2) über 100 t Ananas, erste Qualität, und 50 t Mangos.
Falls Ihre Liefer- und Zahlungsbedingungen uns zusagen und die Qualität Ihrer Produkte uns überzeugt (3), können Sie mit Großaufträgen rechnen.
Sollten Sie Informationen über unser Unternehmen wünschen, wenden Sie sich bitte an das Instituto del Café in San José.

Wir würden uns freuen, bald von Ihnen zu hören (4).

Mit freundlichen Grüßen,

Vocabulario:
(1) Ananas – la piña
(2) Einführungsangebot – la oferta de lanzamiento
(3) überzeugen – convencer (convenza)
(4) nicht wörtlich übersetzen

1.7 Pasatiempos

A. CRUCIGRAMA

Horizontales:

1. Persona que representa a una casa comercial;
9. Ninguna cosa;
10. Cosa que cubre todo el cuerpo de los animales y de los seres humanos;
11. Ir a un lugar, por ejemplo, a una feria;
12. Décimosegunda letra del alfabeto español;
13. Nombre comercial que se da a un producto;
15. Dar las gracias;
17. Un frigorífico es un . . ., un televisor es también un . . .;
18. Lo contrario de (la) "compra";
19. Primera letra del alfabeto.

Verticales:

1. Publicación ilustrada;
2. Sinónimo de "hacer" un pedido;
3. Sinónimo de "suministro";
4. Compañía aérea de Africa del Sur;
5. El anuncio . . . en el periódico XY (ponga el verbo.);
6. . . . siquiera;
7. Tejido fabricado en un telar (Webstuhl, Webmaschine);
8. Pronombre personal;
14. Abreviatura de "artículo";
16. Preposición.

B. ANUNCIOS

Escoja de la lista el producto adecuado para los siguientes eslóganes publicitarios:

zapatos, leche, objetivo de una cámara fotográfica,
CDs, perfume, reloj, cigarrillo, coche, lugar turístico, seguro de vida

1) La fragancia que viste al hombre.
2) La inolvidable música de los 60 al precio de los 60.
3) El placer de vivir en Diesel.
4) Rápido, nítido y extraordinariamente preciso: el "Ojo de Aguila".
5) Para medir la intensidad de la vida.
6) La tranquilidad no tiene precio.
   Cómpresela.
7) Me gusta fumar mejor.
8) La vaca en casa.
9) Andamos locos.
10) Cuatro perlas del Mediterráneo.
    Descúbralas este verano.

C. ADIVINANZA:

Habla y no tiene boca,
corre y no tiene pies,
vuela y no tiene alas,
¿qué cosiquilla es?

(de Ana Pelegrín, Poesía española para niños, Editorial Taurus, Madrid 1983)

Vocabulario:
las alas – die Flügel
cosiquilla – cosa, cosita

a) Pues, ¿qué es?
b) Haga su propia adivinanza con sustantivos que aparecen en una solicitud de oferta.
   Pregunte a sus compañeros/as de clase.

D. REFRÁN ESPAÑOL

De gustos no hay nada escrito.

a) Interprete este refrán.
b) ¿Qué opina usted de este refrán?
c) Si está de acuerdo con su contenido:
   ¿Qué significa esto para un importador?

Unidad 2:

Oferta

A) El proveedor no ha recibido ninguna solicitud de oferta:

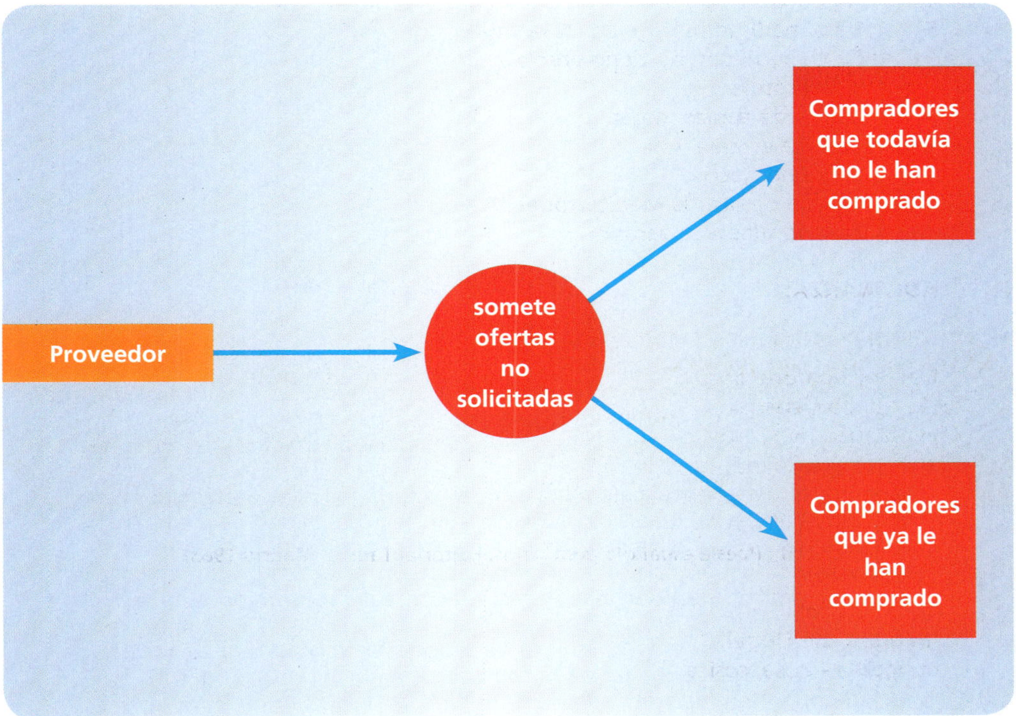

B) El proveedor ha recibido una solicitud de oferta:

Carta A

CONSEGA

Conservas de Galicia, S.A.
Apdo. de Correos, 453 · 36208 Vigo (Pontevedra) ·
Teléfono (986) 70 45 22 · Fax (986) 70 84 56
www.consega.es
correo electrónico: info@consega.es

Ingos Fischimport
Große Elbstraße 51
22767 Hamburgo
Alemania

Su ref.	Su carta del	Nuestra ref.	Vigo,
rw/hk	08 oct. ...	CC/sr	15 de octubre de...

Asunto: Conservas de pescado

Estimados señores, estimadas señoras:

Les damos las gracias por su escrito del 8 de octubre de ... . Somos una de las mayores fábricas de conservas de pescado de España y nos gustaría mucho entrar en relaciones comerciales con una empresa alemana.

Sabemos que la clientela alemana es muy exigente y, para darles una idea de la alta calidad de nuestros productos, les hemos enviado esta mañana una caja con muestras de cada una de nuestras especialidades. De este modo, podrán comprobar el excelente sabor y la atractiva presentación que, sin duda, encontrarán muy buena acogida entre los consumidores de su país.

Adjunto les enviamos la última lista de precios. Verán que nuestras cotizaciones son más bajas que las de la competencia portuguesa. Todos los precios se entienden, sin compromiso, FOB Vigo. Podemos suministrar la mercancía en el plazo de 2 semanas después de recibir su pedido. Como se trata del primer negocio que vamos a realizar con su casa, les rogamos abran una carta de crédito irrevocable y confirmada por medio del Banco de Galicia, Sucursal de Vigo, Lope de Vega, 2 - 4.

Si lo desean, podemos enviarles material de publicidad como, por ejemplo, folletos, carteles y vídeos.

Esperamos que nos favorezcan con su pedido que realizaremos con puntualidad y a su entera satisfacción.

Les saludamos muy atentamente.

Carlos Cerqueira

Carlos Cerqueira

Anexo: 1 lista de precios

Carta A, Anexo

CONSEGA

Conservas de Galicia, S.A.

Apdo. de Correos, 453 · 36208 Vigo (Pontevedra) · Teléfono (986) 70 45 22 · Fax (986) 70 84 56
www.consega.es
correo electrónico: info@consega.es

LISTA DE PRECIOS

Ref. N.°	N.° de latas	Formato Capacidad	Grs. netos lata	PRODUCTOS	MARCA	Presentación	PRECIO POR CARTÓN
01	100	RR 50	50	Filetes de anchoa en aceite de oliva		Estuche	
02							
03	100	OL-120	115	Atún blanco en aceite de oliva		Estuche	
04							
05							
06	100	OL-120	115	Atún claro en aceite de soja		Estuche	
07	100	OL-120	115	Atún en aceite de soja		*	
08							
09	100	RR-125	120	Sardinas en aceite de oliva		Estuche	
10	100	OL-360	120	Sardinas en aceite de oliva		Etiqueta	
11	100	RR-125	120	Sardinas en tomate		Estuche	
12	24	OL-360	368	Sardinas en tomate		Etiqueta	
13	100	RR-155	155	Sardinas en escabeche		Etiqueta	
14	100	RR-125	120	Sardinas con limón en aceite de soja		*	
15	100	RR-125	120	Sardinas picantes en aceite de soja		*	
16	100	RR-125	120	Sardinas en salsa americana		*	
17							
18	100	RR-125	120	Caballitas en aceite de soja		Estuche	
19	100	RR- 90	90	Filetes de caballa en aceite de soja		*	
20	100	RR-125	120	Filetes de caballa en aceite de soja		*	
21	100	OL-120	115	Angulas en aceite de oliva		*	
22	100	OL-120	115	Bacalao a la vizcaína		*	
23	48	RO-150	150	Antipasto (entremeses)		*	
24							
25	48	RO-205	200	Legumar (fritada para paella y guisos)		Etiqueta	
26	100	OL-120	115	Berberechos al natural		Estuche	
27	100	OL-120	115	Berberechos al ajillo		*	
28	100	OL-120	115	Zamburiñas guisadas en salsa picante		*	
29	100	OL-120	115	Mejillones al natural		*	
30	100	OL-120	115	Mejillones en escabeche		*	
31	100	OL-120	115	Mejillones picantes, en escabeche		*	
32	100	OL-120	115	Mejillones al ajillo		*	
33							
34							
35	100	OL-120	115	Calamares (trozos) en su tinta		Estuche	
36	100	OL-120	115	Calamares (trozos) en salsa americana		*	
37	100	OL-120	115	Calamares (trozos) en aceite de soja		*	
38	100	OL-120	115	Calamares enteros rellenos en salsa americana		*	
39	100	OL-120	115	Calamares enteros rellenos en su tinta		*	
40	100	OL-120	115	Pulpo en aceite de soja		*	
41	100	OL-120	115	Pulpo a la marinera		*	
42	100	OL-120	115	Pulpo al ajillo		*	
43							
44	12	RO-550	540	Paella de mariscos		Estuche	
45							

CONDICIONES DE VENTA:

FORMA DE PAGO:

OFERTA DESTINADA A: Fecha:

Esta oferta anula las anteriores y se entiende "Salvo venta y sin compromiso"
OL = Oval – RO = Redondo – RR = Rectangular – Capacidad en ml. = mililitros

Carta B

CODORNET, S.A.

Vinos naturales de gran prestigio
Apdo. núm. 1 – 08770 Sant Sadurní d'Anoia
www.codornet.cat

Weinkontor Schlegel
Eppendorfer Weg 120
20259 Hamburgo
Alemania

Su ref.	Nuestra ref.	Su carta del	Sant Sadurní d'Anoia,
HS/mf	MS/rw	6 de enero	22 de enero de...

Asunto: Cava marca "Burbuja Alegre"

Estimados señores:

Con gran atención hemos leído en su carta que están interesados en importar nuestro cava.

Estamos convencidos de que nuestros productos pueden competir fácilmente con los franceses porque gozan de gran prestigio en el mercado nacional e internacional. Ya exportamos a varios países europeos y sobre todo a los Estados Unidos. El éxito confirma nuestra opinión en cuanto a la calidad de nuestro cava.

Adjunto les enviamos nuestra lista de precios actualizada. Observen que la cantidad mínima por orden es de 1 000 botellas de 0,75 litros. Nuestras condiciones de pago son: neto a 30 días fecha factura o en el plazo de 10 días con un descuento del 2 %.

Estaremos dispuestos a concederles descuentos más elevados por pedidos de más de 5 000 botellas. Pueden comprobar los demás detalles en nuestra lista de precios.

Dentro de pocos días recibirán una caja de pruebas de nuestras marcas "Burbuja Alegre" y "Prestigio Brillante" que les acabamos de enviar por correo aparte.

Esperamos que el sabor y la calidad de nuestros cavas les satisfagan.

Atentamente les saludan

CODORNET, S.A.

Mateos-Sanz

Mateos-Sanz
Gerente

Anexo: 1 lista de precios

Carta C

ADLER-Werke AG

Olympiastraße 42 · 59075 Hamm/Westf.
www.adler.de

Multimedia Argentina S.A.
Apdo. 24800
1028 Buenos Aires/Argentina

Hamm/Westf.,
14 de noviembre de...

Asunto: Nuevos modelos

Estimado señor Feijóo:

En respuesta a su e-mail del 2 cte. tenemos el gusto de enviarle adjunto dos ejemplares de nuestra nueva lista de precios al por mayor núm. SP199 y el catálogo solicitado.

La lista ofrece importantes reducciones de precios en las series de más interés. En la página 10 del catálogo encontrará el "Ultrabook Adler" Adtel A2555, considerablemente mejorado, que destaca no sólo por su precio favorable sino también por su diseño y su perfecto acabado.

Como verá, existe en varios colores muy atractivos y está equipado con nuestro famoso teclado "Tactil 2030" que anunciamos en nuestra publicidad. Se sobreentiende que tiene el teclado adecuado para español.

Además, le ofrecemos nuestra nueva impresora laser "Adlerprint 500 Monocromo", que pesa sólo 3 kilos! (Detalles técnicos página 2 del catálogo). Es lo mejor que producimos actualmente y sus clientes quedarán sumamente contentos con los resultados. Le garantizamos el suministro de todas las piezas de recambio durante 5 años por lo menos.

Los nuevos precios incluyen embalaje y entrega FCA Düsseldorf. El seguro no está incluido. Sin embargo, en caso de que lo desee, lo cubriremos aquí y se lo cargaremos en la factura.

Lamentamos no poder concederle el descuento por las cantidades que solicita, porque nuestro margen de beneficio ya es muy estrecho.

Le aconsejamos que aproveche los precios reducidos y sea el primero en presentar en su mercado los nuevos modelos ADLER.

Le saluda muy atentamente

Michael Wolf
Michael Wolf
m.wolf@adler.de
Anexos: 1 catálogo – 2 listas de precios

Carta D

HOGAR 2000

Fábrica de aparatos electrodomésticos
Carretera de Mataró, 235
08027 BARCELONA

Sres. Martínez & Cía.
Exportadores y Mayoristas
Travesera del Ángel, 2b
11002 Cádiz/España

Tel. 93/240 45 45
Fax 93/240 50 50

Su ref.	Su carta del	Nuestra ref.	Barcelona,
–	–	CBC/rw	2 de abril de...

Asunto: Microondas "2000"

Estimada señora Gaudó:

Esperamos que le haya llegado en perfectas condiciones el envío que despachamos hace cuatro días. Hoy quisiéramos presentarle un producto de nuestra fabricación que acabamos de lanzar en España y que ha encontrado una excelente acogida. Debido al gran éxito que ha tenido aquí por sus incomparables ventajas y su perfección técnica, estamos convencidos de que se venderá igual de bien en Argentina.

Para facilitar su introducción en el mercado argentino le hacemos esta oferta especial:

Microondas "2000" (referencia B00346)
con capacidad para 30 litros, potencia de 1 500 vatios,
plato giratorio y grill de 1 000 vatios,
colores: blanco o beige,
con recetario de cocina

Precio: € .... la unidad, ex fábrica
Cantidad mínima por pedido: 80 unidades

Se sobreentiende que la garantía de 12 meses que ofrecemos es también válida para Sudamérica.

El embalaje se realiza en cajas de cartón, de 45x50x55 cm y un peso de 4,5 kilos c/u.
La entrega se efectuará en el plazo de 3 semanas despés de recibir su pedido.
El pago debe efectuarse contra entrega de los documentos.

Adjunto recibirá los folletos con más datos técnicos. Por correo aparte le enviaremos el catálogo general y la actual lista de precios de todos los productos de nuestra casa.

En caso de que lo desee, le facilitaremos material de publicidad y folletos para su clientela. Además, le invitamos a visitar la exposición que se encuentra en nuestras oficinas, abierta de 9 a 11 todos los días, y a comprobar la calidad superior y el excelente acabado de nuestros aparatos.

En espera de sus noticias, aprovechamos la ocasión para saludarle muy atentamente.

C. Brinckmann de Calvos
Carlos Brinckmann de Calvos

Anexos

Carta E

AVENTURA JACK

Calzado Natural
Alicante/España
www.aventurajack.es

Internationale Schuhmode GmbH
Gerberallee 44
10030 Berlin
Alemania

Su ref.	Nuestra ref.	Su carta del	ALICANTE,
HW/PK	FG/nic	02/07/201...	7 de julio de...

Asunto: Introducción de nuestra marca en Alemania

Estimada Sra. Steiner:

Nos complace saber que está interesada en nuestros artículos. Actualmente, estamos desarrollando una estrategia comercial para lanzar nuestra marca al mercado alemán. Nuestros productos han alcanzado un alto grado de popularidad en diversos mercados europeos, entre ellos Francia e Inglaterra, donde disponemos de nuestra propia red de ventas. Nos permitimos incluir unas fotos y llamar su atención sobre la excelente presentación de la marca en los escaparates de varias tiendas.

Por correo aparte, le hemos enviado nuestro catálogo ilustrado con la lista de precios y las condiciones de venta para la exportación a países de la Unión Europea. Habitualmente, exigimos la apertura de una carta de crédito por medio del Banco del Sur cuando se trata del primer negocio con una empresa nada o poco conocida. El plazo de entrega varía según las cantidades.

Para más detalles, no dude en ponerse en contacto con el Sr. Blanco, quien gustosamente la informará.

Como oferta de lanzamiento le proponemos:

1 caja surtida (tallas 36 a 41 para señoras; 41 a 46 para caballeros)
de los modelos ”Desert Boots” y ”Nautik” de las páginas 3 y 8 de nuestro catálogo,
en los colores número 56082 (natural) ó 57574 (beige)
al precio de € ... la caja.

El envío se efectuará según las condiciones que usted nos indique. En caso de que desee que le enviemos varias remesas a sus diferentes tiendas, tenga la bondad de comunicárnoslo.
Adjunto le remitimos un folleto con los principales detalles técnicos referentes al acabado y al material de los diferentes modelos.
Confiamos en que nuestra oferta pueda ser interesante para Ud. y quedamos a su entera disposición para cualquier información adicional.

Le saluda muy atentamente

Felipe González

Felipe González
Director de Ventas
Anexos: 1 folleto y fotos

Carta F

TEJIDOS PELETIER

Calle de Amposta, 14
08004 BARCELONA
Tel. 93/667 234 · Fax 93/667 235
www.tejidospeletier.cat
correo electrónico: contacto@tejidospeletier.cat

ORDOÑEZ Y CÍA.
Colombia, 13
28008 Madrid

Su ref.	**Su carta del**	**Nuestra ref.**	**BARCELONA,**
OR/cd	12 de mayo de ...	MP/me	16 de mayo de...

Asunto:
Popelín y gabardina – nueva colección

Estimado Sr. Ordóñez:

Con mucho gusto le comunicamos que seguimos fabricando los tejidos, que tanto éxito han tenido, en los anchos de 80 cm y 130 cm, enrollados en tubo. Por lo tanto, puede encargar piezas de 25 ó 50 m como de costumbre.

Sin embargo, nos vemos obligados a hacer un ligero reajuste de precios en algunas de nuestras telas, debido a continuos aumentos en los costes de producción. Incluimos la última lista de precios junto con nuestro catálogo, que contiene también los colores y diseños de la nueva colección (véase págs. 14 y 15).

Según su deseo, le enviaremos por correo separado algunas muestras de los nuevos tejidos para uniformes y ropa para el hogar. Comprobará que hemos mejorado la calidad de la gabardina.

Aparte de los precios indicados en la lista 10/19, nos complace ofrecerle:

2000 m de gabardina, colores azul oscuro y verde claro,
ref. G230, ancho de 130 cm, piezas de 50 m, enrolladas en tubos, precintados en plástico, al precio de € ... el metro, ex almacén Madrid.
Entrega: al recibir su pedido.
Pago: por cheque, a 30 días fecha factura, o a 10 días con un descuento del 1,5 %.

Le concedemos, además, una rebaja del 2 % por pedidos que excedan los 10000 m.

Reciba un cordial saludo

Miguel Peletier

Tejidos Peletier
Miguel Peletier
Anexos

2.1 Modelos de cartas

¿¿¿PREGUNTAS???

Carta A de Conservas de Galicia, S.A.

1. ¿A qué se refiere el firmante de la oferta en la primera frase?
2. ¿Envía el Sr. Cerqueira solo esta carta?
3. ¿Qué forma de pago exige Conservas de Galicia y por qué?
4. ¿Cuántos días necesita la empresa española para entregar la mercancía?
5. ¿Qué ayuda ofrece la empresa española para conquistar el mercado alemán?
6. ¿Está el fabricante convencido de la calidad de sus productos? Comente su respuesta.

Carta B de Codornet, S.A.

1. ¿Cómo ve la casa Codornet, S.A. su posición en el mercado europeo?
2. ¿Por qué le interesa entrar en relaciones comerciales con el Sr. Schlegel?
3. Comente las condiciones de venta.
4. ¿Qué forma de pago prefiriría usted? ¿Por qué?
5. ¿Cómo podría efectuarse el transporte de la mercancía?
6. ¿Qué posibilidades de reducir los precios ofrece el productor?
7. ¿Cómo podrá comprobar el cliente la calidad de los productos?

Carta C de ADLER-Werke AG

1. ¿Con qué motivo se dirige el fabricante a la casa Mecanográficos Micro, S.A.?
2. ¿Qué material informativo recibe el importador argentino?
3. ¿Qué ventajas técnicas tienen las nuevas máquinas?
4. ¿Por qué menciona el fabricante las piezas de recambio?
5. ¿Qué otras condiciones ventajosas contiene la oferta?
6. ¿Por qué debe decidirse rápidamente el cliente?
7. ¿Estará el importador completamente satisfecho con la oferta? Justifique su respuesta.
8. ¿Por qué no concede el fabricante un descuento?

Carta D de Hogar 2000

1. ¿De qué tipo de carta se trata?
2. ¿A quién va dirigida la carta?
3. ¿Se trata de una venta directa?
4. ¿Qué ventajas ofrece el producto?
5. ¿Cómo se entienden los precios?
6. ¿Qué debe tener en cuenta el cliente al comparar los precios?
7. Lea las condiciones de entrega. ¿Por qué se indican tamaño y peso de los cartones?
8. ¿Por qué ofrece Hogar 2000 el envío de material de publicidad y folletos?
9. ¿Qué opina usted de las condiciones de pago?
10. ¿Qué condiciones cambiaría usted en esta oferta y por qué?

Carta E de Aventura Jack

1. ¿Qué tipo de relación comercial existe entre ambas casas?
2. ¿Por qué está el fabricante especialmente interesado en entablar relaciones comerciales con la casa alemana?
3. ¿Qué clase de producto ofrece Aventura Jack?
4. Comente la oferta de introducción. ¿Qué diferencias ve con otros productos?
5. ¿Por qué exige la empresa española pago por carta de crédito?
6. ¿Por qué es necesario indicar si desean varios envíos?
7. Comente las condiciones de entrega.
8. ¿En qué puede consistir la información adicional que ofrece el señor González?

Carta F de Tejidos Peletier

1. ¿Se trata de una oferta no solicitada? Explique su respuesta.
2. ¿A qué se refiere el señor Peletier en el primer párrafo y qué preguntas contesta?
3. ¿Qué clase de empresa es "Ordóñez y Cía."?
4. ¿Cómo se justifica el cambio de los precios?
5. ¿Para qué envía el fabricante muestras al cliente?
6. ¿Qué datos necesita el cliente para examinar la oferta?
7. ¿Qué forma de embalaje ofrece el fabricante? ¿Qué particularidades tiene el producto en cuanto a su forma de comercialización?
8. ¿Es nuevo el catálogo que envía el fabricante? ¿Para qué lo envía?
9. ¿Qué forma de pago escogería usted y por qué?

Envases y embalajes

A) Productos líquidos/semi-líquidos

los frascos (perfume/medicina)

las botellas

la garrafa
el garrafón

el tonel

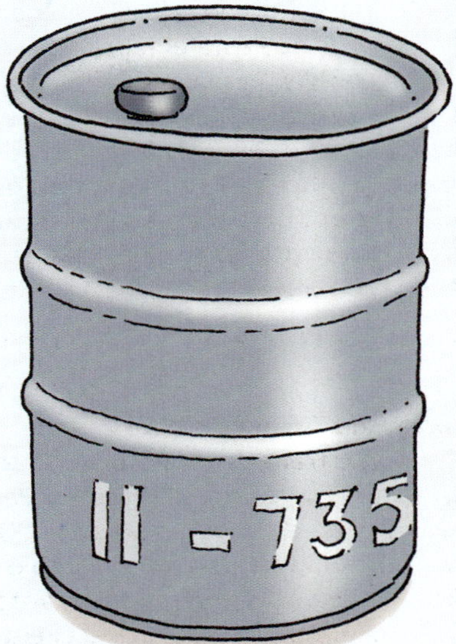

el barril
el tonel

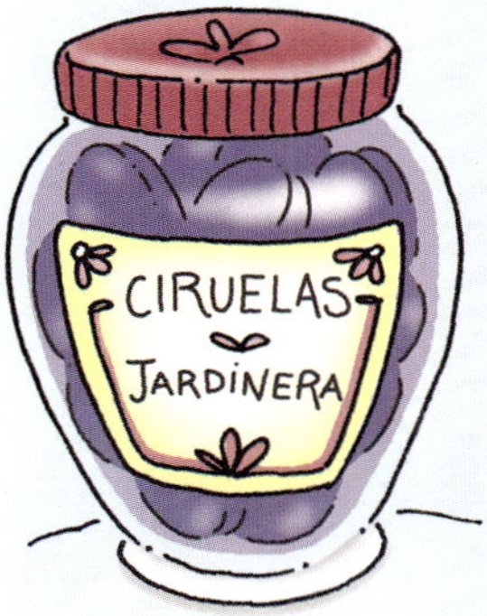

el tarro

el bote

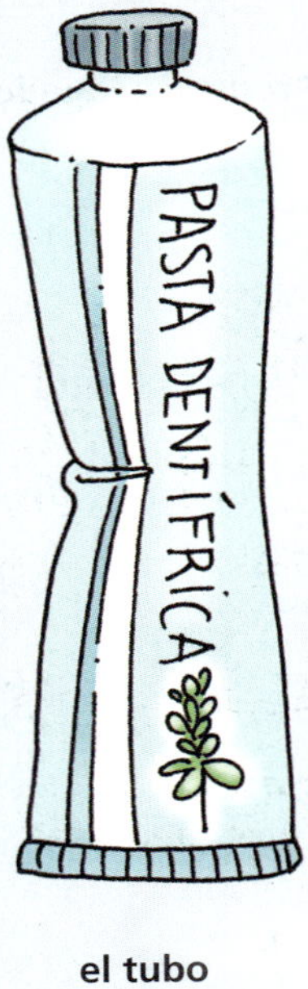

el tubo

las latas

B) Productos sólidos/productos a granel

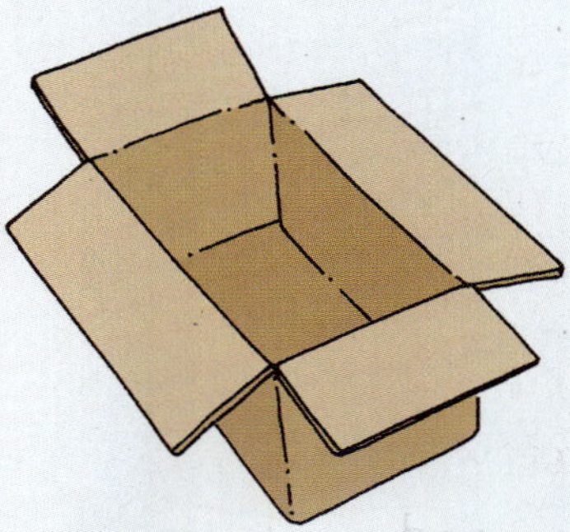

la caja de cartón

la caja de madera

el saco

la bandeja

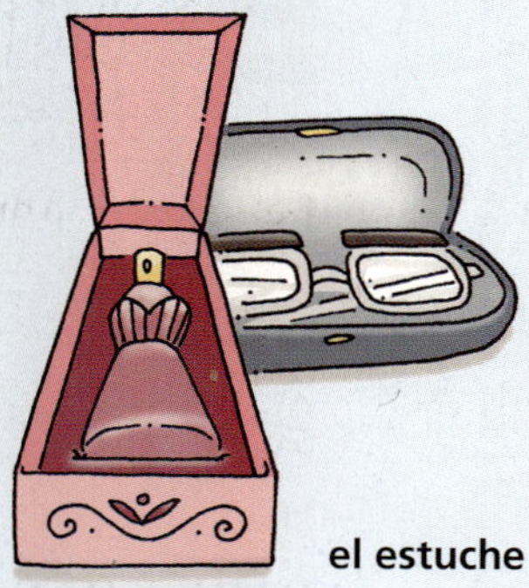

el estuche

C) Protección contra choques

el cartón ondulado

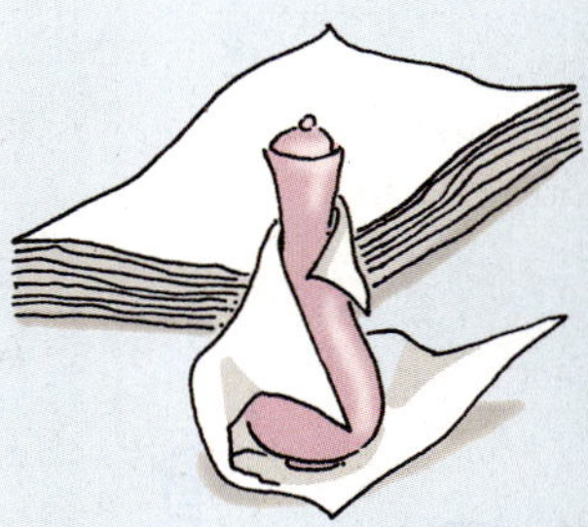

el papel de seda

las virutas

2.2 Frases modelo y condiciones

2.2.1 Incoterms

Para todos los modos de transporte

EXW	Ex works Ab Werk En fábrica	(+ lugar convenido)
FCA	Free carrier Frei Frachtführer Franco transportista	(+ lugar convenido)
CPT	Carriage paid to Frachtfrei bis Porte pagado hasta	(+ lugar de destino convenido)
CIP	Carriage and insurance paid to Frachtfrei versichert bis Transporte y seguro pagados hasta	(+ lugar de destino convenido)
DAF	Delivered at frontier Geliefert Grenze Entregado en frontera	(+ lugar convenido)
DDU	Delivered duty unpaid Geliefert unverzollt Entregado derechos no pagados	(+ lugar convenido)
DDP	Delivered duty paid Geliefert verzollt Entregado derechos pagados	(+ lugar convenido)

Solo para el transporte marítimo y vías de agua terrestres

FAS	Free alongside ship Frei Längsseite Seeschiff Franco al costado del buque	(+ puerto de carga convenido)
FOB	Free on board Frei an Bord Franco a bordo	(+ puerto de carga convenido)
CFR	Cost and freight Kosten und Fracht Coste y flete	(+ puerto de destino convenido)

CIF	Cost, insurance and freight Kosten, Versicherung und Fracht Coste, seguro y flete	(+ puerto de destino convenido)
DES	Delivered ex ship Geliefert ab Schiff Entregado sobre buque	(+ puerto de destino convenido)
DEQ	Delivered ex quay (duty paid) Geliefert ab Kai (verzollt) Entregado sobre muelle (derechos pagados)	(+ puerto de destino convenido)

2.2.2 Condiciones de pago

Condiciones de pago	Zahlungsbedingungen
pago por adelantado	Vorauszahlung
neto al contado	netto Kasse
pago a 30 días neto	Zahlung 30 Tage netto
con un descuento del 2 % por pago en el plazo de 10 días	mit 2 % Skonto bei Zahlung innerhalb von 10 Tagen
pago a 30 días fecha factura	Zahlung 30 Tage nach Rechnungsdatum
pago al recibir la factura	Zahlung bei Erhalt der Rechnung
pago contra entrega de la mercancía	Zahlung bei Lieferung der Ware (C.O.D.)
pago contra entrega de los documentos	Zahlung bei Übergabe (= Andienung) der Dokumente (D/P)
pago por aceptación de un giro a 30 d/v (= días vista)	Zahlung durch Akzept einer 30-Tage-Sichttratte (D/A)
pago por cheque	Zahlung durch Scheck
pago por transferencia bancaria	Zahlung durch Banküberweisung
pago por crédito documentario irrevocable y confirmado	Zahlung durch unwiderrufliches und bestätigtes Akkreditiv (L/C)

– ¿Va a pagar con tarjeta o en metálico?

– . . . en metálico . . .

2.2.3 Frases modelo

Estudie, comente y traduzca.

danken
Le(s) agradecemos su carta.
Le(s) damos las gracias **por** su carta.
Le(s) quedamos agradecidos **por** su carta.

Le(s) agrade**zc**o su carta.
Le(s) doy las gracias por su carta.
Le(s) quedo agradecid**o/a** por su carta.

Acuso recibo de su carta, que le agradezco mucho.
Acuso recibo de su carta, **por** la cual le doy las gracias.
Acuso recibo de su carta, **por** la que le quedo agradecido/a.

gerade etwas getan haben
= acabar de hacer algo
Acabamos de recibir su carta del 5 de mayo.
Acabo de informarle del accidente.

sich freuen
Nos alegramos **de que** des**ee**n comprar zapatos españoles.
Nos alegra que des**ee**n entablar relaciones con nuestra casa.
Celebramos que des**ee**n importar sartenes alemanas.
Nos complace informarles (de) que podemos ofrecerles una rebaja.
Nos es grato informarles . . .
Tenemos el placer **de** dirigirnos a Uds. para . . .

beilegen/beigelegt
Les enviamos **adjunto** nuestro catálogo.
Adjunto (a la presente) les enviamos nuestra lista de precios.
Adjunt**amos *a*** la presente los prospectos solicitados.
Incluimos **en** la presente un ejemplar de nuestro catálogo.
En la lista adjunt**a** encontrar**án** todos los detalles.

gemäß
Según su deseo . . .
Conforme a su solicitud . . .

mit getrennter Post
Por correo **aparte**, les enviamos nuestro catálogo.
Por correo **separado**, les enviamos los folletos solicitados.

bezüglich/hinsichtlich
Referente **a** las condiciones de pago, . . .
En cuanto **a** las condiciones de entrega, . . .
(Con) respecto **a** las rebajas, . . .

betragen
El plazo de entrega **es de** tres a cuatro semanas.
El precio **es de** € 150 el kilo.

Prozent
Les concederé un descuento **del** 2 %. (% = por ciento)
Hemos podido reducir los precios (en) **un** 3 %.

einen Rabatt gewähren/erhalten
Sentimos no poder **conceder**les el **descuento** deseado.
Sentimos no poder **ofrecer**les el descuento deseado.
Sentimos no poder corresponder a su deseo de **obtener un descuento** más favorable.

darauf aufmerksam machen, dass . . ./auf . . . hinweisen
Quisiéramos **indicar**les que todos los precios se entienden FOB Hamburgo.
Observen que la cantidad mínima por pedido es de 1 000 unidades.
Nos permitimos **llamar su atención sobre** la página 24 de nuestro catálogo.
Llamamos su atención **sobre el hecho de que** la cantidad mínima por pedido es de 1 000 unidades.
Quisiéramos **advertir**les que la competencia en este mercado es muy fuerte.

sicher/überzeugt sein, dass . . .
Estamos seguros de que nuestra novedad encontrará buena acogida en el mercado español.
Estamos convencidos de que este producto se venderá bien.
Confiamos en que se **pondrán** en contacto con nosotros.

in der Lage sein
Podemos suministrar la mercancía desde almacén.
Estamos en condiciones de suministrar la mercancía desde almacén.

versichern, dass . . .
Le **aseguro** que ejecutaré sus pedidos con el mayor esmero.

zufriedenstellen
Estoy seguro de que les **satisfará** mi oferta (de "satisfacer").
Confío en que les **convendrá** mi oferta (de "convenir").

2.3 Ejercicios de gramática

A. Ponga las preposiciones y los artículos necesarios:

Ejemplo: Los precios se entienden . . . *con un* . . . descuento . . . *del* . . . 2 % contra . . . pago . . . *al* . . . contado.

Señores:

Les agradecemos . (1) . su solicitud . (2) . oferta . (3) . 10 . (4) . cte. y nos complace . (5) . informarles de que tenemos la mercancía deseada . (6) . almacén.

. (7) . correo aparte, les hemos enviado algunas muestras. Quisiéramos llamar su atención . (8) . página 25 . (9) . catálogo. En ella encontrarán las puertas . (10) . acero que actualmente ofrecemos . (11) . una rebaja especial . (12) . 5 %.

Nos permitimos . (13) . adjuntar . (14) . presente nuestra lista de precios. Todos los precios se entienden . (15) . descuento . (16) . 2 % . (17) . pago . (18) . plazo de 10 días. Los gastos . (19) . transporte están incluidos . (20) . precios indicados.

. (21) . cuanto . (22) . entrega, nos alegra . (23) . comunicarles que se efectuará en el plazo . (24) . dos semanas después . (25) . recibir su pedido.

. (26) . caso . (27) . que necesiten más información . (28) . nuestros productos, pónganse, por favor, . (29) . contacto . (30) . señor Kleinschmidt que les facilitará todos los datos que ustedes deseen.

. (31) . espera . (32) . recibir pronto su primer pedido, les saludamos atentamente.

B. Ponga la forma correcta de ser o estar:

1. Nuestras naranjas . . . de excelente calidad.
2. En caso de que . . . en condiciones de suministrar productos de primera calidad, les pasaremos pedidos de mayor importancia.
3. Todos nuestros productos . . . de producción nacional.
4. Me alegro de que Uds. . . . satisfechos de mi servicio.
5. (nosotros) . . . importadores de aceite.
6. Esperamos que las muestras . . . de su agrado.
7. (yo) . . . convencido de que esta marca encontrará buena acogida entre sus clientes.
8. Nos alegramos de que nuestra oferta . . . de su interés.
9. El embalaje y los gastos de transporte . . . incluidos en el precio.
10. El plazo de entrega . . . de cuatro semanas.

EQUIVALENTES DE „VOR, BEVOR, SEIT"

Recuerde

vor/bevor:
Delante de nuestra fábrica se *encuentran* nuestras oficinas.
Antes de *su viaje* a Buenos Aires, les rogamos . . .
Antes de *ir* Uds. a Buenos Aires, les rogamos . . .
Antes de que *vayan* Uds. a Buenos Aires, les rogamos . . .
Hace *tres semanas,* nuestro representante *fue* a Buenos Aires.

seit

Desde *el 3 de agosto*	fabricamos estos zapatos.
Desde hace *5 años*	fabricamos estos zapatos.
Hace *5 años* **que**	fabricamos estos zapatos.
Desde que	fabricamos estos zapatos, vendemos mucho más a Sudamérica.

C. **Complete las frases:**

1. . . . tres años visito la Feria del Mueble.
2. Produjimos este artículo . . . 10 años.
3. . . . 1910 producimos cava de excelente calidad.
4. . . . 1910 solo exportábamos vinos blancos a Alemania.
5. . . . el 1 hasta el 12 de febrero presentamos nuestra máquina en el Salón del Automóvil de Francfort.
6. Nuestro stand está . . . la puerta E.
7. . . . 30 años que nos dedicamos a la exportación de café.
8. Entramos en relaciones comerciales con esta empresa . . . más de 25 años.
9. . . . comprar grandes cantidades, el cliente quiere comprobar la calidad del producto.
10. . . . nos pasen un pedido, les rogamos nos faciliten algunos datos sobre su empresa.
11. . . . llegué a Madrid, traté de llamarle.
12. Nos dedicamos a la fabricación de conservas de pescado . . . 20 años.
13. . . . tres semanas, nuestro representante les enseñó el nuevo modelo.
14. Necesitamos los muebles . . . el 21 de marzo.
15. Les enviamos nuestro nuevo catálogo . . . 10 días.
16. . . . abran la carta de crédito, les rogamos estudien nuestras condiciones de entrega.
17. . . . muchos años ya que exportamos nuestras máquinas a Francia e Italia.
18. . . . tenemos un representante en Argentina, vendemos mucho más a ese país.

D. Números ordinales

Ejemplo:
Es la . . . *primera* . . . vez que nos dirigimos a una casa chilena.

1. Esperamos que nos pase pronto su . . . pedido.
2. La oficina de los Sres. González & Roldán está en la . . . planta.
3. Es la . . . puerta a la derecha.
4. Nuestro asiento está en la . . . fila.
5. Ayer celebramos el . . . aniversario de la existencia de nuestra casa.
6. Los señores García viven en el . . . piso.
7. Ayer recibimos la . . . orden de Codornet.
8. No es la . . . vez que nos ha causado problemas.
9. El . . . va a recibir € 30.
10. El . . . puesto en la competición de taquimecanógrafas es para Isabel García.
11. Pablo es el . . . jefe que no me pide preparar café.
12. Es la . . . carta que me ha escrito.
13. La . . . esposa de Julián Iglesias era alemana.
14. Este es mi . . . puesto de trabajo en lo que va de año.
15. Hoy hemos recibido su . . . orden.
16. Marta es la . . . secretaria que han despedido en los últimos cinco años.

PERÍFRASIS VERBALES

(Verbale Umschreibung für Adverbien)

acabar de	*hace un momento/hace unos días/*
ir a + infinitivo	*pronto/dentro de poco*
volver a + infinitivo	*otra vez/de nuevo*
seguir/continuar + gerundio	*todavía/aún*
soler + infinitivo	*normalmente/en general*

Acabamos de recibir su carta del 2 de mayo.
Les vamos a enviar algunas muestras cuanto antes.
Volveremos a ponernos en contacto con Ud.
Seguimos fabricando gabardina.
Continuaremos sometiéndole ofertas especiales.
Solemos enviar nuestros catálogos cada año.

E. Transforme estas frases según el ejemplo:

Ejemplo:
Sometemos la oferta otra vez. *Volvemos a someter la oferta.*

1. Normalmente ofrecemos este producto a un precio más alto.
2. La calidad de este tejido es todavía la misma.

3. La empresa Samsón publicará otra vez el mismo folleto.
4. Hemos hablado con su representante hace cinco minutos.
5. Le llamaremos de nuevo.
6. En general, no concedemos descuentos.
7. Dentro de unos días les enviaremos las muestras solicitadas.
8. Los precios suben constantemente en este país.
9. Fabricaremos este producto también el año que viene.
10. Les enviamos otra vez nuestro material de publicidad.

IMPERATIVO (BEFEHLSFORM)

Recuerde
Por favor, envíennos (Uds.) **las listas**.> Por favor, envíennoslas.
(ver también el ejercicio de gramática/de la unidad 1)

F. Forme el imperativo y sustituya el complemento en cursiva por el pronombre personal:

Ejemplo:
¿Por qué no me manda Ud. *el abrigo*? Mándemelo.

1. ¿Por qué no nos envían Uds. *el catálogo*? . . .
2. ¿Por qué no se pone Ud. en contacto con *la casa portuguesa*? . . .
3. ¿Por qué no me permite Ud. *que pague más tarde*? . . .
4. ¿Por qué no hace Ud. *el viaje*? . . .
5. ¿Por qué no nos indican Uds. *los precios*? . . .
6. ¿Por qué no se lo dice Ud. *a la señora García*? . . .
7. ¿Por qué no me explican Uds. *el asunto*? . . .
8. ¿Por qué no nos comunica Ud. *el plazo aproximado*? . . .
9. ¿Por qué no le ofrece Ud. *sus artículos*? . . .
10. ¿Por qué no vienen Uds. con *sus esposas*? . . .
11. ¿Por qué no envía Ud. *las neveras a los señores Camacho*? . . .

G. Ponga la forma correcta del presente de subjuntivo:

Ejemplo: Espero que me (informar) . . . pronto. Espero que me *informe* pronto.

1. Buscamos un fabricante que (estar) . . . dispuesto a exportar a Colombia.
2. Necesitan un ingeniero que (saber) . . . alemán.
3. Esperamos que (haber) . . . fruta barata este año.
4. Es indispensable que su representante (venir) . . . a visitarnos.
5. Es necesario que (traducir, nosotros) . . . los folletos al inglés.

6. Queremos que el cliente (pedir) . . . grandes cantidades.
7. Buscan un empleado que (ir) . . . también al extranjero para trabajar.
8. Confiamos en que (seguir, Uds.) . . . pasándonos sus pedidos.
9. Es preciso que (repetir, Ud.) . . . los datos de la oferta.
10. Quieren que (poner, nosotros) . . . las muestras a su disposición.
11. Esperamos que este negocio (conducir) . . . a una buena relación comercial.
12. Deseamos que el producto (ser) . . . de primera calidad.
13. El cliente exige que (reducir, Uds.) . . . sus precios.
14. Deseamos que nos (Uds., decir) . . . todo y que no (caer) . . . en el error de callarse.
15. Esperamos que la calidad (satisfacer) . . . a nuestros clientes.

USO DEL PRESENTE DE SUBJUNTIVO

Recuerde

(1) Les **rogamos** (que)
Les **aconsejamos** (que)
Les **recomendamos** (que)

(2) Les **agradeceremos** (que)
Nos alegramos de que
Celebramos que

(3) **No creemos** que

(4) **Es posible** que
Es probable que

(5) **En caso de que**
. . . para que

(1)–(5): **+ presente de subjuntivo** (nos informen . . .)

(6) Le concederé mejores condiciones **cuando hayamos** concluido la primera transacción.

¡Ojo!

Esperamos que las muestras lleguen en buen estado.	(„hoffen")
Esperamos que las muestras llegarán en buen estado.	(„erwarten")
Esperamos recibir pronto su primer pedido.	(gl. Subjekt)
(ebenso: confiar en)	

H. Ponga la forma correcta del verbo entre paréntesis:

Ejemplos: El Sr. García nos ha comunicado que Uds. (buscar)
. . . *buscan* . . . un nuevo suministrador.
Estamos seguros de que (Uds./estar) . . . *estarán*
. . . interesados en nuestras nuevas maletas.
Les rogamos (enviarnos) . . . *nos envíen* . . . su catálogo.

1. Los señores Moreno nos han informado de que Uds. (estar) . . . interesados en nuestros micrófonos.
2. Cuando nos (Uds./haber) . . . informado sobre el material que necesitan, les haremos con mucho gusto la oferta solicitada.
3. Me alegro de que Ud. (desear) . . . entrar en relaciones comerciales con una casa alemana.
4. Ud. comprobará que nuestros precios (ser) . . . más bajos que los de la competencia.
5. En caso de que nos (Uds./pasar) . . . pedidos de más de 5 000 unidades, les concederemos una rebaja del 4 %.
6. Estamos seguros de que no (Uds./encontrar) . . . una oferta más favorable que la nuestra.
7. Si Ud. (ver) . . . la posibilidad de pedir 500 unidades como mínimo, le concederé una rebaja del 5 %.
8. Les aconsejo que me (pasar) . . . su pedido cuanto antes.
9. Esperamos que les (satisfacer) . . . nuestra oferta.
10. Estoy convencida de que (Uds./quedar) . . . muy satisfechos con la calidad de nuestros productos.
11. Les recomendamos que (Uds./pagar) . . . dentro de 30 días.
12. Le rogamos nos (comunicar) . . . sus instrucciones por correo electrónico.
13. Pueden estar seguros de que (nosotros/ejecutar) . . . su pedido inmediatamente.
14. Les agradeceremos nos (Uds./indicar) . . . las referencias usuales.
15. Agradecemos el interés que Uds. (mostrar) . . . por nuestros productos.
16. Confiamos en que les (convenir) . . . nuestra oferta.
17. Esperamos que les (satisfacer) . . . las muestras que les enviamos.
18. Indicamos los precios FOB Hamburgo y CIF Cádiz para que Uds. (poder) . . . elegir la cotización más favorable.
19. Esperamos que (Ud./seguir) . . . depositando su confianza en nosotros.
20. Esperamos (nosotros/recibir) . . . pronto esta información importante.

CUANDO + PRESENTE DE INDICATIVO O SUBJUNTIVO, PRETÉRITO INDEFINIDO:

Recuerde
Cuando produ**zco** estos objetos, **siempre** le envío un ejemplar.
Cuando produ**zca** estos objetos, le envi**aré** un ejemplar.
Cuando produ**je** estos objetos **el año pasado,** le envi**é** un ejemplar.

I. Ponga la forma correcta del verbo entre paréntesis

1. Cuando (llegar) . . . los folletos, se los entregaremos a nuestros asociados.
2. Cuando (nosotros/tener) . . . mucha confianza en el comprador, solemos vender a crédito.
3. Cuando (yo/irme) . . . a los Estados Unidos, el señor Müller se encargará de este asunto.
4. Cuando (nosotros/recibir) . . . un pedido, lo servimos siempre con el mayor esmero.
5. Cuando (yo/tener) . . . tiempo, me ocuparé de su solicitud.
6. Cuando Ud. (poder) . . ., infórmenos sobre las casas competidoras en ese país.
7. Cuando la señora Molina (recibir) . . . su carta, la contestó inmediatamente.
8. Cuando (yo/saber) . . . la dirección de esa empresa, le enviaré un catálogo.
9. Cuando Uds. (comunicarnos) . . . que no podían suministrar la mercancía, tuvimos que buscar otro proveedor.
10. Cuando (nosotros/haber) . . . realizado el primer negocio sin problemas, les concederemos mejores condiciones de pago.

J. Escoja el verbo adecuado y ponga la forma correcta (presente de indicativo, presente de subjuntivo, futuro):
(buscar, ejecutar, encontrar, enviar, haber, necesitar, pasar, poder, ser, venderse)

Estimado Sr. Sotelo:
Los señores Olmedo de Buenos Aires nos han informado de que usted . . . (1) . . . un distribuidor especializado en sartenes de acero inoxidable.
Nosotros fabricamos ollas y sartenes de alta calidad y creemos que nuestros productos . . . (2) . . . ser interesantes para usted. Adjunto a la presente le . . . (3) . . . nuestro catálogo, las condiciones y la lista de precios. Cuando . . . (4) . . . realizado el primer negocio, le concederemos mejores condiciones.
Nuestros productos ya . . . (5) . . . muy bien en muchos países latinoamericanos y por eso estamos convencidos de que . . . (6) . . . buena acogida también en Paraguay.
En caso de que . . . (7) . . . grandes cantidades, le recomendamos que nos . . . (8) . . . su pedido lo más pronto posible.
Esperamos que esta oferta . . . (9) . . . aceptable para usted. Le aseguramos que . . . (10) . . . todos sus pedidos siempre con el mayor esmero.
Atentamente

2.4 Ejercicios de vocabulario y construcción de frases

A. ¿Qué palabra no corresponde al resto?

Ejemplo: verde – azul – *fuerte* – rojo

1. a) favorable, b) ventajoso, c) comercial, d) competitivo
2. a) el kilogramo, b) el litro, c) la lata, d) la tonelada
3. a) mayor, b) mejor, c) excelente, d) más importante
4. a) el consumidor, b) el distribuidor c) el minorista, d) el mayorista
5. a) la tienda, b) el supermercado, c) el almacén, d) el hipermercado
6. a) dentro de una semana, b) cuanto antes, c) todo lo posible, d) inmediatamente
7. a) la caja, b) el litro, c) la botella, d) la bolsa
8. a) por autopista, b) por avión, c) por ferrocarril, d) por carretera
9. a) por cheque, b) por transferencia bancaria, c) por crédito documentario, d) por paquete postal
10. a) porte pagado, b) pago a 30 días fecha factura, c) FOB Cádiz, d) ex almacén

B. Relacione ambas columnas:

1. descripción del artículo	a) CIF Buenos Aires
2. cantidad	b) por crédito documentario irrevocable
3. precio	c) con un descuento del 2 %
4. rebaja	d) 2 000 unidades
5. modo de envío	e) antes del 31 de julio
6. condiciones de entrega (Incoterms)	f) modelo F 18, blanco
7. plazo de entrega	g) € 52 c/u
8. condiciones de pago	h) por f.c.

Ejemplo: (3.) *precio: € 52 c/u* (g)

C. Complete las frases con la forma de pago adecuada:

(a 10 días fecha factura con un descuento; pago por aceptación de un giro a 30 d/v; pago neto contra entrega de la mercancía; por transferencia bancaria; la apertura de una carta de crédito irrevocable y confirmada)

1. El señor Molina paga . . . cuando quiere estar seguro de que la persona o la empresa indicadas recibirán el dinero en su cuenta bancaria.
2. El fabricante alemán Manfred Reinke piensa vender una máquina muy cara a una empresa con la que nunca ha realizado negocios y que es de un pequeño país muy conflictivo. El señor Reinke quiere estar seguro de recibir su dinero y por eso pide . . .

3. El importador recibe los documentos de embarque si acepta un giro a 30 d/v. Este modo de pago se llama: . . .
4. Los Sres. Schneider siempre pagan en seguida, digamos en el plazo de 10 días. ¿Qué condición de pago van a solicitar a la casa Carvacho, S.A., de Sevilla a la que compran aceite de oliva?
5. La casa exportadora Gil & Gil sabe que la competencia en el mercado europeo es muy fuerte. Por eso, calcula los precios muy bajos y pide a todos sus clientes que paguen -sin reducir el importe de la factura- inmediatamente después de recibir la mercancía. Es decir, en sus ofertas siempre pone . . .

D. Complete las expresiones relacionando ambas columnas:

1.	( ) someter	a.	un pedido
2.	( ) dar	b.	una feria
3.	( ) pasar	c.	la mercancía
4.	( ) conceder	d.	una oferta
5.	( ) ejecutar	e.	recibo
6.	( ) suministrar	f.	los pedidos
7.	( ) entrar en	g.	las gracias
8.	( ) organizar	h.	relaciones comerciales
9.	( ) tener	i.	una carta de crédito
10.	( ) abrir	j.	una rebaja
11.	( ) acusar	k.	al contado
12.	( ) pagar	l.	gran éxito

E. Sustituya las palabras en *cursiva* por otras que digan lo mismo utilizando la forma correcta de las indicadas entre paréntesis:

Ejemplo: (hacer)
Esperamos que nos *sometan* una oferta interesante.
Esperamos que nos *hagan* una oferta interesante.

(el plazo de entrega es de, como mínimo, dar las gracias, adjuntar, convenir, estar convencido de, alegrarse de, en cuanto a)

Señores:
Les quedo agradecida por su carta del 13 de abril.
Celebro que deseen entrar en relaciones comerciales conmigo, y con mucho gusto les *envío adjunto* mi catálogo.
En general, *la entrega se efectúa dentro de* tres semanas.
Referente a las piezas de recambio, les garantizo que se las podré suministrar durante 10 años *por lo menos*.
Como nuestros productos son de primera calidad y diseño elegante, *estoy segura de* que les *satisfará* mi oferta.
Atentamente

F. Ordene las frases:

( ) 1. Por correo aparte, les enviamos algunos folletos sobre nuestros aparatos.
( ) 2. Les agradecemos su carta del 3 de septiembre y el interés que muestran por nuestros productos.
( ) 3. Señores:
( ) 4. Quisiéramos llamar su atención sobre nuestra nueva batidora "Elma".
( ) 5. En estos folletos encontrarán todos los detalles técnicos y los precios.
( ) 6. Actualmente, la ofrecemos a un precio especial.
( ) 7. Les saludamos atentamente.
( ) 8. Esperamos recibir pronto su primer pedido que ejecutaremos con el mayor esmero.

G. Complete esta carta:

Anrede (an viele)	. . .
soeben erhalten (ich)	. . . su carta del 2 de febrero,
Dank	que . . . .
Freude	. . . que deseen entrar en relaciones comerciales con una casa alemana.
wie gewünscht, Anlage	. . . un folleto sobre nuestra oferta especial.
getrennt	. . . les he enviado esta mañana mi catálogo.
nach Erhalt	La entrega puede efectuarse dentro de dos semanas . . . su pedido.
aufmerksam machen	. . . que para la producción de nuestros perfumes solo utilizamos sustancias de la mejor
Überzeugung	calidad. Por eso . . . que mi oferta
gute Aufnahme finden	. . . también en el mercado chileno.
Versicherung	. . . que ejecutaré su pedido con el máximo esmero.
Gruß	. . .

2.5 Ejercicios de redacción

2.5.1 Anuncios

Redacte cartas utilizando los dibujos y los datos correspondientes:

Pantalones vaqueros para mujer

100 % algodón, azul, negro
tallas 36 a 44
precio por pantalón: € ...

Sartén "Bratfix"

de acero inoxidable
sin tapa, referencia 20.031
medidas: 24 cm
26 cm
28 cm
grosor de base superior
color mangos: rojo, negro
apropiada para cocinas de vitrocerámica

en cajas individuales
precio por sartén: € ...
cantidad mínima: 100 un.

Tapa para sartén

de cristal y acero inoxidable 18/10
medidas: cm 24, 26 y 28 de diámetro

en estuches individuales
precio por tapa: € ...
cantidad mínima: 50 un.

CREMA SOLAR "SOLARIA"

tubo de 150 ml, cajas de 100 tubos
botella de 300 ml, cajas de 50 botellas
factor de protección: 30
precio por caja de 100 tubos/50 botellas € ...

PASTA DE ANCHOA "BOCAFELIZ"

lata de 100 g
en cajita individual con llave
en cajones de madera de 500 cajitas
precio por cada cajón de 500 cajitas: € ...
sabor excelente
calidad "Gourmet"

Lentejas "La Castellana"

bolsa de 1 kg
caja de 50 bolsas
precio por kilo: € ...

Aceite de oliva "Supremo"

botella de plástico de:
1 litro
0,75 litros
cajas de 10 botellas
precio por caja: € ...

Mermelada

de melocotón
de albaricoque
de fresa

tarro de 650 g
cajas de 25 tarros
precio por tarro: € ...

Tomate frito

brik de 400 g
cartones de 50 briks
precio por brik: € ...
por cartón de 50 briks: € ...

GIN (GINEBRA) "SECA"

botella de 1 litro
cajas individuales
cajas de 10 botellas
precio por botella: € ...

2.5.2 Minutas en alemán

A. Sie sind Mitarbeiter/in der Firma Maxwell & Moritz, Hamburg. Beantworten Sie die Anfrage der spanischen Importfirma Ruiz & Cía., Castellón:

1. Sie danken für die Anfrage vom 25. d. v. M., die Sie gestern erhielten.
2. Sie drücken Ihre Freude aus, dass der Wunsch besteht, mit einer deutschen Firma Geschäftsbeziehungen aufzunehmen.
3. Bisher haben Sie noch keinen Kontakt zu einer spanischen Firma.
4. Auf freundlich-höfliche Weise unterbreiten Sie folgendes Angebot:
   5.000 Dosen Kekse (1) „Roma" à 500 g, € 3,20 pro Dose,
   10.000 Dosen Kekse „Landauer" à 250 g, € 1,58 pro Dose.
5. Weisen Sie darauf hin, dass Sie einen Prospekt beilegen, der ausführlich über die Kekse informiert.
6. Sie sichern eine spezielle Verpackung zu, die im Preis inbegriffen ist.
7. Da es sich um das erste Geschäft mit der spanischen Firma handelt, verlangen Sie höflich Zahlung per unwiderruflichem Akkreditiv.
8. Stellen Sie für nachfolgende Geschäfte günstigere Zahlungsbedingungen in Aussicht, z. B. Akzept einer 30-Tage-Sichttratte.
9. Alle Kekssorten sind innerhalb von zwei Wochen lieferbar.
10. Sie drücken Ihre Überzeugung aus, dass die angebotenen Kekse gute Aufnahme bei den spanischen Verbrauchern finden werden.
11. Drücken Sie Ihre Hoffnung aus, dass Ruiz & Cía. bald einen ersten Auftrag erteilt.

Vocabulario:
(1) (die) Kekse – (las) galletas

B. Sie sind Mitarbeiter/in der Hispanexport, S.A., Sevilla, und beantworten die Anfrage der Firma Exotica Import, Bremen:

1. Sie danken für die Anfrage der deutschen Firma.
2. Seit mehr als 40 Jahren produzieren Sie Olivenöl, welches Sie nicht nur an Großhändler, sondern auch an die besten Hotels und Restaurants direkt verkaufen.
3. Sie haben inzwischen an den zukünftigen Kunden einige Muster per Post abgeschickt, damit er sich von der ausgezeichneten Qualität des Öls überzeugen kann.
4. Das Produkt wird in 50-l-Fässern, Dosen à 10 und 5 l sowie 0,75-l-Flaschen verkauft. Die Flaschen werden in Kartons à 12 Stück geliefert.
5. Als Anlage senden Sie eine Preisliste für das Jahr . . . Alle Preise verstehen sich FOB Cádiz zur sofortigen Lieferung.
6. Bei Aufträgen, die € . . . überschreiten, gewähren Sie einen Rabatt von 8 %.
7. Zahlung beim ersten Auftrag per Akkreditiv, später sind günstigere Zahlungsbedingungen möglich.
8. Sie hoffen, dass die Muster den zukünftigen Käufer überzeugen werden, und würden sich freuen, bald einen Auftrag zu erhalten.

C. **Sie sind Mitarbeiter/in der Porzellanwerke Fürst AG.**
Beantworten Sie die Anfrage der Firma Hogar Ideal, S.A.:

1. Sie danken für das Interesse an Ihren Produkten.
2. Sie würden die Geschäftsbeziehungen gern aufnehmen, da Sie bisher noch nicht nach Spanien exportieren.
3. Hogar Ideal, S.A., erhält als Anlage Ihren Katalog mit den neuesten Modellen inkl. Preise für den Export nach Spanien.
4. Preise gültig bis 30. April für Lieferung FCA Frankfurt, einschl. Spezialverpackung.
5. Lieferzeit: 1 Monat, Zahlung: 10 Tage nach Rechnungsdatum, netto.
6. Selbstverständlich können auch Spezialmodelle nach Fotos hergestellt werden.
7. Mit getrennter Post wurde ein Muster des Modells „Jaguar" geschickt, das mehr oder weniger den Modellen der Fotos entspricht (1), damit der Kunde die Qualität des Porzellans prüfen kann.
8. Sie bitten um Nachricht per Telefon oder E-Mail, damit schnell ein Spezialangebot unterbreitet werden kann.

Vocabulario:
(1) entsprechen: corresponder a, coincidir con , concordar (-ue-) con

D. **Sie sind Mitarbeiter/in der Firma PUIG Perfumes, Barcelona.**
Beantworten Sie die Anfrage der Firma Essence & Co, Düsseldorf:

1. Sie danken für das Interesse an den Produkten der Firma PUIG.
2. Herr Alvelos, der zurzeit durch Europa reist, hat Sie bereits telefonisch darüber informiert, dass er mit dem Vertreter von Essence gesprochen hatte.
3. Da PUIG noch nicht in Deutschland vertreten ist, besteht ein großes Interesse an Geschäftsbeziehungen.
4. Die Vertretung kann übertragen (1) werden, wenn die Umsätze (2) von Essence zufriedenstellend sind.
5. Als Anlagen erhält Essence einige Prospekte mit Produktfotos.
6. Mit getrennter Post werden einige Muster des neuen Parfums „Anouk" geschickt, das in Spanien großen Erfolg hat.
7. Zur Einführung von „Anouk" bieten Sie an:
   200 Kartons à 12 Fläschchen (3) Eau de Toilette (4) „Anouk" 100 ml,
   Nr. im Katalog: 703020,
   zum Preis von € ... pro Fläschchen,
   Lieferung: sofort FCA Barcelona,
   Zahlung: 10 Tage nach Rechnungsdatum per Scheck.
8. Sollte Werbematerial benötigt werden, bitte per E-Mail sofort mitteilen. Das Werbematerial wird zusammen mit der ersten Lieferung kostenlos geschickt.
9. Hoffnung auf Probeauftrag und gute Zusammenarbeit.

Vocabulario:
(1) übertragen – conceder
(2) der Umsatz – el volumen de ventas
(3) das Fläschchen – el frasco
(4) nicht übersetzen

E. Aufgabe:

Verfassen Sie auf der Grundlage dieser Anfrage einen vollständigen Antwortbrief an DECA und berücksichtigen Sie dabei die handschriftlichen Anmerkungen Ihres Chefs.

DECA, S.A.

Avda. Infanta Carlota, 78-82, E-08029 Barcelona
www.deca.es

Kleinert KG
Postfach 20 98
D-90455 Nürnberg

Asunto: Sartenes Barcelona, 22 de febrero de...

Señores:

Quedamos impresionados por la excelente calidad de las sartenes expuestas en su stand de la feria "Domotechnica" que se celebró la semana pasada en Colonia.

wir nur erstklassige Qualität

Somos una cadena de minoristas, y siempre estamos en busca de nuevos productos de primera calidad para completar nuestro surtido.

Preise sehr niedrig kalkuliert; bei Aufträgen über € 5 000 3 %

Como normalmente pasamos pedidos de mayor importancia, deseamos saber si están dispuestos a concedernos una rebaja por grandes cantidades. Al mismo tiempo, les rogamos nos informen si les es posible garantizarnos el suministro de las piezas de recambio durante 10 años, por lo menos.

Caso de que tengan los prospectos de las sartenes de acero inoxidable también en español, les agradeceremos nos envíen unos 50 ejemplares para nuestros asociados interesados. nur auf dt. oder engl., 60 getrennt auf Engl. schicken!

En espera de sus noticias, les saludamos muy atentamente.

Carlos Serra

Carlos Serra

2.6 Ejercicios de traducción

A. Mixgerät

Hamburg, (Datum)

Sehr geehrte Damen und Herren,

wir haben gerade Ihre Anfrage vom . . . erhalten und freuen uns, dass Sie mit unserer Firma Geschäftsbeziehungen aufnehmen wollen.
Wunschgemäß schicken wir Ihnen in der Anlage unseren Katalog und unsere Preisliste für dieses Jahr. Die Transportkosten sind in den Preisen enthalten.
Alle angebotenen Geräte sind deutsche Erzeugnisse von ausgezeichneter Qualität. Aufgrund des großen Erfolges, den sie in anderen europäischen Ländern haben, sind wir überzeugt, dass sie sich auch gut in Spanien verkaufen lassen.
Bezüglich unseres Mixgerätes „Mixafix 2000" erlauben wir uns, Sie darauf hinzuweisen, dass wir seinen Preis vor einer Woche um 8 % gesenkt haben. Mit diesem außerordentlich niedrigen Preis von € 46,00 ab Werk werden Sie zweifellos in der Lage sein, der starken Konkurrenz in Ihrem Land entgegenzutreten (1). Für Aufträge von mindestens 1.000 Stück gewähren wir einen Rabatt von 10 %.
Es können alle im Katalog erwähnten Apparate drei Wochen nach Eingang Ihrer Bestellung geliefert werden.
Da es sich um das erste Geschäft handelt, das wir mit Ihrem Unternehmen durchführen werden, bitten wir Sie, bei Vorlage der Dokumente durch eine dortige Bank zu bezahlen.
Falls Sie noch irgendeine Frage bezüglich unserer Bedingungen, Rabatte oder Ersatzteile haben, so zögern (2) Sie nicht, mit uns erneut Verbindung aufzunehmen.
Wir hoffen, dass dies der Anfang (3) einer langen und angenehmen Geschäftsbeziehung zwischen unseren beiden Firmen ist und verbleiben

Mit freundlichen Grüßen,

Vocabulario:
(1) entgegentreten – hacer frente
(2) nicht zögern, etwas zu tun – no dudar en hacer algo
(3) der Anfang – el principio

B. Weißweine

(Datum)

Import deutscher Weißweine nach Spanien

Sehr geehrte Frau Roig,

es freut uns, dass Sie am Import unserer Weißweine interessiert sind.
Wir sind ein Unternehmen mit einer langen Tradition und befassen uns seit 100 Jahren mit dem Verkauf deutscher Weine. Wir exportieren unsere Produkte mit großem Erfolg nach Europa und in die USA und brauchen die französische Konkurrenz nicht zu fürchten (1).
Um Sie von der ausgezeichneten Qualität unserer Weine zu überzeugen, haben wir soeben eine Kiste mit Proben der Weine „Rheingau ....“ und „Rheingold ....“ an Sie geschickt. Als Anlagen erhalten Sie unseren neuesten Prospekt mit einigen Abbildungen sowie unsere aktuelle Preisliste.
Außerdem können wir Ihnen heute ein Sonderangebot unterbreiten, gültig bis 28. Februar d. J.:

> 2.000 Flaschen à 0,75 l „Rheinsilber ....“,
> ein sehr aromatischer Wein von ausgezeichnetem Geschmack,
> Verpackung in Kartons à 12 Flaschen,
> zum Preis von € 1,70 pro Flasche ab Kellerei (2) Köln,
> Lieferung sofort (3).

Bitte informieren Sie uns telefonisch, ob Sie auch eine Probesendung dieses Weines wünschen.

Wir hoffen, dass Ihnen unser Angebot zusagt.

Mit freundlichen Grüßen,

Vocabulario:
(1) fürchten – temer
(2) frei Kellerei – ex bodega
(3) Lieferung sofort – para entrega inmediata

C. Fruchtkonserven

Córdoba, 10. Mai ...

Fruchtkonserven (1) – Alleinvertretung (2)

Sehr geehrte Damen und Herren,

wir danken für Ihr Interesse an unseren Produkten.
Unser Unternehmen gehört zu den bedeutendsten Herstellern von Fruchtkonserven in Spanien. Der Erfolg, den wir bisher in Norwegen und Schweden gehabt haben, bestätigt, dass FRUTASA-Produkte von hoher Qualität sind. In Dänemark verfügen wir bereits über ein eigenes Verkaufsnetz. Unsere Produkte werden in den nordischen

(3) Ländern hauptsächlich in Spezialgeschäften angeboten, die eine anspruchsvolle Kundschaft haben.
Wir würden gern mit einer deutschen Firma zusammenarbeiten, aber nur, wenn sie uns einen Mindestumsatz garantieren kann.
Als Anlage senden wir Ihnen unseren bebilderten Katalog mit der bis September gültigen Preisliste. Alle Preise verstehen sich für sofortige Lieferung CIF europäischer Hafen. Wir weisen darauf hin, dass die Mindestmenge pro item (4) 5.000 Stück beträgt. Weitere Details finden Sie in der Preisliste. Da es sich um unser erstes Geschäft handelt, bitten wir um Eröffnung eines Akkreditivs bei der Banco de Santander, Filiale Córdoba. Bei zukünftigen Geschäften akzeptieren wir Zahlung 30 Tage nach Rechnungsdatum.
Zurzeit können wir günstig anbieten:

30.000 Dosen à 200 ml Mandarinen, 1. Qualität,
in Kartons à 100 Dosen,
zum Preis von € ... CIF europäischer Hafen.
Dieser Preis ist gültig bis zum 30. d. M.

Bitte informieren Sie uns, welche Muster Sie interessieren, damit wir sie sofort auf den Weg bringen können.

Wir hoffen, bald Ihren Auftrag zu erhalten, und grüßen Sie

FRUTASA DE CÓRDOBA
Alicia Díaz de Montenegro

Vocabulario:
(1) Fruchtkonserven – las frutas en conserva
(2) die Alleinvertretung – la representación exclusiva
(3) nordisch – nórdico
(4) item – el rubro

D. Fahrräder

Bremen, 20. Februar ...

Mountain-Bikes 2005 (1)

Sehr geehrte Damen und Herren,

wir danken für Ihre Anfrage vom ... und freuen uns über Ihr Interesse an unseren Produkten.
Da wir bisher noch nicht nach Spanien exportieren, würden wir gern mit Ihnen zusammenarbeiten. Wir haben gelesen, dass die Nachfrage (2) nach Fahrrädern in Spanien stark gestiegen ist und glauben, dass deutsche Produkte sich aufgrund ihrer ausgezeichneten Qualität gut auf dem spanischen Markt verkaufen lassen.
Sie erhalten als Anlage unseren Katalog mit allen Einzelheiten, insbesondere technischen Daten, und eine Preisliste für den Export nach Spanien. Bei großen Aufträgen gewähren wir selbstverständlich Mengenrabatt. Bitte informieren Sie uns über den Umsatz, den Sie erwarten, damit wir über die weiteren Konditionen verhandeln (3)

können. Die Katalogpreise verstehen sich im Allgemeinen für Lieferung ab Werk Bremen. Die Lieferzeit für Aufträge bis 50 Stück beträgt zurzeit zwei Wochen. Für größere Mengen benötigen wir eine Frist von ca. drei bis vier Wochen nach Auftragseingang oder liefern Teilmengen (3).
Wir kennen die Produkte aus China sehr gut und wissen, dass die von den dortigen Herstellern angebotenen Preise niedriger als unsere sind. Da aber unsere Produkte von besserer Qualität sind, glauben wir, dass sie auch in Ihrem Land einen guten Absatz finden werden. Außerdem können wir, falls notwendig, schnell alle Ersatzteile liefern, da wir sie ständig auf Lager haben.
Bitte studieren Sie unseren Katalog sorgfältig. Falls Sie weitere Fragen haben, wenden Sie sich bitte an Frau Sänger, die Ihnen alle weiteren Informationen zukommen lassen kann.

Wir würden uns freuen, bald von Ihnen zu hören.

Mit freundlichen Grüßen,
Rudolf Martín
Exportabteilung
Anlagen: Exportkatalog

Vocabulario:
(1) Mountainbike: la bicicleta de montaña
(2) die Nachfrage nach: la demanda de
(3) verhandeln über: negociar
(4) Teilmengen liefern: hacer entregas parciales

2.7 Pasatiempos

A. CRUCIGRAMA

a) Estudie el sistema de este crucigrama según los ejemplos.
b) Los números que se encuentran dentro de las casillas (= Kästchen) del crucigrama corresponden a las letras de un refrán español. Ponga esas letras en las casillas correspondientes para descubrir el refrán:

Refrán español:

		M	A							O					N							
1		2	3	4		5	6	7	8	9	10		11	12	13	14	15		16	17	18	19

a) ¿Qué le dice este refrán?
b) ¿Cómo se comporta usted normalmente en una situación así?

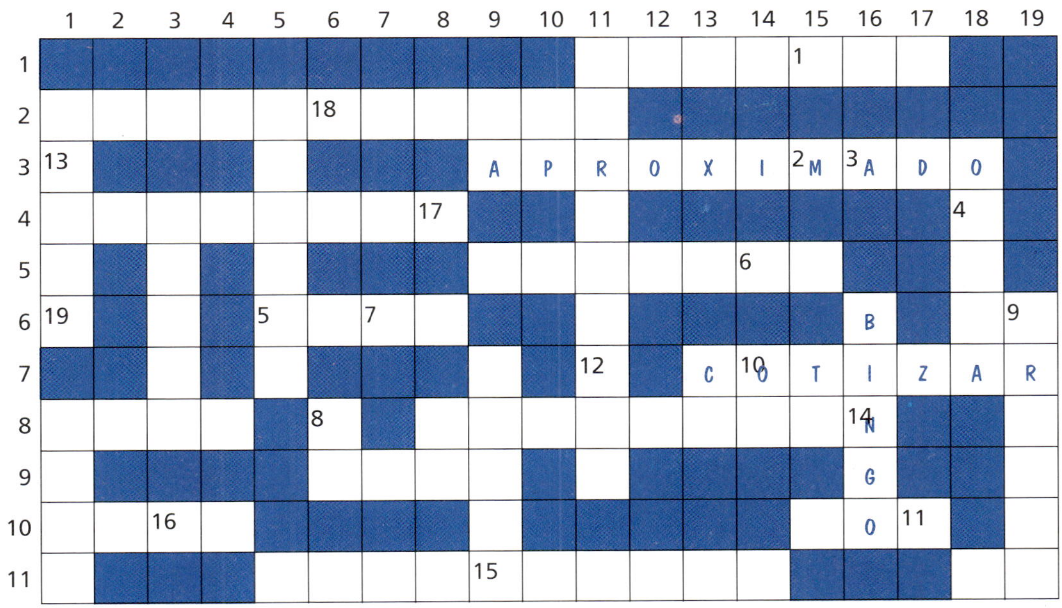

Horizontales:

1. Animal comestible sacado del agua donde vive.
2. Aparato cerrado para conservar alimentos (alimento = algo para comer).
3. Más o menos (adjetivo).
4. Lata.
5. Algo escrito con que se informa sobre un producto comercial (p. ej., en una revista).
6. Dos y uno.
7. Indicar el precio de un producto.
8. Medio de transporte. Indicación de la calle y del pueblo donde alguien vive o trabaja.
9. Nombre femenino.
10. Una persona que tiene mucho dinero. Cláusula: franco a bordo.
11. De otro país. Lo contrario de "sí".

Verticales:

1. Indicación del día en que se hace algo. Animal que se usa para un espectáculo muy español.
3. Lo contrario de "sur".
5. Ofrecimiento de algo en venta.
6. Pronombre de primera persona del singular; se usa con preposición.
8. Preposición: las piezas . . . recambio.
9. Serie de palabras (p. ej., diferentes productos) y números (p. ej., precios) escritos uno detrás/debajo de otro.
11. Habitante de un país de la penísula ibérica.
16. Juego en el que son importantes los números.
18. Aceituna.
19. Lo que se paga por algo.

B. Carteles para la oficina:

¿Con quién quiere hablar?
¿Con el jefe o con la mujer que lo sabe todo?

No respires, por favor, mientras esté fumando.

a) ¿Colgaría usted uno de estos carteles? ¿O los dos? ¿Por qué?
b) ¿Qué reacción espera?

C. Refrán:

Una buena capa todo lo tapa.

a) Interprete este refrán aplicándolo (1) a las prácticas comerciales ¿Es así en realidad?
b) ¿Es este refrán un buen consejo para un fabricante?

Vocabulario:
(1) aplicándolo a – indem Sie es anwenden/übertragen auf

Unidad 3:

Pedido

Carta A

May & Steffens
BÜROBEDARF GMBH

Sander Damm 42 · 21031 Hamburg · Tel. 040 6734527 · Fax 040 6734323

Madema, S.A.
Avda. Valdelaparra, 31
E-28100 Madrid

Hamburgo, 27 de abril de...

Asunto: Pisapapeles y reglas

Estimada Sra. Rodríguez:

De acuerdo con su oferta del 22 de marzo y la conversación telefónica mantenida el día 26 de abril con nuestro colaborador el Sr. Meier, le pasamos el siguiente pedido:

– 500 pisapapeles de madera de olivo
n°. 64-2689-11
precio: € 29,35 x 500 . . . . € 14 675,00

– 1 000 reglas negras de madera con las medidas en blanco
n°. 60-2810-11
precio: € 4,30 x 1 000 . . . . € 4 300,00
TOTAL. . . . . € 18 975,00

precios:	CIP Madrid
plazo de entrega:	hasta finales de junio de...
entrega:	por ferrocarril
pago:	a 30 días fecha factura, por transferencia bancaria
seguro:	cubierto por nosotros

Sin otro particular, aprovechamos la ocasión para saludarle muy atentamente.

Richard May
Richard May
Gerente

Carta B

SEAFOOD-IMPORT GmbH

Deichstraße 25 – 20459 Hamburg – Tel. 040 2462786

www.seafood.de

Conservas de Galicia, S.A.
Apdo. de Correos, 453
E-36208 Vigo (Pontevedra)
ESPAÑA

Hamburgo, 15 de enero de...

ASUNTO: PEDIDO núm. A 5142

Muy Sres. nuestros:

Les agradecemos su oferta del 4 del cte. y las muestras que han tenido la amabilidad de enviarnos.
Como dichas muestras han resultado de nuestra entera satisfacción, nos complace pasarles el siguiente pedido:

200 cajas x 50 latas x 115 g
– ATÚN CLARO EN ESCABECHE – € 1,26/lata

100 cajas x 50 latas x 115 g
– BERBERECHOS AL NATURAL – € 1,80/lata

Les rogamos nos remitan la mercancía, lo más tarde, a finales de febrero. A principios del mes de marzo tendrá lugar aquí una pequeña feria de pescado y marisco español a la que hemos invitado a clientes de toda Alemania, y nos gustaría presentar sus productos. En caso de que no puedan cumplir con esta fecha, comuníquense, por favor, con el Sr. Köhler, tel. 0049 40 246 27 87.

Referente al seguro, confiamos en que se hagan cargo de la póliza. Además, les advertimos de que las cajas deben marcarse con letras de, por lo menos, 15 cm de altura.

Para esta transacción, estamos de acuerdo con la apertura de una carta de crédito irrevocable a su favor. Como esperamos intensificar nuestras relaciones comerciales con ustedes, les quedaríamos muy agradecidos si estudiaran la posibilidad de concedernos algunas facilidades de pago, por ejemplo, pago contra aceptación de un giro a 30 d/v.

Con motivo de la feria antes mencionada, nos interesaría saber si ustedes disponen de material informativo sobre sus productos en alemán o en inglés. Necesitaríamos unos 100 catálogos, preferentemente en alemán.

En espera de su pronta confirmación de este pedido de prueba, les saludamos atentamente.

Arturo Schwarz

Fdo. Arturo Schwarz
Director Comercial
a.schwarz@seafood.de

Carta C

Internationale Möbel GmbH

Oppelner Str. 15 · 51145 Köln · Tel. 0221 345783
Fax: 0221 345297
www.internationalemoebel.de
E-Mail: kontakt@internationalemoebel.de

Muebles Apolo, S.A.
Alonso Cano, 147
E-28003 Madrid

Colonia, 4 de junio de...

Estimados señores:

Les damos las gracias por su carta del 24 de mayo que recibimos la semana pasada, junto con su catálogo y la lista de precios. Conforme a su oferta, nos complace pasarles el siguiente pedido:

Código	**Descripción**	**Cantidad**	**Precio por unidad**	**Importe total**
MI-12	Estantería de 25x17x106 cm para 120 blu-rays	50	€ 85,70	€ 4 285,00
MI-13	Estantería de 40x17x106 cm para 200 blu-rays	50	€ 105,50	€ 5 275,00
				€ 9 560,00

La entrega deberá efectuarse antes del 15 de septiembre. Los gastos de transporte corren por nuestra cuenta.
Ordenaremos al Dresdner Bank de Hamburgo abrir un crédito documentario a su favor por el importe total antes mencionado. Este crédito será válido hasta el 25 de septiembre y pagadero en el Banco Central Hispano de Madrid.
Como esperamos pasarles pedidos aún más importantes, les quedaríamos agradecidos si pudiéramos pagar en el futuro a 30 días fecha factura por transferencia bancaria.
Por favor, envíennos su factura proforma y avísennos cuanto antes de la fecha de embarque.
Dado que blu-rays vía existe una creciente demanda de blu-rays en el mercado alemán, quisiéramos ampliar nuestra oferta. Por este motivo, les rogamos nos envíen más detalles (medidas, material, etc.) sobre las estanterías para este tipo de artículos.

Esperando con interés sus noticias, les saludamos atentamente.

Peter Wagner

Peter Wagner
Jefe de Compras

3.1 Modelos de cartas

¿¿¿PREGUNTAS???

Carta A de May & Steffens Bürobedarf GmbH

1. ¿A qué contacto se refiere el Sr. May?
2. ¿De qué tipo de productos se trata en este pedido?
3. ¿Qué significa "€ 29,35 x 500" y "€ 4,30 x 1 000"?
4. ¿Qué significa "CIP Madrid" (ver Incoterms)?
5. ¿Cómo se deben enviar las mercancías?
6. ¿Cuándo deben llegar las mercancías?
7. Explique la forma de pago. (¿Qué dice sobre el grado de confianza que tiene la empresa española en la alemana?)

Carta B de Seafood-Import GmbH

1. ¿De qué acusa recibo la casa alemana?
2. ¿De qué tipo de productos se trata?
3. ¿Qué le parecen las muestras a la casa alemana?
4. ¿Cuándo debe llegar la mercancía?
5. ¿Por qué debe llegar en esa fecha?
6. ¿Qué debe hacer el fabricante si no puede cumplir con esa fecha?
7. ¿Cuáles son las condiciones de pago para este negocio?
8. ¿Qué solicita la casa alemana para futuras transacciones?
9. a) ¿Qué clase de material de publicidad necesita?
   b) ¿En qué lengua(s)?
   c) ¿Por qué en esta(s) lengua(s)?
   d) ¿Cuántos ejemplares solicita?
10. ¿Por qué se pide una pronta confirmación de este pedido?
11. ¿Cómo se le podría llamar a este tipo de pedido?

Carta C de Internationale Möbel GmbH

1. ¿Dónde encontró la empresa alemana la información necesaria para poder formular este pedido?
2. ¿De qué producto(s) se trata?
3. ¿Cuándo debe efectuarse el suministro?
4. ¿Quién paga los gastos de transporte?
5. ¿Cuál es la forma de pago?
6. ¿Qué orden ha dado la empresa alemana a su banco?
7. a) ¿Qué significa la frase "este crédito será válido hasta el 25 de septiembre"?
   b) ¿Y "este crédito será pagadero en el Banco Central Hispano de Madrid"?
8. ¿Qué cambios (modificaciones) del contrato desea la empresa alemana para futuras transacciones?
9. ¿Qué deseos expresa la empresa alemana referente a este pedido?
10. ¿Qué información solicita la empresa alemana al final de la carta?

Carta D

MOD'ERNA

Norddeutsche Bekleidungsfabriken
Industriestraße 10
22880 Wedel/Holstein

Tejidos Peletier
Calle de Amposta, 14
E-08004 Barcelona
España

Ihr Schreiben vom Su carta del	Ihr Zeichen Su ref.	Unser Zeichen Nuestra ref.	**Wedel,**
16 de mayo de...	MP/me	B/rw	21 de mayo de...

Betrifft / Asunto:
5 000 m de gabardina, ref. G230 - pedido núm. 804/12

Estimado señor Peletier:

Después de la conversación telefónica mantenida con nuestro representante en Madrid, Alfredo Ordóñez, tenemos el placer de enviarle adjunto nuestra nota de pedido núm. 804/12. Dado que se trata de 5 000 m en vez de los 2 000 m previstos, le pasaríamos este pedido en firme si nos concediera un descuento del 8 %. De lo contrario, lo anularíamos. Por favor, devuélvanos la copia de la nota de pedido debidamente firmada si acepta nuestra propuesta y envíenos los géneros cuanto antes. Se sobreentiende que los tejidos deben corresponder exactamente a las muestras que recibimos.

En cuanto a las calidades que ofrece en su último catálogo, podríamos comprar 10 000 metros de algodón estampado, ref. A103, 90 cm de ancho, piezas de 50 m, si bajara el precio a € ... el metro. Tenga la amabilidad de contactar con nuestro representante para discutir sobre este asunto.

Confiamos en que confirmará nuestro pedido y que seguiremos manteniendo buenas relaciones.

Le saludamos muy atentamente.

Birkholz
p.p. Birkholz

Anexo: Pedido núm. 804/12

Carta D, Anexo

MOD'ERNA
Norddeutsche Bekleidungsfabriken
Industriestraße 10
22880 Wedel/Holstein

Tejidos Peletier
Calle de Amposta, 14
08004 Barcelona
E-España

Ihr Schreiben vom Su carta del	Ihr Zeichen Su ref.	Unser Zeichen Nuestra ref.	**Wedel,**
16 de mayo de...	MP/me	B/rw	21 de mayo de...

Auftrag Nr./Pedido núm. 804/12

Por favor, disponga el envío de

Ref.	Cantidad	Artículo	Color	Precio por unidad	Precio total
G230	5 000 m/130 cm	gabardina	azul oscuro	€ ...	€ ...
					Subtotal € ...
					./. 8 % € ...
					Total € ...

precio: ex almacén Madrid

pago: por cheque a 30 días, factura cuadruplicada

embalaje: piezas de 50 m, enrolladas en tubo, precintadas en plástico

entrega: al recibir el presente pedido, transporte por Schenker España, S.A., Madrid, tel. 91-224567

Birkholz
p.p. Birkholz

Die Empfänger lesen vor Ort folgende Texte:

De: "Marianne Gaertner" <mariannegaertner@gaertner.de>

Para: florestiba@tiba.co

Enviado: jueves, 12 de marzo de ....

Asunto: Pedido núm. 1267A

Hola, Alfonso:
Prepárame para el embarque de IB367 del 14 de marzo 8 Select Surtidos y 10 Surtidos rojo. Si tienes algo nuevo envíame muestras.
Gracias y saludos desde Hamburgo.
Marianne

De: "Marianne Gaertner " <mariannegaertner@gaertner.de>

Para: transhispanoamericana@transhispano.co

Enviado: jueves, 12 de marzo de ....

Asunto: Flores Tiba, Pedido 1267A

Señores:
Resérvenme cupo para 18 cajas en el vuelo de Iberia núm. 367 del 14 de marzo.
Gracias!
Saludos,
Marianne Gaertner, Hamburgo

Von: „Alfonso Gomez" <florestiba@tiba.co>

An: "Marianne Gaertner" <mariannegaertner@gaertner.de>

Gesendet: Donnerstag, 12. Maerz 20..

Betreff: Pedido 1267A

Hola, Marianne:
De acuerdo. Todo está listo para el 14. Además te envío una nueva creación nuestra que te gustará. Hasta pronto.
Saludos, Alfonso

Fachausdrücke im Blumen-Importgeschäft:

1 surtido = 1 Karton Nelken mit 9 Bund roten, 4 Bund weißen, 9 Bund rosa und 8 Bund Neuheiten verschiedener Farben.

1 Bund „Select" = 20 Stengel von ca. 70 cm Länge.

„cupo" (in diesem Zusammenhang) = Frachtraum im Flugzeug, der von Agenten am Abflughafen reserviert wird.

Carta F

Hamburger Kaffeeimportgesellschaft

gegr. 1880
Sandtorkai 5 · 22300 Hamburg
www.hamburgkaffee.de

Instituto del Café
Apdo. 1250
CR-San José/Costa Rica

Hamburgo, 20 de octubre de...

Pedido núm. 256/192/0002

Estimados señores:

Acusamos recepción de las muestras de Tarrazú*, anunciadas en su fax fechado 19 de octubre.
Después de haber comprobado su alta calidad, llegamos a la conclusión de que el producto se venderá bien si mantienen el precio de US$... que nos ofertaron ** durante la conversación telefónica que tuvimos con su representante.

Agradeceríamos que nos enviasen para embarque inmediato:

1 contenedor a granel =
300 sacos de 69 kilos, calidad TARRAZÚ, a US$... por 46 kilos, FOB Puerto Limón;

y para embarque en diciembre:

1 contenedor (250 sacos) calidad SHB***, Preparación Europea a US$... por 46 kilos, FOB Puerto Limón,
2 contenedores (500 sacos) HB,Preparación Americana, a US$... por 46 kilos, FOB Puerto Limón.

Forma de pago: – contado contra documentos a la primera presentación
– factura comercial con cinco ejemplares

Otras condiciones: – Conocimiento de Embarque (B/L)
– ICO – Certificado de Origen Forma "O"
– GSP – Certificado de Sistema General de Preferencia Forma "A"
– Certificado Fitosanitario

¿Tienen disponibles 250 sacos de la calidad "Tornado"? Quisiéramos hacer un ensayo en nuestro mercado. Mándennos una oferta, por favor.

En espera del pronto cumplimiento, les saludamos atentamente.

Arturo Weiß
Arturo Weiß
arturo.weiss@hamburgkaffee.de

*)Tarrazú = Kaffeesorte **)expresión sudamericana ***)SHB = STRICTLY HARD BEAN (Kaffeesorte)

¿¿¿PREGUNTAS???

Carta D de MOD'ERNA a Tejidos Peletier

1. ¿Quién recibió primero la oferta de Tejidos Peletier?
2. ¿Bajo qué condición pasa la empresa MOD'ERNA el pedido en firme a la casa Peletier?
3. ¿Tiene que redactar la casa Peletier una confirmación del pedido?
4. ¿Qué otros productos pediría la casa MOD'ERNA y bajo qué condiciones?
5. Explique la nota de pedido adjunta.

E-mail de Gärtner a Flores Tiba

1. Comente las relaciones comerciales entre ambas casas.
2. Explique la necesidad del e-mail en este caso.
3. ¿Qué diferencia hay entre una carta de pedido y este e-mail?
4. Redacte una carta de pedido en frases completas.

Correo electrónico E de Gärtner a Transhispanoamericana

1. ¿Se trata de otro pedido?
2. ¿Qué significa la palabra "cupo" en este contexto?
3. Diga en frases completas lo que desea la casa Gärtner.

Carta F de Hamburger Kaffeeimportgesellschaftal Instituto de Café

1. ¿Le sorprendió a la empresa Hamburger Kaffeeimportgesellschaft recibir muestras?
2. ¿Qué hizo la empresa alemana con las muestras?
3. ¿A qué conclusión llegó?
4. ¿De qué formas de embalaje se habla en la carta?
5. ¿Qué diferencia nota usted en el uso de vocabulario?
6. ¿Cómo explica usted esta diferencia?

3.2 Frases modelo

Estudie, comente y traduzca.

Wir würden uns freuen, wenn . . .

Nos alegraríamos	si/de que	nos concedieran un descuento.
Nos complacería	si/que	
Nos sería grato	que	
Celebraríamos	que	

spätestens Anfang/Mitte/Ende Mai

Les rogamos nos remitan la mercancía lo más tarde (a más tardar)
a principios **de** mayo.
a mediados **de** mayo.
a finales **de** mayo.

so schnell wie möglich

cuanto antes
lo antes posible
lo más pronto posible
lo más rápidamente posible

aufgrund/wegen/da

Dado que (= como) la competencia es muy fuerte,
les rogamos nos concedan una rebaja más elevada.
Debido a la fuerte competencia,
les rogamos nos concedan una rebaja más elevada.
Les rogamos nos concedan una rebaja más elevada,
porque la competencia es muy fuerte.

gemäß

Les rogamos nos envíen 600 camisas **según** / **conforme a** su oferta.

Auftrag erteilen

Nos complace **pasar**les el siguiente **pedido:** . . .
Nos complace **adjuntar**les nuestro **pedido** núm. A-5748.

bestätigen

Acusamos recibo de su oferta del 13 cte.
Confirmamos nuestra conversación telefónica del 20 de abril y les enviamos adjunto nuestro pedido formal.

einverstanden sein mit

Estamos conformes con las condiciones de pago.
Estamos de acuerdo con las condiciones de pago.

MODO DE ENVÍO

por vía terrestre
por ferrocarril (por f.c.)
por carretera

por vía aérea
por avión

por vía marítima/por mar
con el próximo buque

3.3 Ejercicios de gramática

A. Ponga las preposiciones y los artículos necesarios:

Ejemplo: La competencia es fuerte . . . . . en el . . . . . mercado alemán.

Señores:
Acabamos . . . (1) . . . recibir su oferta . . . (2) . . . 16 . . . (3) . . . septiembre y les damos las gracias . . . (4) . . . las muestras que nos enviaron . . . (5) . . . correo.
Como la calidad . . . (6) . . . las muestras nos conviene, nos es grato . . . (7) . . . enviarles adjunto nuestro pedido n°. B-1398 . . . (8) . . . zapatos.
Es indispensable que la mercancía suministrada corresponda exactamente . . . (9) . . . las muestras que recibimos.
Necesitamos la mercancía . . . (10) . . . toda urgencia, por lo que insistimos . . . (11). . . que observen estrictamente el plazo . . . (12) . . . entrega . . . (13) . . . tres semanas indicado . . . (14) . . . Uds. Si hubiera un retraso, nos veríamos obligados . . . (15) . . . anular el pedido inmediatamente.
El pago se efectuará . . . (16) . . . plazo . . . (17) . . . una semana después . . . (18) . . . recibir el envío . . . (19) . . . medio de una transferencia bancaria . . . (20) . . . su cuenta . . . (21) . . . Deutsche Bank de Francfort. Confiamos . . . (22) . . . que Uds. se hagan cargo . . . (23) . . . la póliza . . . (24) . . . seguro.
Si estamos satisfechos . . . (25) . . . el cumplimiento de este primer pedido, les pasaremos . . . (26) . . . regularidad nuestros pedidos.
Les saludamos atentamente.

B. Ponga la forma correcta de presente de indicativo o subjuntivo:
(ver Oferta / ejercicio de gramática H)

1. Es importante que la mercancía (llegar) . . . el 5 de octubre.
2. Creo que los señores Vallego no (saber) . . . alemán.
3. Es necesario que (Uds./comunicarnos) . . . su número de teléfono.
4. Les pasaré un pedido cuando (yo/conocer) . . . sus condiciones de pago.
5. Me parece que (ellos/tener) . . . muchos problemas.
6. Sentimos mucho que Uds. no (venir) . . . a Alemania.
7. En caso de que la destructora de documentos (estar) . . . equipada con un sistema de destrucción de CDs, le pasaré un pedido.
8. Los señores Rodríguez desean que les (nosotros/hacer) . . . un favor.
9. Me alegro de que (Uds./haber) . . . aceptado mi propuesta.
10. Es preciso que las máquinas (estar) . . . instaladas antes del 10 de octubre para que (nosotros/poder) . . . empezar a producir a mediados de octubre.
11. Si (Ud./concederme) . . . un descuento más favorable, le pasaré un pedido de mayor importancia.
12. Nos complace indicarles las direcciones de las empresas que (estar) . . . dispuestas a facilitarles la información deseada.

SUBJUNTIVO EN LAS ORACIONES DE RELATIVO

Subjuntivo in Relativsätzen

1. Estamos buscando aspiradores que **tengan** una potencia de 1 000 W. como mínimo.
(>>> El objeto aún no está identificado/a.)
Pero: Estamos buscando el aspirador que **tiene** una potencia de 1 000 W.

2. Despacharemos la mercancía con el primer buque que **salga** para Hamburgo.
(>>> Se trata de una acción eventual en el futuro.)
Pero: El primer buque que **sale** de aquí es el "Maipo".

3. En Chile, no conocemos a nadie que **pueda** ser nuestro agente.
(>>> La oración subordinada es positiva, pero la oración principal la hace negativa, porque "nadie puede ser nuestro agente".)

C. Presente de indicativo o subjuntivo en las oraciones de relativo

Ponga la forma correcta:

Ejemplo: Envíenme, por favor, un vino que (ser) . . . sea . . . muy seco.
Uds. sabrán que este vino (ser) . . . es . . . muy seco.

1. Necesitamos un pescado que (tener) . . . pocas espinas.
2. Ofrecemos un pescado que (tener) . . . pocas espinas.
3. Nos permitimos advertirles que todas las videocámaras (estar) . . . provistas de micrófonos.
4. Buscamos una videocámara que (estar) . . . provista de micrófono.
5. Vamos a despachar la mercancía con el primer buque que (salir) . . . de Hamburgo.
6. El próximo buque, que (salir) . . . para Chile, es el "Tristar".
7. Tenemos que informarles de que el primer buque no (salir) . . . hasta principios de junio.
8. Tendremos que rechazar las mercancías que no (corresponder) . . . a la muestra.
9. Los competidores ofrecen escaleras que (ser) . . . capaces de soportar hasta 150 kg de peso.
10. Las cajas deben marcarse con letras que (tener) . . . 20 cm de altura como mínimo.
11. Les concederemos un descuento del 10 % sobre pedidos que (sobrepasar) . . . el valor de € 10 000,00.
12. Confirmamos el pedido que les (haber) . . . pasado por teléfono esta mañana.
13. Vamos a rechazar todos los paquetes que (llegar) . . . después del 20 de junio.

14. Estamos buscando un agente que (saber) . . . hablar y escribir el inglés.
15. Son buenas todas aquellas actividades que (hacer) . . . que los consumidores se interesen por nuestro producto.
16. Los consumidores que más (interesarse) . . . por nuestros productos son jóvenes hasta los 20 años de edad.
17. No va a ser fácil encontrar un producto que (satisfacer) . . . todos sus deseos.
18. En ese país, no conocemos a nadie que (poder) . . . ayudarnos.
19. ¿Conocen Uds. al Sr. Méndez que (haber) . . . venido a ver las máquinas?
20. Necesitamos a alguien que (poder) . . . hacerse cargo de este asunto.

IMPERFECTO DE SUBJUNTIVO

Recuerde

pasar	**conceder**	**hacer**
pas***ara***	conced***iera***	hic***iera***
pasaras	conced***ieras***	hic***ieras***
pasara	conced***iera***	hic***iera***
pas***áramos***	conced***iéramos***	hic***iéramos***
pas***arais***	conced***ierais***	hic***ierais***
pas***aran***	conced***ieran***	hic***ieran***

D. Ponga la forma correcta del imperfecto de subjuntivo:

I) Sería necesario que...

1. (Uds) invitar a nuestros clientes a degustar sus vinos.
2. (Ud.) abrir un crédito documentario a nuestro favor.
3. (Uds.) observar el plazo de entrega.
4. (Uds.) pagar por cheque cruzado.
5. (Ud.) marcar los paquetes debidamente.
6. (Uds.) cumplir con sus compromisos.
7. (la mercancía) estar disponible.
8. (Ud.) mantener los precios del año pasado.
9. (Uds.) aprovechar la oportunidad.
10. (Ud.) cubrir el seguro de puerta a puerta.
11. (Uds.) tener más cuidado al embalar las galletas.

II) Agradeceríamos que...

1. (Uds.) enviarnos 100 unidades.
2. (Ud.) escribirnos cuanto antes.
3. (Uds.) remitir la mercancía lo más tarde a finales de febrero.
4. (Ud.) presentar la máquina en nuestras oficinas.
5. (Ud.) llamar a nuestro jefe de ventas en seguida.
6. (Uds.) concedernos algunas facilidades de pago.
7. (Ud.) ponerse en contacto con nuestro representante en Madrid.
8. (Uds.) aceptar las condiciones mencionadas.
9. (Uds.) incluir la comisión en sus precios.
10. (Ud.) hacer un esfuerzo para cumplir con la fecha de entrega.

ORACIONES CONDICIONALES
(Bedingungssätze)

Les pasa**re**mos pedidos de mayor importancia
si están dispuestos a concedernos una rebaja más elevada.

Les pasa**ría**mos pedidos de mayor importancia
si est**uvieran** dispuestos a concedernos una rebaja más elevada.

E. Transforme las frases según el ejemplo:

Ejemplo: Si bajan sus precios, les pasaremos un pedido.
Si **bajaran** sus precios, les pasaríamos un pedido.

1. Les quedaremos agradecidos si nos conceden un descuento.
2. Si Uds. están dispuestos a mejorar el transporte, les pasaré un pedido de mayor importancia.
3. Les quedaré muy agradecido si me suministran la mercancía cuanto antes.
4. Si hay dificultades, me puede llamar a cualquier hora.
5. Estamos dispuestos a comprar estos aparatos si Uds. nos hacen este favor.
6. Si veis estos modelos, los pediréis en seguida.
7. Nos complace si Uds. están de acuerdo en aceptar pago por cheque.
8. Les quedaremos agradecidos si nos conceden algunas facilidades de pago.
9. Si tus precios son aceptables, te compraré algún artículo.
10. Si tienen los folletos también en español, no tendremos que traducirlos.

CONCORDANCIA DE TIEMPOS EN ORACIONES CON SUBJUNTIVO

(Zeitenfolge in Sätzen mit Subjuntivo)

Recuerde

Nos alegr**amos** de	que nos conced**an** esta rebaja.
Nos alegr**aríamos** de	que nos conced**ieran** esta rebaja.

F. **Ponga la forma correcta del verbo indicado entre paréntesis:**
(presente de subjuntivo o imperfecto de subjuntivo)

1. Los rogamos (suministrarnos) . . . 200 MP3 Player, modelo "Yuppie". N-689DV.
2. Les agradecemos que (Uds./haber) . . . llamado a los Sres. Beyer.
3. Nos alegraría que (Uds./decidirse) . . . a pasarnos otro pedido.
4. Lo celebraría si Ud. (hacerme) . . . una oferta más favorable.
5. Les rogamos (Uds./hacer) . . . todo lo posible para que (nosotros/recibir) . . . la mercancía antes de finales de enero.
6. Haríamos lo necesario para que la transferencia bancaria (poder) . . . ser realizada inmediatamente al recibir la mercancía.
7. Nos alegraríamos de que (Uds./ejecutar) . . . este pedido lo más pronto posible.
8. Celebro que (Uds./concederme) . . . un descuento del 5 %.
9. Celebraría que (Uds./concederme) . . . algunas facilidades de pago.
10. Caso de que Uds. (tener) . . . problemas, llámennos lo antes posible.

G. **Ponga la forma correcta del imperativo:**

Ejemplo: (enviarme/Ud.) . . . Envíeme . . . su catálogo.

1.	Por favor, (despachar, Uds.) . . .	el paquete antes del 10 cte.
2.	(embalar, Ud.) . . .	la porcelana con virutas.
3.	(escribir, Ud.) . . .	el correo electrónico cuanto antes.
4.	(concedernos, Uds.) . . .	una rebaja de lanzamiento.
5.	(cumplir, Uds.) . . .	con el plazo de entrega.
6.	(concluir, Ud.) . . .	el seguro de puerta a puerta.
7.	(avisarnos, Uds.) . . .	a tiempo del despacho de los contenedores.
8.	(comunicarme, Ud.) . . .	las marcas de los bultos.
9.	(hacer, Uds.) . . .	el favor de llamarnos cuanto antes por teléfono.
10.	(tener, Ud.) . . .	la bondad de enviarnos más material de publicidad.
11.	Por favor, (traducir, Uds.) . . .	los datos técnicos de los folletos al español.
12.	(confirmarnos, Uds.) . . .	las condiciones modificadas.
13.	(marcar, Uds.) . . .	las cajas según nuestras instrucciones.

14.	(preparar, Ud.) . . .	un envío de 1 000 unidades para entrega inmediata.
15.	(buscar, Uds.) . . .	otra solución.
16.	(embarcar, Uds.) . . .	la mercancía con el primer avión que salga de Berlín.
17.	(abrir, Uds.) . . .	un crédito documentario a nuestro favor.
18.	(estudiar, Ud.) . . .	la posibilidad de concedernos algunas facilidades de pago.
19.	(enviarnos, Uds.) . . .	algunas muestras de sus productos.
20.	(expedir, Uds.) . . .	las flores con el vuelo IB 331 del 2 de noviembre.

H. Imperativo

¿Qué le escribe a un suministrador cuando . . .

1. . . . usted necesita la mercancía en seguida?
2. . . . usted desea que le mande la mercancía lo antes posible?
3. . . . usted quiere saber cuándo se efectúa el envío?
4. . . . usted necesita recibir la mercancía antes de efectuar el pago?
5. . . . usted quiere que, como en los pedidos anteriores, la mercancía llegue en cajas de cartón?
6. . . . usted cree que el mejor embalaje para la mercancía son las cajas de cartón?
7. . . . desea unos precios y condiciones más favorables?
8. . . . usted ya no está interesado en lo pedido?
9. . . . usted recomienda llamar o escribir a una empresa financiera para más información?

Forme ahora los imperativos indicando a qué frase de las arriba mencionadas corresponde:

Por favor, ...

(a) anular el pedido
(b) enviar por adelantado
(c) ordenar el suministro inmediato
(d) dirigirse al Banco BHT
(e) enviarme la mercancía cuanto antes
(f) comunicarme la fecha de embarque
(g) hacerme una mejor oferta
(h) empaquetar la mercancía en cajas de cartón
(i) seguir utilizando cajas de cartón

3.4 Ejercicios de vocabulario y construcción de frases

A. Indique la palabra que no corresponda al resto:

Ejemplo: verde – azul – *fuerte* – rojo

1. a) el pedido, b) la oferta, c) la solicitud de oferta, d) la carta
2. a) dinero, b) pesos, c) euros, d) dólares
3. a) rogar, b) solicitar, c) conceder, d) pedir
4. a) suministrar, b) entregar, c) indicar, d) enviar
5. a) el pago, b) la demanda, c) la entrega, d) el seguro
6. a) embalar la mercancía, b) numerar las cajas, c) conceder un descuento, d) marcar los bultos

B. ¿Qué significa ...?

1. la importación	a) el descuento, la reducción de precio
2. la rebaja	b) la persona que hace negocios en el nombre de una empresa
3. el anexo	c) variedad de artículos que vende una empresa
4. la muestra	d) lugar público, sitio, plaza, donde se compra y se vende ; conjunto de transacciones de bienes o servicios
5. el representante	e) pequeño catálogo con información sobre productos
6. la gama (de productos)	f) condición de entrega
7. la publicidad	g) introducir un producto por primera vez
8. el mercado	h) la compra de productos a otro país
9. el folleto	i) una prueba de un producto
10. franco a bordo	j) lo que se envía adjunto, en el mismo sobre o correo electrónico
11. lanzar (un producto)	k) anuncios, carteles, vídeospots, etc.

C. a) Complete las siguientes expresiones relacionando ambas columnas:

1) la solicitud	a) de pago
2) la lista	b) de crédito
3) la pieza	c) de prueba
4) el plazo	d) de precios
5) las condiciones	e) de recambio
6) el pedido	f) de oferta
7) la carta	g) de entrega

b) Escriba una frase típica con cada una de las palabras arriba mencionadas.

D. Ordene las frases:

1. Para futuros negocios, estoy de acuerdo con sus condiciones de venta.
2. En cuanto al precio, sin embargo, me alegraría si me concediera una rebaja especial del 5 %.
3. 150 ollas de acero inoxidable, modelo "Ara"
4. Confirmo la conversación mantenida ayer con Ud. y me complace pasarle el pedido siguiente:
5. Estimado Sr. Mateos:
6. Confío en que servirá mi pedido puntualmente y con el mayor esmero.
7. Según lo acordado, la entrega debe efectuarse dentro de cuatro semanas.
8. Le saludo atentamente
Susanne Meier
9. Como Ud. sabrá, la competencia es muy fuerte en el mercado alemán, y un buen precio influye mucho en la decisión del consumidor a la hora de comprar un producto.
10. Una vez recibida la factura, les remitiremos el importe total mediante transferencia bancaria.

E. Complete esta carta de una empresa alemana a una española:

Gruß (an mehrere)	. . .
Dank (wir)	. . . su oferta del 16 de noviembre.
Freude	. . . que Uds. nos hayan concedido el descuento solicitado.
Grund (= wegen)	. . . la fuerte demanda de los artículos ofrecidos por Uds.
Bitte	. . . nos envíen
so schnell wie möglich	. . . lo siguiente:
	XXXXXXXXXX
Einverständnis	. . . sus condiciones de venta.
Bitte	. . .
Bestätigung schicken	. . . este pedido por fax.
Verabschiedung	. . . .

3.5 Ejercicios de redacción

3.5.1 Anuncios
Formule su pedido:

Reloj de pulsera clásico, con dos alarmas
Producto suizo, alta calidad
Pedido mínimo: 150 unidades
Precio al por mayor € ... por unidad
Ref. 02.352

Cubertería moderna "Cádiz"
114 piezas de acero inoxidable 18/10 con estuche
Pedido mínimo: 50 unidades
Precio al por mayor € ... por estuche
Ref. 38.500

Toallas de lujo, de algodón ecológico 100 %
Varios colores, dibujo jacquard y liso
Pedido mínimo: 250 unidades por color
Ref. 05.301, toalla de 30 x 50 cm € ...
Ref. 05.302, toalla de 50 x 100 cm € ...
Ref. 05.303, sábana de baño 70 x 140 cm € ...

Cestos de paja "Mallorca"
Hechos a mano
Pedido mínimo: 100 unidades
Ref. 19.525 € ... por cesto

Lámpara solar, para jardín
Pintada en blanco o negro
De cristal transparente y aluminio
Pedido mínimo: 10 de cada color
Ref. 17.201, blanco € ... c/u
Ref. 17.202, negro € ... c/u

1 saco contiene 69 kilos
1 contenedor a granel
equivale a 250 ó 300 sacos

PRECIO US$ ... por 46 kilos
FOB Puerto Limón / Costa Rica

Calidades
1. TARRAZÚ = alta calidad
2. SHB, preparación europea
3. TORNADO

Peras
La bandeja de ... kilos
PRECIO por kilo / por bandeja
€ ... € ...

Calidades
1. Montecristo
2. María-Cristina
3. Reina Isabel

3.5.2 Minutas en alemán

Bitte erteilen Sie die entsprechenden Aufträge und entwerfen Sie gegebenenfalls ein Begleitschreiben.

A. Ingos Fischimport, Hamburg, an Conservas de Galicia, S.A., Vigo

1. Beziehen Sie sich auf das Angebot der spanischen Firma vom .... (siehe S. 36/37) und danken Sie für die Muster, die inzwischen bei Ihnen eingetroffen sind.
2. Die Qualität und die Aufmachung der Produkte sagen Ihnen sehr zu, und Sie erteilen einen Probeauftrag über je 100 Dosen Tintenfisch (1) in Stücken in Sojaöl, Kabeljau (2) „à la vizcaína", kleine Dosen Sardinen in Tomatensoße und Sardellenfilets (3) in Olivenöl.
3. Verkaufsbedingungen wie im Angebot (S. 38).
4. Eröffnung des bestätigten Akkreditivs wie gewünscht bei der Banco de Galicia.
5. Sie bitten um mehrere Plakate und zwei Videos, wie angeboten.
6. Stellen Sie größere Aufträge in Aussicht, sofern die Produkte sich gut in Deutschland verkaufen lassen.

Vocabulario:
(1) die Tintenfische – los calamares
(2) der Kabeljau – el bacalao
(3) die Sardellenfilets – los filetes de anchoa

B. Internationale Schuhmode GmbH, Berlin, an Aventura Jack, Alicante

1. Sie beziehen sich auf das Angebot vom ... (Seite 43) und ein Telefongespräch mit Herrn Pedro Blanco.
2. Sie möchten die Marke in Deutschland einführen und bestellen gemäß Einführungsangebot fünf Kartons.
3. Drei Kartons sollen nach Berlin und zwei Kartons an die Filiale nach Hamburg geschickt werden.
4. Kündigen Sie die Eröffnung eines Akkreditivs an und nennen Sie weitere Lieferbedingungen.
5. In Zukunft möchten Sie per 30-Tage-Sichtwechsel zahlen.
6. Sie haben die Fotos und das Prospektmaterial durchgesehen und bitten um weiteres Werbematerial für Ihre Läden.
7. Sie stellen größere Aufträge in Aussicht, sofern die Qualität des Leders erstklassig und die Verarbeitung ausgezeichnet ist.
8. Sie vertrauen auf pünktliche Ausführung und hoffen auf gute Zusammenarbeit.

C. Multimedia Argentina S.A., Buenos Aires, an Adler Werke AG

1. Sie danken für das Angebot der Firma und den Katalog mit der Preisliste.
2. Sie würden gern einen Versuch mit den neuen Produkten der Firma Adler machen und bestellen zunächst 100 der neuen Ultrabooks mit spanischer Tastatur und 50 Laserdrucker zu den angebotenen Lieferbedingungen (siehe Angebot von Adler, Seite 41), bitten aber um Einführungsrabatt für die Drucker von 2 % wegen der starken Konkurrenz.

3. Sie äußern Ihre Hoffnung, dass Adler mit dem Vorschlag einverstanden ist.
4. Sie formulieren die Bitte, eine Auftragsbestätigung per E-Mail zu schicken und gleichzeitig den Preis für den Seetransport anzugeben.
5. Sie benötigen eine Preisliste für die Ersatzteile, die Lieferung soll per Flugzeug erfolgen.
6. Zeigen Sie sich zuversichtlich, dass die deutschen Produkte wegen ihrer technischen Vollkommenheit und der ausgezeichneten Verarbeitung den argentinischen Markt erobern werden.

3.6 Ejercicios de traducción

A. Erdbeeren in Dosen

(Datum)

Sehr geehrte Damen und Herren,

wir bestätigen Ihnen, dass wir laut unserem Telefongespräch von heute Morgen folgende Ware von Ihnen gekauft haben:

2.300 Kartons (1) Erdbeeren (2) in leichtem Sirup (3),
12 Dosen à 1 kg pro Karton,
Qualität: SELECCIÓN
Preis: € 9,50 für Lieferung bis November 2014
€ 9,75 für Lieferung bis März 2015

Die Preise verstehen sich pro Karton FCA Murcia.
Die Qualität der Ware muss genau mit den gelieferten Mustern der Ernte 2013 übereinstimmen.
Sie werden 1.500 Kartons so bald wie möglich liefern, die restlichen (4)
800 Kartons bis März 2015.
Zahlung: durch einen 30-Tage-Sichtwechsel über die XYZ Bank.
Versicherung: wird von uns gedeckt.
Etiketten (5): Text auf Deutsch und mit dem Verfallsdatum (6).

Bitte bestätigen Sie diesen Auftrag sofort per Fax.

Mit freundlichen Grüßen,

Vocabulario:
(1) der Karton – la caja (de cartón)
(2) Erdbeere – la fresa
(3) leichter Sirup – (el) almíbar ligero
(4) restlich – restante
(5) das Etikett – la etiqueta
(6) das Verfallsdatum – la fecha de caducidad

B. Gänseleberpastete – Hähnchenbrust – Schinken

(Datum)

Sehr geehrte Damen und Herren,

wir danken für Ihr detailliertes Angebot und die uns zugesandten Muster. Die Qualität Ihrer Produkte sagt uns sehr zu, und wir hoffen, dass sie auch bei unseren Kunden Anklang finden werden.
Um einen Versuch zu machen und Ihre Produkte in Deutschland einzuführen, erteilen wir Ihnen heute einen Probeauftrag:

2.000 Dosen	Gänseleberpastete (1) OCA DE ORO, in Dosen à 150 g zum Preis von € ... pro Dose
2.500 Dosen	Hähnchenbrust (2) GALLINA DE ORO, in Dosen à 250 g zum Preis von € ... pro Dose
100 kg	Schinken PATA DE ORO, verschweißt (3) in Plastikfolien, 250 g pro Einheit zum Preis von € ... pro kg

Alle Preise verstehen sich für Lieferung innerhalb von 2 Wochen nach Auftragseingang CIP Hamburg per Bahntransport. Die Zahlung wird per Scheck sofort nach Erhalt der Sendung erfolgen, da es sich um unser erstes Geschäft handelt. Bitte fügen Sie der Sendung eine Rechnung 5-fach (4) bei.

Wir gehen davon aus, dass Sie diesen Auftrag prompt ausführen und die Ware hier in tadellosem Zustand eintrifft. In diesem Fall werden wir Ihnen gerne weitere Aufträge zukommen lassen.

Mit freundlichen Grüßen,

Vocabulario:
(1) Gänseleberpastete – el foiegras, el paté de oca
(2) Hähnchenbrust – la pechuga de pollo
(3) verschweißen – sellar, precintar en plástico
(4) 5-fach – por quintuplicado

3.7 Pasatiempos

A. **En la siguiente carta comercial hay varias faltas. ¿Cuáles son?**

Querido sr. García,
me alegría verle el Viernes.
Besos,
Franz Fischer

B. **Se han fugado las consonantes de...** *(fugarse – fliehen)*

a) un modo de pago.

. . a . . . e . e . . i a   . a . . a . . a
t r   n s f   r   n c

b) un modo de envío.

. o .   . e . . o . a . . i .

c) una condición de entrega.

e .   . á . . i . a

d) un día bastante importante para la entrega de la mercancía.

. e . . a   . e   e . . a . . . e

e) un modo de contacto entre dos personas.

. o . . e . . a . i ó .   . e . e . ó . i . a

Ahora invente usted palabras y términos de la fraseología comercial y haga lo mismo con sus compañeros de clase/curso.

Déme un metro de literatura, por favor.

C. Traduzca los sustantivos alemanes al español:

1. Rabatt ___ ___ ___ □ ___ ___ ___ ___ ___
2. Katalog ___ ___ ___ ___ ___ □ ___ ___
3. Lager ___ ___ ___ ___ ___ ___ □
4. Angebot ___ ___ ___ ___ □ ___
5. Frist ___ ___ □ ___ ___
6. Preis ___ ___ ___ □ ___ ___
7. Einzelheit ___ ___ □ ___ ___ ___ ___
8. Menge ___ □ ___ ___ ___ ___ ___ ___
9. Ware ___ ___ □ ___ ___ ___ ___ ___ ___

Si lee las letras que coinciden en las casillas marcadas por orden, resulta *una acción* muy importante en la vida comercial.

D. Cartel para la oficina:

Es muy agradable ser importante . . .
pero es más importante ser agradable.

a) Interprete este dicho.
b) ¿Qué piensa usted de él?
c) ¿Lo colgaría en su oficina? ¿Por qué sí? ¿Por qué no?

Unidad 4:

Confirmación del pedido y aviso de despacho

A) El pedido corresponde a la oferta:

B) El pedido no corresponde a la oferta:

(1) Error

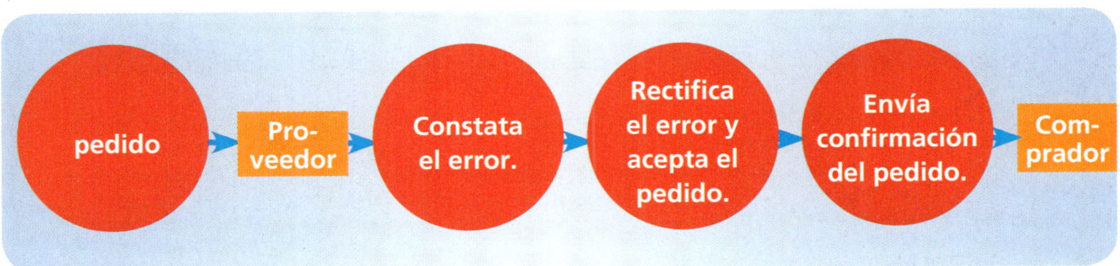

(2) Modificaciones

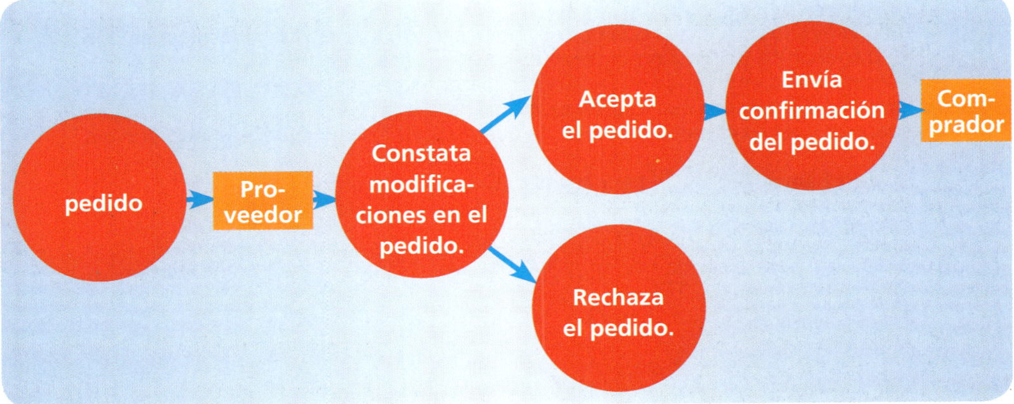

Carta A

CONSEGA

Conservas de Galicia, S.A.

Apdo. de Correos, 453 · 36208 Vigo (Pontevedra) · Teléfono (986) 70 45 22 · Fax (986) 70 84 56

www.consega.es

E-mail: info@consega.es

SEAFOOD-IMPORT
Deichstr. 25
D-20459 Hamburg
ALEMANIA

Vigo, 23 de enero de...

Asunto: Confirmación del pedido núm. A 5142

Muy Sres. nuestros:

Les agradecemos la confianza depositada en nuestra empresa y nos complace confirmar su pedido del 15 del cte.:

200 cajas x 50 latas x 115 g
– ATÚN CLARO EN ESCABECHE – € 1,49/l
100 cajas x 50 latas x 115 g
– BERBERECHOS AL NATURAL – € 1,79/l

Las 200 cajas de atún claro en escabeche estarán en Hamburgo el próximo 25 de febrero.
En relación con el berberecho, tenemos que informarles de que en estos momentos es bastante escaso, puesto que todavía no se ha iniciado la temporada de este año. Por esta razón, solo les enviaremos las cajas que tenemos en stock, que son unas 50 aproximadamente. Les aseguramos que haremos todo lo posible para cumplir con la totalidad del pedido, remitiéndoles las 50 cajas restantes cuanto antes.

Respecto a las condiciones de pago, como consecuencia de las normas establecidas para nuestras transacciones con el extranjero, no nos es posible ofrecerles mejores condiciones en este momento. No obstante, nuestra dirección comercial está estudiando la posibilidad de revisar los precios, ya que estamos sumamente interesados en ampliar nuestras relaciones comerciales con ustedes.

Referente a los catálogos que nos solicitan, sentimos tener que comunicarles que no disponemos de ninguno impreso en alemán, pero sí los tenemos en inglés. Para que ustedes comprueben si los pueden utilizar en la feria, les enviamos adjunto un ejemplar. En caso de que sea de su interés, les rogamos se pongan en contacto con nosotros y les remitiremos la cantidad que necesiten a la mayor brevedad posible.

Aprovechamos la ocasión para saludarles muy atentamente.

CONSEGA S.A.
Director Gerente

Alejandro Peña

ANEXO: citado

Carta B

Eismann KG
Königsallee 25 a
40212 Düsseldorf
www.eismann.de

Hortema Hnos, S.A.
Carretera de Logroño, s/n
E-09007 Burgos

Ihr Schreiben vom	Ihr Zeichen	Unser Zeichen	Düsseldorf,
15/01/...	HH/hk	E/rw	21 de enero de...

Refrigeradores tipo "Iceberg" – Su pedido núm. A 397

Estimados señores:

Agradecemos su carta del 15 de enero, junto con su pedido núm. A 397 de:

200 refrigeradores, tipo "Iceberg", ref. 78100
con programa de ahorro de energía y descongelación automática,
dimensiones: 155 x 55 x 60 cm, 270 l de capacidad
precio por unidad: € 293,00

Nos alegra poder comunicarles que los aparatos pedidos han sido expedidos esta mañana por ferrocarril, porte pagado, a Burgos y que, referente al embalaje, se han observado estrictamente sus instrucciones.

Dado que en los precios indicados en nuestra lista va incluida una comisión del 5 % para un agente intermediario y que en este caso se trata de una compra directa, les hacemos este descuento en la factura que adjuntamos a la presente. Asimismo, para el lanzamiento de este producto en España, les concedemos un 5 % adicional. Este descuento se lo garantizamos para las compras que efectúen durante los tres meses siguientes.

Incluimos en la presente unos folletos nuevos para que sus clientes puedan apreciar la presentación de toda nuestra gama de productos.

Esperamos que el envío les llegue en buenas condiciones y, entretanto, les saludamos muy atentamente.

Eismann KG

Pedro Kühl

Pedro Kühl
pedro.kuehl@eismann.de
Anexos: factura núm. 13/607
folletos

Carta C

Frutasa, S.A.

Huérfanos 1180 · 8320000 Santiago · Chile · Tel. 00562 695839
www.frutasa.cl

Trockenfruchtagentur Müller GmbH
Oberhafenstraße 3
D-20097 Hamburg

Santiago, 17 de abril de...

Ref.: Su pedido núm. 3752 del 12 de abril

Estimado Sr. Wenzel:

Agradecemos su pedido del 13 del presente, que confirmamos como sigue:

1 tonelada de ciruelas secas,
empaquetadas en bolsas de 2 kg
a € 1 204,00 CIF Hamburgo

Si la carta de crédito llega al Banco de Chile, sucursal Providencia, en el plazo estipulado, procederemos a despachar su pedido en el barco MAIPO, que saldrá de Valparaíso el 25 de abril del presente año.

Referente a su deseo de obtener un descuento por cantidad, sentimos tener que comunicarle que no estamos en condiciones de otorgar descuentos. Como podrá comprobar fácilmente, nuestros precios ya son mucho más favorables que los de las empresas competidoras.

Estamos convencidos de que quedará satisfecho con la calidad de nuestros productos y esperamos seguir siendo sus proveedores en el futuro.

Le saludamos atentamente.

C. Vergara

Carlos Vergara
vergara@frutasachile.cl

Carta D

Javier Camacho, S.A.
Fabricantes de frutas en conserva
Jarama, 10 · E-30500 Molina de Segura
Tel. 968 432098/Fax 968 423286

LIMPSPA GmbH
Billbrookdeich 215
D-22113 Hamburg

27 de mayo de 2013

Confirmación del pedido

Muy señor nuestro:

De acuerdo con nuestra conversación telefónica del 26 de mayo, tenemos el gusto de confirmarle que estamos dispuestos a entregar las mercancías según las condiciones indicadas a continuación:

MERCANCÍA:	FRESAS EN ALMÍBAR LIGERO
CANTIDAD:	2 300 cajas de 12 x 1 kg
CALIDAD:	SELECCIÓN; como muestras enviadas cosecha 2012
PRECIO:	€ 9,50 para entregar hasta noviembre 2013 € 9,75 para entregar hasta marzo 2014 (por caja FCA)
ENTREGA:	1 500 cajas pronto, 800 cajas en marzo 2014
TRANSPORTE:	por carretera
ETIQUETA:	Como es usual, se indicará etiqueta a utilizar en los botes, con código de barras, fecha de caducidad y textos en alemán.
PAGO:	giro a 30 días fecha CMR, a través de: Banco de Santander Sucursal: Calle de Goya, Murcia
SEGURO:	cubierto por los compradores
MARCAS:	Todas las cajas llevarán claramente marcado el número de lote y la fecha de caducidad.

Aprovechamos la ocasión para saludarle muy atentamente.

Javier Camacho
Javier Camacho

Carta E

BOCAFELIZ
Conservas de Pescado
Avenida de Pontevedra, 2 – 36300 VIGO

Ingos Fischimport
Große Elbstraße 51
D-22767 Hamburgo
Alemania

Su carta	N/carta	Su ref.	Vigo,
28 oct...	–	rw/hk	5 de noviembre de...

Asunto: Pedido núm. 4034/factura 45/2518/11

Estimados señores:

De acuerdo con su pedido núm. 4034, nos complace confirmar el embarque de las 1 000 cajas de pasta de anchoa BOCAFELIZ, el día 4 de noviembre de..., a bordo del "Santa María", que saldrá del puerto de Vigo con destino a Hamburgo. La llegada está prevista para el 10 de noviembre.

Los documentos originales serán enviados al banco, y les será adelantada copia vía fax para que puedan tener la documentación preparada antes de que llegue la mercancía.

Según sus instrucciones hemos solicitado un certificado sanitario para que sea visado por las autoridades locales y estamos a la espera de recibirlo para enviar todos los documentos originales al banco.

Les adelantamos las siguientes copias:
- factura comercial núm. 45/2518/91
- conocimiento de embarque
- certificado sanitario

Esperamos que pronto reciban la partida y, aprovechando esta oportunidad, les saludamos atentamente.

BOCAFELIZ, S.A.

Vázquez

Vázquez
Gerente

4.1 Modelos de cartas

¿¿¿PREGUNTAS???

Carta A de CONSEGA Conservas de Galicia, S.A.

1. ¿Quién escribe la carta?
2. ¿Qué confirma la casa CONSEGA?
3. ¿Cuál es la información más importante de la carta?
4. ¿Por qué es escaso el berberecho en estos momentos?
5 a) ¿Por qué no ofrece CONSEGA mejores condiciones en esta carta?
  b) ¿Qué promete hacer en este caso?
  c) ¿Por qué promete hacer esto?
6. a) ¿Qué clase de material informativo solicitó la empresa alemana a CONSEGA?
  b) ¿En qué lengua?
  c) ¿Qué le envía CONSEGA?
  d) ¿Cómo se lo envía?
  e) ¿Qué debe hacer la empresa alemana para recibir más ejemplares?

Carta B de Eismann KG

1. ¿Se trata de un nuevo cliente? Justifique su respuesta.
2. ¿Qué descuentos concede el fabricante alemán?
   Explique el motivo de los descuentos.
3. Examine las condiciones de venta. ¿Le parecen completas?
4. ¿Qué significa "porte pagado"?

Carta C de Frutasa, S.A.

1. ¿De dónde viene la carta?
2. ¿Qué vende la casa Frutasa, S.A.?
3. ¿Bajo qué condición se expedirá la mercancía?
4. ¿Cómo se expedirá la mercancía?
5. ¿Qué clase de descuento menciona la empresa chilena?
6. a) ¿Qué ha decidido la casa Frutasa referente al descuento solicitado?
   b) ¿Cuál es la razón de esta decisión?

Carta D de Javier Camacho, S.A.

1. ¿Cómo le comunicó la empresa LIMPSPA GmbH su pedido a la casa Javier Camacho, S.A.?
2. ¿De qué producto se trata?
3. Explique "2 300 cajas de 12 x 1 kg".
4. ¿Qué suma(s) tendrá que pagar la empresa LIMPSPA GmbH?
5. ¿Cuándo tendrá que pagar?
6. ¿Cómo se efectuará el pago?
7. ¿Qué tendrá que pagar la casa alemana, aparte del importe de la factura?
8. ¿Qué se imprimirá en las etiquetas?

9. ¿Quién decide lo que se imprimirá en las etiquetas?
10. ¿Quién pondrá las etiquetas en los botes?
11. a) ¿Cómo deben ir marcadas las cajas?
    b) ¿Por qué deben llevar estos datos?

Carta E de BOCAFELIZ

Indique si estas frases son correctas o falsas y justifique su respuesta.

1. La casa Ingos Fischimport pasó su pedido por teléfono.
2. El transporte no puede efectuarse antes del 20 de noviembre.
3. La empresa BOCAFELIZ envía todos los documentos originales al cliente.
4. La empresa BOCAFELIZ no puede enviar un certificado sanitario.
5. La empresa BOCAFELIZ desea romper las relaciones comerciales con Ingos Fischimport.

¿Sabe usted. . .

. . . para qué se necesita un conocimiento?
. . . qué detalles contiene un conocimiento?
. . . qué datos contiene una factura?

DOS HORAS DESPUÉS...

4.2 Frases modelo

bestätigen/vormerken

Nos complace **confirmar** su pedido como sigue: . . .
Les agradecemos su pedido que hemos **anotado** como sigue: . . .

schicken/abschicken/verschiffen (+ Zeitangabe)

Les **envia**remos	la mercancía	cuanto antes.
Les **remiti**remos	los artículos	dentro de una semana.
Les **expedi**remos	el pedido	sin más tardar.
Despacharemos	el envío	a finales de este mes.
Embarcaremos	los aparatos	el 15 de agosto.

liefern

La entrega se efectuará	en el curso de esta semana.
El suministro se efectuará	en el plazo estipulado.
No podemos **entregar** la mercancía	a tiempo.
No podemos **suministrar** la mercancía	antes del 15 de mayo.

verschiffen mit . . .

Embarcaremos la mercancía
en el buque "Verena".
en el vapor "Elena".
en el portacontenedores "Sonia".
a bordo del barco "Maipo".

versandbereit/bereit zur Verschiffung

La mercancía **está lista para**
la expedición.
el envío.
el embarque.

Versanddatum/Verschiffungsdatum

Les informaremos sobre **la fecha**
de expedición cuanto antes.
de envío
de embarque

Lieferdatum

Les informaremos sobre **la fecha de entrega** cuanto antes.

etwas einhalten

Hemos **observado** estrictamente las instrucciones de envío.
las instrucciones de embalaje.
la fecha de entrega.

bedauern

Sentimos (tener que) comunicarles que no podemos concederles un descuento más elevado.
Sentimos que no nos **sea** posible ofrecerles un descuento más elevado.
Lamentamos mucho no poder corresponder a su deseo.
Lamentamos que no les **haya** llegado el aviso a tiempo.

Preise erhöhen/steigen
Preise senken/sinken

a) Este año, no hemos **aumentado** los precios.
Este año, los precios han **subido**.

b) Este año, hemos **reducido/disminuido** los precios [(en) un 2 %].
Este año, los precios han **bajado**.

(Auftrag) stornieren

Según su deseo, hemos **anulado** su pedido núm. AP 6345.
Bajo estas circunstancias, estamos dispuestos a **cancelar** el pedido.

sich erschöpfen/ausgehen (Vorrat)

Nuestras existencias **se han agotado.**
Esta marca **ya no** la **tenemos en almacén.**

4.3 Ejercicios de gramática

COMPLEMENTO ANTICIPADO PARA ACENTUARLO
(zur Betonung vorangestelltes Objekt)

Estudie, comente y traduzca
El armario **lo** remitiremos mañana.
Las blusas se **las** enviaremos cuanto antes.

A. Repita el complemento poniéndolo al principio de la frase:

Ejemplo: Les voy a enviar los libros cuanto antes.
. . . Los libros se los voy a enviar cuanto antes . . .

1. Expediremos los artículos de plástico mañana.
2. Tenemos el telescopio astronómico en almacén.
3. Podemos ofrecerles las antenas a un precio especial.
4. Les comunicaremos la fecha exacta de envío cuanto antes.
5. Ya no fabricamos el modelo XL-20.
6. Vamos a reducir los precios antes del verano.
7. Ya hemos vendido este producto en muchos países.
8. Le he enviado los folletos solicitados por correo aparte.
9. Normalmente suministramos las conservas por ferrocarril.
10. Le hacemos esta oferta sin compromiso.

VOZ PASIVA-REFLEJA (mit "se" gebildetes Passiv)

Recuerde
La mercancía pedida ya no se fabric**a**.
Los artículos pedidos ya no se fabric**an**.

B. Construya frases con "se":

1. (necesitar) . . . mocasines deportivos.
2. (buscar) . . . secretaria.
3. (traducir) . . . todos los folletos al español.
4. (observar) . . . estrictamente las instrucciones de embalaje.
5. El pago (efectuar) . . . por cheque.
6. No (poder) . . . enviar las mercancías por avión.

7. No (conceder) . . . descuentos.
8. Si no (aceptar) . . . esta oferta, nos reservamos el derecho de aumentar los precios.
9. La entrega (deber) . . . efectuar antes del 15 de mayo.
10. (ejecutar) . . . todos los pedidos inmediatamente.

LA VOZ PASIVA (das Passiv)

Recuerde	sujeto +	"ser" +	participio perfecto +	agente
Los Sres. Mendoza				
ejecutan **la** orden.	La orden	**es**	ejecutada	**por** los Sres. M.
han ejecutado la orden.	La orden	**ha sido**	ejecutada	por ....
ejecutaron la orden.	La orden	**fue**	ejecutada	por ....
ejecutarán la orden.	La orden	**será**	ejecutada	por ....
ejecutan **las** órden**es**.	Las órden**es**	**son**	ejecutada**s**	por ....

C. Forme frases completas en la voz pasiva:

1. marcar los bultos con las iniciales M.C. (normalmente)
2. embalar los aparatos por nuestro departamento de expedición (mañana)
3. despachar los paquetes por correo (ayer)
4. expedir los documentos (inmediatamente)
5. transmitir los datos por correo electrónico (esta mañana)
6. enviar la factura (todavía no)
7. visar el certificado sanitario (el próximo viernes)
8. controlar la calidad de la mercancía antes del despacho (siempre)
9. comparar las facturas con los datos de los pedidos (generalmente)
10. remitir las cajas (antes del 10 de noviembre)
11. marcar los tarros con la fecha de caducidad (ya)
12. deducir el descuento del importe total (en su última factura)

D. Transforme las siguientes frases según el ejemplo:

Ejemplo: *Se despachó* la mercancía por ferrocarril.
> La mercancía *fue despachada* por ferrocarril.

1. Se enviaron las neveras ayer.
2. Esta mañana se han embarcado las estanterías.
3. Mañana se expedirá la máquina.
4. Siempre se efectúa la entrega dos semanas más tarde.
5. Se entregarán las destructoras de documentos el 21 de junio.
6. Ya se ha ejecutado el pedido.

7. El embalaje se devolvió anteayer.
8. Ya no se fabrican estos artículos aquí.
9. El año pasado, los precios se modificaron.
10. Entretanto, se ha reemplazado el artículo ref. 23 por uno nuevo.

E. Ponga la forma correcta de la voz pasiva:

Ejemplo: Las mercancías (expedir) . . . *fueron expedidas* . . . ayer.

1. Las antenas (embalar) . . . anteayer.
2. Los frigoríficos (embarcar) . . . mañana.
3. Nuestros precios (reducir) . . . en diciembre del año pasado.
4. Hasta ahora, nuestros precios no (aumentar) . . .
5. Las mercancías (despachar) . . . pasado mañana.
6. El plazo de entrega de dos semanas (indicar) . . . (el año pasado) para pedidos de menos de 1 000 unidades.
7. La oferta especial del año pasado (hacer) . . . para pedidos por valor de € 5 076 como mínimo.
8. Su nuevo pedido (expedir) . . . cuando llegue su cheque.
9. Esperamos que los artículos (expedir) . . . dentro de 3 días.
10. Si la mercancía (despachar) . . . inmediatamente, podríamos cumplir con todos nuestros compromisos.
11. Las naranjas les (enviar) . . . a mediados de diciembre de este año.
12. Hace tres meses el modelo XL-20 (sustituir) . . . por el modelo XL-30.
13. Los documentos de embarque les (entregar) . . . la semana que viene por el Banco de Santander.
14. Haremos todo lo posible para que la máquina (expedir) . . . a tiempo.
15. Les aseguramos que su pedido (ejecutar) . . . puntualmente.
16. Los paquetes pueden (despachar) . . . por nuestro agente de transportes dentro de 10 a 15 días.

VOZ PASIVA DE ESTADO (Zustandspassiv)

Recuerde

sujeto +	**"estar"** +	**participio perfecto**	
La caja	**está**	marcad**a**	con las iniciales BLB.
Los aparatos	**están**	embalad**os**	en cajas de cartón.

F. Ponga la forma correcta de la voz pasiva de estado:

1. El precio (indicar) . . . en el catálogo.
2. (nosotros/interesar) . . . en sus máquinas destructoras de documentos.
3. Las máquinas (equipar) . . . con un sistema de destrucción de CDs.

4. Esperamos que (Uds./disponer) . . . a concedernos una rebaja.
5. (yo/convencer) . . . de que les convendrá nuestra oferta.
6. No creemos que (ellos/preparar) . . . para este caso.
7. Creo que la Sra. Guzmán (informar) . . .
8. Nos alegramos de que (Uds./satisfacer) . . . con nuestros servicios.
9. Quisiéramos saber si los gastos de embalaje (incluir) . . . en estos precios.
10. Nos complacería que (Uds./disponerse) . . . a prestarnos este servicio.

G. Traduzca

Primero, estudie y comente estos tres ejemplos y tradúzcalos al alemán:

(1)	El pedido	**es**	preparado	por la Sra. Lara.
(2)	La Sra. Lara	**está**	preparada	para este caso.
(3)	La Sra. Lara	**ha**	salido	para Londres.

1. Die Maschinen sind in Kisten verpackt.
2. Die Maschinen werden in Kisten verpackt.
3. Die Kisten werden von uns selbst markiert.
4. Die Kisten sind mit den Buchstaben KB markiert.
5. Die Verpackung ist in den genannten Preisen eingeschlossen.
6. Herr Segura ist heute nach Madrid gereist.
7. Die Firma Stange GmbH ist an Ihrem Olivenöl interessiert.
8. Wir sind bereit, unsere Preise um 5 % zu senken.
9. Die Dokumente werden Ihnen von Ihrer Bank übergeben.
10. Die Ware wird morgen an Sie abgeschickt werden.
11. Die Ware ist heute angekommen.

H. Ponga la forma correcta de *ser* o *estar:*

Les agradecemos su pedido núm. B 5629 del 14 de septiembre. Como tenemos todos los artículos mencionados en almacén, . . . (1) . . . en condiciones de observar los plazos de entrega.
Las estanterías ya han . . . (2) . . . expedidas esta mañana, y las mesas para reuniones . . . (3) . . . enviadas pasado mañana. Las estanterías y mesas . . . (4) . . . en Santander a principios de octubre.
Sentimos tener que comunicarles que no nos . . . (5) . . . posible concederles el descuento solicitado. Como Uds. podrán comprobar, nuestros precios ya . . . (6) . . . más favorables que los de la competencia. No obstante, nuestra dirección . . . (7) . . . estudiando la posibilidad de otorgarles facilidades de pago, ya que . . . (8) . . . sumamente interesados en mantener excelentes relaciones comerciales con su empresa.
. . . (9) . . . convencidos de que Uds. comprenderán nuestra posición y esperamos que . . . (10) . . . completamente satisfechos con la ejecución de su pedido.

4.4 Ejercicios de vocabulario y construcción de frases

A. ¿Qué significan las abreviaturas?

c/	=	. . . .	Sra.	=	. . . .
Sr.	=	. . . .	S.A.	=	. . . .
cte.	=	. . . .	c/u	=	. . . .
n.°	=	. . . .	FOB	=	. . . .
€	=	. . . .	Avda.	=	. . . .
por f.c.	=	. . . .	s/n	=	. . . .
kg	=	. . . .	RFA	=	. . . .
Hnos.	=	. . . .	apdo.	=	. . . .

B. Ponga el sustantivo correspondiente:

Ejemplo: pedir – . . . *el pedido* . . . . .

1. confirmar – . . . .
2. embalar – . . . .
3. instruir – . . . .
4. enviar – . . . .
5. expedir – . . . .
6. embarcar – . . . .
7. entregar – . . . .
8. suministrar – . . . .
9. llegar – . . . .
10. vender – . . . .

C. Complete la siguiente carta utilizando las palabras indicadas entre paréntesis:

(pedido – la transferencia – gracias – embarcar – anotar – aumentar – deseo – favorable – relaciones – subir – salir – convenir – obtener – sentir – transacción)

Asunto: Confirmación del pedido n.° B 1310 y aviso de despacho
Estimados señores:
Les damos las . . . (1) . . . por su . . . (2) . . . del 6 de marzo que hemos . . . (3) . . . como sigue: XXXXXXXXXX
Cuando . . . (4) . . . llegue a nuestro banco, . . . (5) . . . la mercancía en el próximo barco que . . . (6) . . . de La Coruña para Hamburgo.
Referente a su . . . (7) . . . de . . . (8) . . . un descuento más . . . (9) . . ., sentimos no poder corresponder a su petición. Aunque todos los precios han . . . (10) . . . considerablemente, este año no hemos . . . (11) . . . los nuestros.
Estamos convencidos de que nuestros productos les . . . (12) . . ., y que esta . . . (13) . . . será el inicio de unas largas relaciones comerciales.
Atentamente

D. Complete esta carta de una empresa española a una alemana:

Gruß (an mehrere)	. . .
bestätigen	Nos alegra . . . su grato pedido n.° 2084: XXXXXXXX
Versand	La mercancía . . . esta mañana por ferrocarril.
Ankunft beachten	. . . Múnich el 10 de agosto. Las instrucciones de embalaje las . . . estrictamente.
als Anlage	. . . la factura de € 1 407,20.
wunschgemäß Auftrag storniert	. . . ., . . . n.° 2351.
bezüglich bedauern ausgegangen	. . . pedido n.° 2352, . . . informarles de que la marca solicitada . . .
Verabschiedung	. . .

4.5 Ejercicios de redacción

Entwerfen Sie Briefe nach folgenden Stichworten:

A. Firma Pfeil & Bogen GmbH, Hannover, (Fabrikant), an die Firma Pedro Rojas & Cía., Santiago de Chile

2.500 Rollen (1) selbstklebendes Papier (2)

1. Sie bestätigen den Erhalt der Bestellung Nr. B 7210 vom 25. v. M.
2. Sie kündigen den Versand der 2.500 Rollen selbstklebendes Papier innerhalb von zwei Wochen nach Eingang der Akkreditivbestätigung an.
3. Bezüglich des Wunsches der Chilenen, günstigere Zahlungsbedingungen zu erhalten: nach zufriedenstellender Abwicklung dieses Geschäftes Zahlung gegen Akzept einer 30-Tage-Sichttratte möglich.
4. Sie danken für das in Ihre Firma gesetzte Vertrauen.
5. Sie versichern, dass der Auftrag zur vollen Zufriedenheit ausgeführt wird.

Vocabulario:
(1) die Rollen – los rollos
(2) selbstklebend – autoadhesivo

Drei Wochen später (gleicher Gegenstand, gleiche Personen)

Versandanzeige

1. Die Akkreditivbestätigung ist gestern bei Ihnen eingegangen.
2. Sie haben heute 2.500 Rollen per Luftpost abgeschickt.
3. Die Rollen sind in fünf Kartons à 500 Stück verpackt.
4. Sie drücken Ihre Hoffnung aus, dass die Ware in gutem Zustand ankommt und Ihnen weiterhin Aufträge erteilt werden.

B. Firma Muebles Apolo, S.A., Madrid, an Internationale Möbel GmbH, Köln

Regale

1. Bitte bestätigen Sie mit Datum vom 6. Juni den Auftrag der Firma Internationale Möbel GmbH, Köln (Seite 76).
2. Sie senden als Anlage die Pro-forma-Rechnung fünffach und bekunden Bereitschaft, bei zukünftigen Aufträgen Zahlungserleichterungen zu gewähren – wie im Auftrag gefordert.
3. Sie werden das Versandavis ca. eine Woche vor Übergabe der Ware per E-Mail an den Spediteur schicken.
4. Wenn Sie keine weiteren Anweisungen erhalten, werden Sie die Kartons mit „I. M. GmbH, Colonia" markieren.
5. Als Anlage schicken Sie einen Prospekt über die Regale, die die Kölner Firma in ihrem Auftrag angesprochen hat. Für weitere Informationen steht Herr Cintero gerne zur Verfügung.

C. Tejidos Peletier, Barcelona, an MOD'ERNA, Wedel

Gabardine

Bitte entwerfen Sie ein Auftragsbestätigungsformular und das dazugehörige Begleitschreiben (siehe S. 78/79).

1. Die Auftragsbestätigung erfolgt nach dem Telefongespräch zwischen Herrn Birkholz und Herrn Peletier vom 25. Mai.
2. Man hat sich darauf verständigt, dass nicht die geforderten 8 % Rabatt, sondern 5 % gewährt werden.
3. Auf dieser Grundlage wird der Auftrag bestätigt und das beiliegende Formular (mit Nummer versehen) ausgefüllt.
4. Sie bestätigen gleichzeitig – auf einem neuen Formular (mit fortlaufender Nummer versehen) – die Bestellung der 10.000 m Baumwollstoff, Nr. A103, zum Preis von € .... pro Meter. Die übrigen Verkaufsbedingungen entsprechen dem Auftrag über Gabardine, jedoch ohne Rabatt .
5. Beide Auftragsbestätigungen werden im Begleitschreiben als Anlagen angekündigt.
6. Drücken Sie Ihre Hoffnung auf weitere gute Zusammenarbeit aus.

D. Hogar 2000, Barcelona, an Martínez & Cía., Cádiz

Mikrowellenherde

1. Bestätigen Sie den aufgrund eines Telefongesprächs erteilten Auftrag über 80 Mikrowellenherde laut Angebot vom 2. April (siehe S. 42).
2. Der Versand kann schon in der nächsten Woche mit einem Flug der Aerolíneas Argentinas nach Buenos Aires erfolgen. Flug Nr. 121 vom Donnerstag, der am Freitag in Buenos Aires eintreffen wird.
3. Sie werden, wie vom Besteller gewünscht, besondere Sorgfalt auf die Verpackung verwenden, d. h. die Herde in Plastikfolie einschweißen und die Kartons mit Holzspänen füllen.
4. Das Garantiezertifikat liegt jedem Mikrowellenherd bei.
5. Das gewünschte Werbematerial haben Sie heute mit einem Flug der Iberia, Flugnummer IB4356, nach Buenos Aires abgeschickt.
6. Sie hoffen, dass die Ware in gutem Zustand eintreffen wird.

E. Firma Blaurose GmbH, Nürnberg, an die Firma Taragán Hnos., Buenos Aires/Argentinien

Drehbleistifte (1) und Filzschreiber (2)

1. Sie bestätigen den Auftrag Nr. R-5386 vom 3. Februar
   3.000 Drehbleistifte „Rado", zu € 2,30 pro Stück
   20.000 Filzschreiber „Criba", zu € 0,50 pro Stück
2. Die Ware wurde heute Nachmittag mit der „MS Sudama" verschifft, die morgen nach Buenos Aires ausläuft. Ankunft: 7. März.
3. Anbei Rechnung Nr. 6429 über € 16.900,00.
4. Zahlung bei Übergabe der Dokumente.
5. Die Ausführung des Auftrages Nr. R-5393 vom 4. Februar kann nicht sofort erfolgen; die Lagerbestände dieses Artikels sind zurzeit erschöpft; wahrscheinlich Erledigung in zwei Wochen möglich.
6. Sie bitten um Mitteilung, ob dieser Auftrag storniert werden oder in ca. zwei Wochen ausgeführt werden soll.
7. Bezüglich des Wunsches nach höherem Rabatt für zukünftige Geschäfte: Die Konkurrenten haben die Preise um 5 % erhöht, Ihre Firma nur um 3 %. Bekunden Sie Ihr Interesse an weiteren Geschäften mit der argentinischen Firma. Bei Aufträgen von mehr als € 5.000,00 können 7,5 % Rabatt gewährt werden.
8. Drücken Sie Ihre Hoffnung aus, dass die argentinische Firma mit der Abwicklung des Auftrages zufrieden ist und weiterhin Aufträge erteilt.

Vocabulario:
(1) der Drehbleistift – el portaminas
(2) der Filzstift – el rotulador

F. Transhispanoamericana, Bogotá, an Firma Marianne Gärtner, Hamburg

Nelken (1)

Bitte entwerfen Sie ein Fax, in dem Sie den Versand der 18 Kartons Blumen bestätigen. Flugnummer und Datum entnehmen Sie bitte der E-Mail der Firma Blumenau von Seite 82.

Vocabulario:
(1) die Nelken – los claveles

G. Hogar 2000 kündigt der Firma Martínez & Cía. weitere Lieferung von Mikrowellenherden an

Mikrowellenherde

1. 250 Mikrowellenherde „Microondas 2000" – Referenz-Nr. B00346 – wurde gemäß Auftrag Nr. 6712 vom 8. September dem Spediteur Hispanotrans heute Morgen übergeben.
2. Jeder Karton – mit den Maßen 45 x 50 x 55 cm und 4,5 kg Gewicht – wurde mit den Initialen M. C. und der Auftragsnummer 6712 markiert.
3. Mikrowellenherde wurden sorgfältig geprüft und verpackt, in jedem Karton liegt eine Garantiekarte.
4. Mit getrennter Post: Handelsrechnung und weitere Versanddokumente für die Verschiffung.
5. Sie haben den Einführungsrabatt vom Gesamtrechnungsbetrag abgezogen.
6. Sie hoffen, dass die Kartons in gutem Zustand in Argentinien ankommen werden.

4.6 Ejercicios de traducción

A. Parfüm
Perfumes Puig, Barcelona, an Kaufhaus Wertstadt, Hamburg
Barcelona, 1. November...

Sehr geehrte Damen und Herren,

wir freuen uns, heute Ihren Auftrag Nr. P69-2003 vom 20. Oktober d. J. bestätigen zu können:

1.500 Flakons (1)	à 150 ml Eau de Toilette „Caballero", Bestellnummer 703020, in Kartons à 12 Stück zum Preis von € ... pro Flakon

500 Geschenkpackungen (2) „Caballero", Bestellnummer 703023,
Eau de Toilette 120 ml
+ After Shave 100 ml
+ Feuerzeug (3)
50 Geschenkpackungen in 1 Kiste verpackt
zum Preis von € ... pro Geschenkpackung

zur sofortigen Lieferung frachtfrei Hamburg per LKW.

Die Zahlung wird durch Banküberweisung an die Banco de Catalunya, Filiale Mataró, Calle Angosta 2, zehn Tage nach Eingang der Lieferung, ohne Abzug, erfolgen. Leider können wir Ihnen zurzeit keine besseren Zahlungsbedingungen anbieten. Wir prüfen jedoch die Möglichkeit, diese Bedingungen zu ändern.

Gemäß der Auskunft der Firma SPEDESPAÑA wird die Sendung am Dienstag, dem 8. November, bei Ihnen eintreffen. Sie werden das entsprechende Versandavis so schnell wie möglich per E-Mail erhalten.

Wir hoffen, dass die Ware in gutem Zustand bei Ihnen eintrifft und bei Ihren Kunden Anklang findet.

Mit getrennter Post werden wir Ihnen die gewünschten Werbeplakate und die übrigen Muster schicken.

Mit freundlichen Grüßen,

Vocabulario:
(1) der Flakon – el frasco
(2) die Geschenkpackung – el estuche de regalo
(3) das Feuerzeug – el encendedor

B. Tischdecken
Tejidos Saida, Barcelona, an Wohnparadies GmbH, Köln
14. Oktober ...

Sehr geehrte Damen und Herren,

wir danken für Ihr Schreiben vom 6. Oktober und bestätigen Ihnen gerne Ihren Auftrag über:

500 Tischdecken, bestickt (1), „Laura", rund (2), 80 cm Durchmesser (3)
zum Preis von € ... pro Stück

1.200 Tischdecken, bestickt, „Laura", 120 x 180 cm
zum Preis von € ... pro Stück

zur Lieferung innerhalb von 10 Tagen frachtfrei Köln, per Bahn.

Zahlung:	per Scheck 10 Tage nach Rechnungsdatum abzüglich 2 % Skonto oder 30 Tage netto.
Verpackung:	10 Tischdecken eingeschweißt in Plastikfolie, verpackt in Kartons à 100 Tischdecken.
Versicherung:	wird von Ihnen gedeckt.

Da wir zurzeit nur die runden Tischdecken auf Lager haben, hoffen wir, dass Sie mit einer Teillieferung (4) einverstanden sind. Die restliche (5) Ware werden wir etwa drei Wochen später liefern. Es versteht sich von selbst, dass wir den gesamten Auftrag so schnell wie möglich ausführen werden.

Leider verfügen wir nicht über die gewünschten Faltblätter in deutscher Sprache. In den nächsten Tagen werden Ihnen deshalb einige Exemplare mit englischen Texten zugehen, damit Sie sie an Ihre wichtigsten Kunden verteilen können.

Wir hoffen, dass wir auch weiterhin Ihre Lieferanten sein werden, und verbleiben

mit freundlichen Grüßen,

Vocabulario:
(1) die bestickte Tischdecke – el mantel bordado
(2) rund, hier: für runde Tische – redondo; aquí: para mesa redonda
(3) der Durchmesser – el diámetro
(4) Teillieferung – entrega parcial
(5) die restliche (Ware) – (la mercancía) que queda/el resto (de la mercancía)

C. Tomaten
Huertasa, S.A., Buenos Aires,
an Schlemmerparadies GmbH, München
19. Januar ...

Sehr geehrte Damen und Herren,

es freut uns, Ihren Auftrag vom 16. d. M. zu bestätigen:

200.000 Tetrapacks (1) à 390 g passierte Tomaten (2),
1. Qualität (wie Muster), verpackt in Kartons à 20 Stück
zum Preis von US $ ... pro Pack, FOB Buenos Aires

Lieferung: per MS „Martina", die voraussichtlich am 30. d. M. Buenos Aires verlassen und am 6. Februar in Rotterdam eintreffen wird. Der Transport von Rotterdam nach München wird per Lkw durch die Firma Hansetrans, Rotterdam, durchgeführt werden.

Zahlung: bei Übergabe der Dokumente an die Bayerische Landesbank

Versicherung: wird von Ihnen gedeckt

Markierung der Kisten: SP/München/10045/1 - ...

Gemäß den Gesetzen der Europäischen Union tragen alle Packungen ein Verfallsdatum. Die Kisten werden außerdem mit der Zollnummer 200852 versehen.
Wir werden Ihnen im Voraus Kopien der Originaldokumente per Fax schicken.

Der Preis schließt 5 % Provision für unsere Exportagentur in Frankfurt ein.

Wir sind davon überzeugt, dass Sie mit der Ausführung dieses Probeauftrages und der hohen Qualität unserer Produkte zufrieden sein werden.

Wir hoffen, dass die Sendung in gutem Zustand bei Ihnen eintrifft und dass Sie uns bald größere Aufträge erteilen werden.

Mit freundlichen Grüßen,

HUERTASA
Roberto Melocotón

Vocabulario:
(1) der Tetrapack – el tetrabrik
(2) die geschmorte Tomate – el tomate frito

"Dice que nos mandará la confirmación cuanto antes porque su fax está estropeado."

4.7 Pasatiempos

A. SUPERREVOLTIGRAMA

a) En su ordenador hay un virus que ha puesto en desorden las letras de algunos sustantivos de cartas comerciales. ¡Busque los vocablos originales!

b) Las letras que están encerradas en un cuadro, escríbalas sobre el número correspondiente de la línea abajo indicada. Así obtendrá un refrán español.

1. DOPEDI . [P] E D I [D] O — 3 (under the first box)
2. MICOSION . [ ] . . [ ] . . . [ ] — 2, 4, 1
3. RATUFAC . . . [ ] . [ ] . — 8, 6
4. LAPZO . [ ] . . [ ] — 12, 5
5. RECPIO . . [ ] . . [ ] — 16, 2
6. POZALI . [ ][ ] . . . — 9, 19
7. GUSERO . [ ] . [ ] . [ ] — 22, 20, 7
8. QUECHE . . [ ][ ][ ] . — 18, 14, 15
9. PRACOMDOR [ ][ ] . . . . . [ ] . [ ] — 21, 13, 10, 17

Refrán español:

_	_	/	E	_	/	_	_	_	/	_	_	_	O	/	_	_	/	_	_	_	/	_	_	_	_	_	_
1	2		3	4		5	6	7		8	9	10	11		12	13		14	15	16		17	18	19	20	21	22

B. Greguerías

de Ramón Gómez de la Serna
(greguería = interpretación humorística)

(1) Miércoles: día largo por definición.
(2) En la guía de teléfonos todos somos seres microscópicos.
¿Tiene razón el autor? ¿Por qué sí? ¿Por qué no?

C. Refrán español

En boca cerrada no entran moscas. *mosca = Fliege*

Interprete este refrán respecto a los negocios.

Unidad 5:

Reclamación

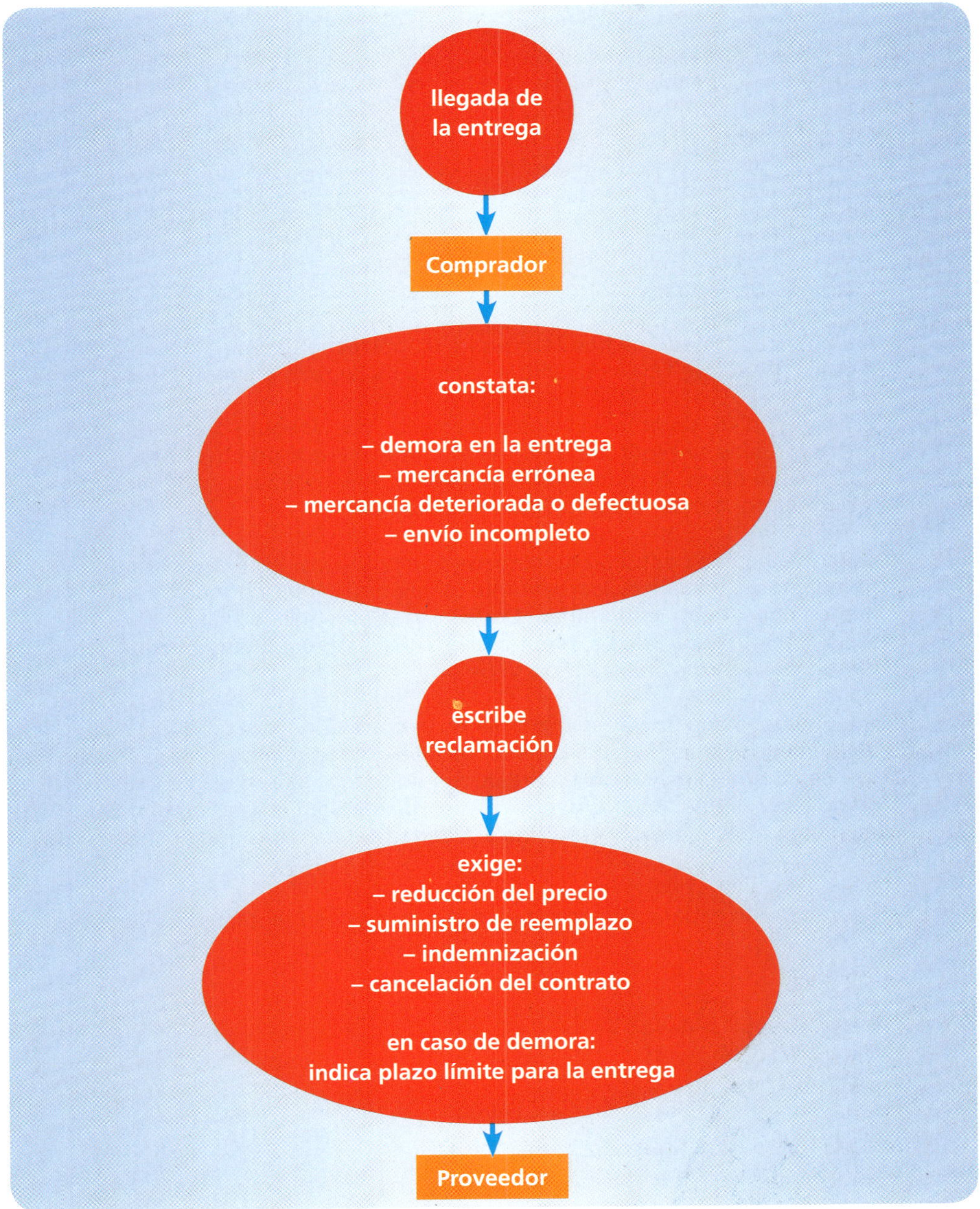

Carta A

Trockenfruchtagentur Müller GmbH
Oberhafenstraße 3 · 20097 Hamburg
Tel. 040 335439 · Fax 040 335564
www.trockenfruchtagentur.de
mueller@trockenfruchtagentur.de

Frutasa, S.A.
Huérfanos 1180
8320000 Santiago
CHILE

Hamburgo, 2 de marzo de...

Estimado Sr. Vergara:

Sentimos informarle de que la mercadería correspondiente a nuestro pedido n°. 1906, del 18 de diciembre, aún no ha llegado a nuestro poder.

El Sr. Astudillo, durante su visita a Alemania, nos aseguró que el envío de las ciruelas se realizaría 8 (ocho) semanas después de haber recibido nuestros pedidos. En consecuencia, la mercadería debería haber llegado a Hamburgo, a más tardar, a finales de febrero.

Como ya hemos contraído numerosos compromisos, esta demora nos ha puesto en una situación bastante difícil, que incluso podría ocasionarnos considerables pérdidas. Dada la excelente calidad de su fruta, aún estamos dispuestos a aceptar el envío, siempre y cuando llegue dentro de cuatro semanas a partir de hoy.

Aunque haya habido varias demoras en la entrega de sus productos en los últimos meses, todavía estamos interesados en mantener las relaciones comerciales con su empresa. Sin embargo, tenemos que insistir en que se respete, en el futuro, el plazo convenido. En caso de que se repitieran tales incidentes, no nos quedaría otro remedio que buscar otro proveedor.

Quedando en espera de sus noticias, le saludamos atentamente.

Harald Wenzel
Harald Wenzel
- Gerente -

Carta B

Hamburger Fruchtimport

Raboisen 8 • 20095 Hamburg
Telefon: +49 (0)40 3457922 • Telefax: +49 (0)40 3457921
www.hamburgfruit.de

La Valenciana
Flores y Cítricos
Avda. de la Huerta, 102
E-46 003 VALENCIA / España

Su ref.	Nuestra ref.	Su carta	**HAMBURG,**
JH/rb	Mo/wo	8 de dic...	14 de dic...

Asunto: Pedido núm. 34/dic/12 – naranjas y mandarinas

Estimados señores:

Acabamos de retirar las cajas correspondientes a nuestro pedido núm. 34/dic/12, y, lamentablemente, su contenido no coincide con lo que les pedimos. En la copia de la nota de pedido podrán comprobar que encargamos 2 000 cajas de naranjas, tipo exportación, sin semilla, y 3 000 cajas de mandarinas sin semilla.

Según el acta levantada que adjuntamos, hemos recibido 2 000 cajas de naranjas tipo "B" y 3 000 cajas de mandarinas con semillas.

Sin duda alguna, este percance se debe a un error ocurrido en el departamento de expedición, ya que su factura corresponde a nuestro pedido. El hecho nos causará serios inconvenientes, dado que no podemos cumplir con los compromisos contraídos, sobre todo en esta época prenavideña.

Para evitar más molestias y gastos de transporte, nos quedaríamos con la mercancía siempre que nos ofrecieran un descuento aceptable y procurasen enviar nos la partida solicitada.

Esperamos recibir sus instrucciones cuanto antes y que nos informen si podrán ejecutar nuestro pedido cumpliendo las condiciones convenidas.

Les saluda atentamente.

H. Meier-Velázquez
Heinrich Meier-Velázquez
Gerente

MeierVelazquez@hamburgfruit.de
Anexos: copia pedido
copia acta

Carta C

Café & Ultramarinos, S.A.
Plaza Mayor, 20 · 48001 BILBAO (Vizcaya)
España

Ticocafé, S.A.
Casilla 2348
San José / Costa Rica

Bilbao, 30 de octubre de...

Nuestro pedido núm. 34B/AX13
SHB, Tarrazú

Estimado señor Blanco:

Acabamos de recibir el lote correspondiente a su factura núm. 2358-1232B.

Lamentamos tener que comunicarle que un gran porcentaje del tipo SHB difiere bastante de los envíos anteriores y las muestras recibidas últimamente. Estimamos que la partida de SHB contiene aproximadamente un 5 % de grano verde.

Además, en cuanto a la calidad HB, encontramos una diferencia de peso de aproximadamente 1 kilo por saco. Aparte de eso, de 10 tazas probadas, había 2 tazas fermentadas, y el café tenía un olor extraño.

Adjunto le enviamos una copia del informe de nuestro experto, el Sr. Espiga.

Suponemos que ocurrió algún "accidente" durante el transporte o en alguno de los beneficios, dado que es la primera vez que nos llega un lote en tales condiciones. Por eso, confiamos en que nos propondrá, cuanto antes, un arreglo aceptable para ambas partes.

Le saludamos atentamente.

Luis García
Gerente

Anexo

el beneficio: sudam. para designar una finca o una plantación de café
SHB: Strictly High Bean   HB: Hard Bean   Tarrazú: tipo de café muy corriente en Costa Rica

Carta D

INGOS FISCHIMPORT

Große Elbstraße 51 · 22767 Hamburg
Tel. 040 3906667 · Fax 040 3906665

Conservas Vicente, S.A.
Paseo del Marinero, s/n
E-36200 VIGO / España

Ihr Zeichen	Unser Zeichen	Ihr Schreiben vom	Hamburg,
rz/gl	rw/hk	2 de nov...	11 de nov...

Asunto: Nuestro pedido núm. 6045A - su factura HF54/92

Estimados señores:

Recibimos su último envío y comprobamos que no podremos vender gran parte de la mercancía. Adjuntamos el acta levantada por el inspector de Control-Co. mbH de Hamburgo para que puedan verificar nuestra afirmación.

Al abrir las cajas, constatamos que un 30 % de los frascos de calamares en su tinta estaban mojados porque no estaban bien cerrados. Algunos de ellos – un 5 % – incluso estaban rotos.

En cuanto a las latas de mejillones al ajillo, la mitad de ellas venía sin estuche, y un 10 % de éstos llegó mojado por el líquido que se había derramado de los frascos rotos de calamares.

Esta no es la primera partida que nos llega en tales condiciones debido a un descuido por su parte. Ya les advertimos la última vez de que deberían rellenar los espacios vacíos con virutas o cartón ondulado. Esto es muy lamentable, porque la calidad de sus productos halla muy buena aceptación entre nuestra clientela, pero no podemos cumplir con los compromisos contraídos. Como recordarán, ya nos habíamos puesto verbalmente de acuerdo para que mejoraran su embalaje.

Con el fin de solucionar este problema, exigimos que despachen inmediatamente las cantidades indicadas en la lista que adjuntamos y nos concedan un descuento del 25 % sobre el valor de la factura para compensar los daños causados.

Insistimos en que embalen la mercancía correctamente para protegerla contra los choques.

De no estar ustedes dispuestos a aceptar nuestra propuesta, nos veremos obligados a abastacernos en otra empresa.

Pendientes de sus explicaciones, les saluda atentamente.

I. Henrichs
Ingo Henrichs

Anexos: acta, lista productos

Carta E

Martínez y Cía.
Exportadores y Mayoristas • Travesera del Ángel, 2 b
11230 Cádiz

Hogar 2000
Carretera de Mataró, 235
08027 Barcelona

30 de mayo de...

Asunto
Pedido núm. 1208/Argentina – 80 Microondas "2000"
Factura AE 11.931 del 23 de abril de...

Estimados señores:

Lamentamos tener que informarles de que acabamos de recibir una serie de reclamaciones de las tiendas que vendieron sus microondas. Dado que hicimos grandes esfuerzos para lanzar su marca a través de nuestro representante argentino, tememos graves consecuencias.

Los clientes se quejaron no solo del ruido excesivo que producen sus aparatos, comparados con los de las marcas competidoras, sino también del deficiente acabado de la chapa exterior. Sostienen, además, que las puertas no cierran correctamente y consideran que esto puede ser perjudicial para la salud.

Suponemos que tienen el máximo interés en que sigamos vendiendo su marca en Argentina. Por lo tanto, debemos actuar rápidamente si no queremos perder más terreno y provocar una intervención de la Unión de los Consumidores de Buenos Aires.

Hasta la fecha, nuestro representante argentino ha cumplido con nuestro compromiso de garantía reemplazando todos los aparatos que le han sido devueltos. Además, para infundir seguridad entre la clientela, se ha comprometido a ofrecer un servicio posventa global con reparaciones a domicilio. Frente a la competencia alemana no vimos otra solución.

Confiamos en que reconozcan la gravedad del caso y que propongan rápidamente un arreglo satisfactorio para todos, es decir, el reemplazo inmediato de los aparatos y una indemnización apropiada.

Les saludamos muy atentamente.

Martínez y Cía.

Alfonso Martínez

Alfonso Martínez

c.c. Gerardo Díaz, Buenos Aires

c.c. = copia a carbón

Carta F

TEJIDOS PELETIER

Calle de Amposta, 14
08004 BARCELONA
Tel. 93/667 234 · Fax 93/667 235
www.tejidospeletier.cat
correo electrónico: contact@tejidos-peletier.cat

ORDOÑEZ Y CÍA.
Colombia, 13
28008 Madrid

Su ref.	Su carta del	Nuestra ref.	BARCELONA,
OR/ss	30 de mayo de...	FG/me	10 de agosto de...

Asunto
Factura núm. 24.854 del 10 de junio de... / vencimiento 10/07/...
Factura núm. 24.855 del 11 de junio de... / vencimiento 11/07/...
Factura núm. 25.122 del 30 de junio de... / vencimiento 30/07/...

Distinguidos Sres.:

Suponemos que les ha pasado inadvertido que el importe de las facturas arriba mencionadas, pagaderas el 10 de julio y el 11 de julio de..., está todavía pendiente, por lo cual nos permitimos enviarles los duplicados.

Les rogamos liquiden mediante cheque, a la mayor brevedad posible, o sea hasta el 15 cte., la cantidad de € 152,40 y € 194,00, más los gastos adicionales de € 3,05 y € 3,88 (facturas núm. 24.854 y 24.855).

Además, les recordamos que el plazo límite para cancelar la factura núm. 25.122 será el día 20 de agosto de...

Les saludamos muy atentamente.

Francisco Guijarro
Francisco Guijarro
Contabilidad

Anexos: facturas núm. 24.854, 24.855 y 25.122

5.1 Modelos de cartas

¿¿¿PREGUNTAS???

Carta A de Trockenfruchtagentur Müller GmbH

1. ¿A qué empresa representa el Sr. Astudillo?
2. ¿Qué le aseguró el Sr. Astudillo al Sr. Wenzel?
3. ¿Qué dificultades tiene la Trockenfruchtagentur Müller?
4. ¿Por qué tiene parte de la culpa también la empresa alemana?
5. ¿Qué solución propone el Sr. Wenzel?
6. ¿Por qué no cancela este pedido?
7. ¿En qué caso interrumpiría las relaciones comerciales con la empresa chilena?

Carta B de Hamburger Fruchtimport

1. ¿Cómo calificaría usted las relaciones comerciales entre ambas casas?
2. ¿Cuál es el motivo de la carta?
3. ¿Es un caso muy grave? ¿Por qué?
4. ¿Qué molestias puede causarle este hecho al importador?
5. ¿A qué se atribuye el error?
6. ¿Cómo puede comprobar el importador que la reclamación está justificada?
7. ¿Qué solución propone el importador y por qué?
8. ¿Qué reacción se espera por parte del productor?
9. ¿Qué otras posibilidades ve usted para solucionar este asunto?
10. ¿Aceptaría usted la propuesta del importador? Justifique su decisión.

Carta C de Café & Ultramarinos

1. ¿Cómo calificaría usted las relaciones comerciales entre estas dos empresas?
2. Comente las características de esta mercancía, su comercialización y su fase de elaboración.
3. ¿Por qué envían una copia del informe de su experto?
4. ¿Cómo cree usted que arreglarán el asunto las dos empresas?

Carta D de Ingos Fischimport

1. ¿Cómo calificaría usted las relaciones entre ambas casas?
   Describa la situación.
2. ¿Tiene derecho el autor de la carta a reaccionar de esta manera?
   Explique su respuesta.
3. ¿A qué atribuyó la empresa Ingos Fischimport el percance?
4. ¿Qué solución propone el importador hamburgués?
5. ¿Qué propuesta haría usted en este caso?
6. ¿Cómo cree usted que se desarrollarán las relaciones entre ambas casas en el futuro?
7. ¿Qué derechos tiene el importador en este caso?

Carta E de Martínez y Cía.

1. Describa el motivo de esta reclamación.
2. ¿Qué medidas ya ha tomado el representante en Argentina para solucionar el problema?
3. ¿Qué consecuencias puede tener este caso para el fabricante y para el mayorista?

Carta F de Tejidos Peletier

1. ¿Por qué tuvo que escribir esta carta el contable?
2. ¿Por qué la empresa madrileña tiene que pagar los € 3,05 y € 3,88 adicionales?

5.2 Frases modelo

A. Motivos de reclamación

1. Demora en la entrega
La mercancía no llega en el plazo convenido.
El envío llega con mucho retraso.

2. Cantidad
La cantidad entregada no corresponde a la encargada.
Existen diferencias en cuanto al peso/a las dimensiones/a las tallas.
Faltan piezas/unidades...
Se confundieron las cantidades/los números de referencia/los tamaños.

3. Calidad
La calidad no coincide con la de las muestras/con la descripción indicada en la oferta.
Se trata de una calidad inferior.
La textura del material difiere de la de la muestra.
La tela es demasiado fina/no es bastante resistente/es demasiado gruesa.
Los colores son demasiado oscuros/claros.
El modelo está mal cosido. Las costuras no son iguales. Su corte no corresponde al del modelo encargado.
El diseño no corresponde al de la foto/de los dibujos.
La chapa está abollada/mal pintada/mal acabada/es demasiado fina.
El motor hace un ruido extraño/excesivo.
La mercancía llega en malas condiciones.
La fruta está podrida/demasiado madura/verde.
El material está húmedo/roto/rasgado.

4. Embalaje
El embalaje es insuficiente/no es adecuado.
La mercancía está mal sujeta.
La mercancía no está protegida contra choques/la humedad/el calor.
Faltan virutas para rellenar los espacios vacíos.
Los artículos no están embalados en cartón ondulado.
Los envases están abollados/estropeados/rotos.
Hay desperfectos en los envases.
Falta la tapa.

5. Pago
La factura aún no ha sido liquidada/saldada.
La cuenta (del comprador) muestra un saldo pendiente.
El importe de € 1 000,00 está pendiente desde hace 2 semanas.

"Al abrir la lata me encontré con que..."

B. Elementos de una reclamación

1. Quejarse por demora en la entrega:
Todavía estamos esperando la entrega de... prometida por Uds. para el...
Según su confirmación del pedido, la mercancía debería haber llegado el...
A pesar de sus promesas, las cajas llegaron con una semana de retraso.
Deseamos saber cuándo podemos contar con el suministro de...

2. Acusar recibo de la mercancía:
Al retirar/abrir/desembalar las cajas, comprobamos que...
Lamentablemente, el envío nos llegó incompleto.
Con gran disgusto comprobamos que...*)

3. Estado de la mercancía:
Sentimos comunicarles que...
... la mercancía no coincide con la que les encargamos.
... nuestro pedido no ha sido ejecutado conforme a nuestras instrucciones.
... debido a un trato inadecuado durante el trasbordo...
... las mercancías sufrieron daños durante el transporte.

4. Consecuencias:
Este hecho nos causará serios (as)/graves inconvenientes/molestias.
El percance nos pone en una situación (sumamente) difícil/desagradable/precaria.
El incidente nos ocasiona pérdidas considerables.
No podemos cumplir con los compromisos contraídos.
Nuestros clientes exigentes no aceptarán esta calidad.

5. Posibles soluciones:
Procuren suministrar la mercancía antes del..., a más tardar.
Insistimos en que respeten el plazo de entrega convenido.
Estamos dispuestos a quedarnos con la mercancía si...
Nos vemos obligados a devolver les la mercancía defectuosa.
Les proponemos que despachen un envío de reemplazo ...

Nos vemos obligados
- a fijar un último plazo/un plazo límite/una última fecha de entrega.
- a rechazar/no aceptar la mercancía.
- a pedir/exigir indemnización.
- a hacerles responsables de las pérdidas/ los perjuicios/los daños causados.
- a anular/cancelar el pedido/rescindir el contrato.
- a reservarnos el derecho de comprar a otra casa/de abastecernos en otra casa.

De lo contrario, pondremos la mercancía defectuosa a su disposición para que la recojan.
Los gastos de reenvío correrán a su cargo.
Insistimos en que hagan todo lo posible para...

Nos vemos obligados
- a prescindir de sus servicios en el futuro.
- a romper las relaciones comerciales con Uds.
- a llevar el asunto a los tribunales.

6. Cierre:
Les rogamos nos comuniquen qué debemos hacer con la mercancía errónea-mente suministrada.
Esperamos que acepten nuestra propuesta.
Confiamos en que este percance no se repita en el futuro.
Exigimos que ejecuten el pedido cumpliendo las condiciones previamente convenidas.*

* besonders harte Formulierung

C. Conjunciones y expresiones adverbiales

abgesehen von	aparte de
abgesehen von der Tatsache, dass	aparte de que
anderenfalls	de lo contrario
angesichts	en vista de
aufgrund der Tatsache, dass	debido a que
außer	además de/aparte de
bezüglich	referente a/con referencia a
da, weil	dado que/como (Satzanfang) porque/ya que (Satzmitte)
damit	para que (+ subjuntivo)
deswegen, deshalb	por este motivo/por esta razón/ por lo tanto
durch, mittels	a través de (la compañía X)
hinsichtlich	en cuanto a/(con) respecto a
jedoch	sin embargo,...
nicht nur, sondern auch	no solo..., sino también...
obwohl	aunque,a pesar de que
sowohl ... als auch	tanto... como...
sofern	siempre y cuando (+ subjuntivo)
statt	en vez de/en lugar de
trotz	a pesar de
trotzdem	a pesar de esto/no obstante
unter der Vorraussetzung, dass ...	a condición de que (+ subjuntivo)
weder ... noch ...	no... ni.../ni... ni...
wegen	debido a/a causa de

5.3 Ejercicios de gramática

A. Ponga la forma correcta de "ser" o "estar":

1. Los alicates . . . del modelo n.° 15.
2. Va a . . . muy difícil venderlos.
3. En caso de que los artículos . . . en camino, envíennos inmediatamente un fax.
4. (nosotros) . . . dispuestos a quedarnos con la mercancía si nos concedieran una rebaja del 25 %.
5. Espero que (Uds.) . . . de acuerdo con nuestra propuesta.
6. Si Uds. no . . . en condiciones de ejecutar nuestro pedido, tendríamos que rescindir el contrato.
7. Les pasamos el pedido bajo la condición de que . . . servido con puntualidad.
8. Al pasarles el pedido, les advertimos expresamente de que... necesario despachar la mercancía antes del 20 de octubre.

9. Desgraciadamente, no . . . la primera vez que tenemos que quejarnos.
10. La producción de nuestra fábrica ha . . . interrumpida durante tres semanas.
11. El suministro . . . efectuado el lunes de la semana pasada.

B. Ponga la preposición o conjunción (+ artículo) correcta:

1. Debemos cumplir . . . los compromisos contraídos . . . nuestra clientela.
2. . . . este motivo, tenemos que insistir . . . que la entrega se efectúe . . . la fecha estipulada . . . el contrato.
3. . . . Uds. no entregan la mercancía . . . del plazo indicado, nos veremos obligados . . . anular el pedido.
4. Me reservo el derecho . . . comprar . . . otra empresa.
5. . . . Ud. esté . . . acuerdo . . . nuestra propuesta, avísenos . . . fax.
6. No aceptamos esta demora . . . la entrega.
7. . . . vez . . . mandar naranjas nos han enviado 200 cajas . . . limones.
8. Les enviamos dos unidades . . . puedan comprobar las diferencias.
9. Nos quedaríamos . . . la mercancía . . . nos concedieran un descuento . . . 15 %.
10. La solución consiste . . . que Ud. reemplace la mercancía.
11. . . . duda alguna, el percance ha sido ocasionado . . . un descuido ocurrido durante el transporte.
12. Los gastos de reenvío irán . . . su cargo.

C. Ponga la forma correcta del pretérito perfecto o del pretérito indefinido:

Ejemplo:
El lunes (yo/hablar) . . . *hablé* . . . con su representante.
Hasta ahora no (yo/recibir) . . . *he recibido* . . . la mercancía.

1. El 3 de febrero les (nosotros/pasar) . . . un pedido de 500 despertadores.
2. Hasta la fecha no (nosotros/recibir) . . . el aviso de despacho.
3. Uds. (confirmar) . . . el pedido a mediados de marzo.
4. Ya (pasar) . . . cinco semanas desde que les (yo/formular) . . . mi pedido n.° B 497.
5. Anteayer, su representante (anunciarnos) . . . su llegada para hoy.
6. Todavía no (yo/tener) . . . noticias referentes a mi pedido de 100 notebooks.
7. Hasta ahora no (efectuarse) . . . la entrega de la mercancía.
8. Ya (nosotros/hacer) . . . esperar a nuestros clientes bastante tiempo.
9. A principios de noviembre (yo/recibir) . . . la confirmación del pedido.
10. Aunque ya (nosotros/recibir) . . . el aviso de despacho, todavía no (llegar) . . . la mercancía.

DE + INFINITIVO (en oraciones condicionales)

De no suministrar (Uds.) los alicates dentro del nuevo plazo,
nos veremos obligados a anular el pedido.
= **Si (Uds.) no suministran** los alicates dentro del nuevo plazo,
nos veremos obligados a anular el pedido.

Für einen Konditionalsatz mit „si + konjugiertem Verb" kann auch „de + Infinitiv" stehen.

AL + INFINITIVO (en oraciones temporales)

Al abrir las cajas, comprobé que faltaban 100 libros.
= **Cuando abrí** las cajas, comprobé que faltaban 100 libros.

Der praktische Gebrauch von „al + infinitivo" beschränkt sich weitgehend auf kurze Handlungen.

D. Transforme las frases usando *al + infinitivo* o *de + infinitivo*:

1. Cuando examiné su envío, constaté que la mercancía no correspondía a la muestra.
2. Cuando abrimos los contenedores, comprobamos que la calidad de la mercancía era muy inferior a la de la muestra.
3. Si no observa el nuevo plazo de entrega, llevaremos el asunto a los tribunales.
4. Cuando el cliente desembaló el paquete, vio que tres platos estaban rotos.
5. Si Ud. no está en condiciones de enviarnos la mercancía inmediatamente, anularemos el pedido.
6. Cuando retiré las cajas de la estación, no mostraban señales de haber sufrido daños durante el transporte.
7. Si no recibimos la mercancía antes del 13 de marzo, tendremos que anular el pedido.
8. Si Uds. no redujeran los precios en un 40 %, devolveríamos la mercancía.
9. Cuando les pasé el pedido, Uds. me confirmaron que el plazo de entrega era de dos semanas.
10. Cuando le enviamos la confirmación del pedido, no sabíamos que se retrasaría la llegada de las materias primas necesarias.
11. Si se trata de algo grave, le rogamos nos lo comunique.

E. Ponga la preposición o conjunción adecuada y, en caso necesario, también, el artículo:

Reclamación por demora en la entrega enviada por fax:
Sentimos . . . (1) . . . comunicarles que todavía no han llegado las sandalias que pedimos . . . (2) . . . 10 . . . (3) . . . enero . . . (4) . . . pasarles este pedido, indicamos expresamente que la entrega debía efectuarse . . . (5) . . . finales . . . (6) . . . abril. Hoy ya es el 2 . . . (7) . . . mayo, y no hemos recibido noticia alguna . . . (8) . . . Uds. referente . . . (9) . . . este suministro, . . . (10) . . . haberles llamado dos veces en los últimos días.
Esta demora . . . (11) . . . entrega nos puede causar pérdidas considerables, . . . (12) . . . se está acercando la época . . . (13) . . . vacaciones y debemos cumplir . . . (14) . . . compromisos contraídos . . . (15) . . . nuestra clientela. Estamos dispuestos a concederles un último plazo . . . (16) . . . 15 de mayo . . . (17) . . . no entregan las sandalias . . . (18) . . . esta fecha, nos veremos obligados . . . (19) . . . abastecernos . . . (20) . . . otra casa y les haremos responsables . . . (21) . . . pérdidas.

5.4 Ejercicios de vocabulario y construcción de frases

A. Sustituya las palabras *en cursiva* por sinónimos:

Ejemplo: *Lamento* mucho no haber podido *cumplimentar* el pedido a tiempo.
= Siento mucho no haber podido *ejecutar* el pedido a tiempo.

Muy señores nuestros:
Hace 4 semanas, les *pasamos un pedido* de 400 relojes. La entrega debía efectuarse antes del 2 de marzo. *Hasta ahora*, sin embargo, no hemos recibido ni el aviso de despacho ni la mercancía. Si no pueden *entregar* los relojes dentro del nuevo plazo, *cancelaremos* el pedido.
Les *quedaríamos agradecidos* si nos *contestaran cuanto antes*.
Les saludamos atentamente.

B. Relacione los verbos con los sustantivos:

1)	cancelar	a)	molestias
2)	abastecerse en	b)	el derecho (de hacer algo)
3)	fijar	c)	el contrato
4)	rechazar	d)	el asunto a los tribunales
5)	reservarse	e)	la entrega
6)	llevar	f)	la mercancía
7)	ocasionar	g)	otra casa
8)	efectuar	h)	el pedido
9)	rescindir	i)	un último plazo

C. Indique el sustantivo (A, B o C) que no corresponda al verbo:

	A	B	C
1. conceder	una rebaja	un crédito	una promesa
2. causar	problemas	tribunales	pérdidas
3. anular	la muestra	un compromiso	un pedido
4. cumplir	un compromiso	el envío	una promesa
5. efectuar	una compra	un pago	una factura
6. corresponder a	la muestra	lo pedido	los problemas
7. observar	un descuento	la ley	las instrucciones
8. solucionar	un problema	la agencia	un conflicto

D. Rellene los espacios en blanco con la palabra correcta:

abastecernos en/ el acta/ comprobar/ correspondiente/ corresponde/ cumplimiento/ difieren/ diferencia/ embalar/ esmero/ faltaban/ hace/ levantada/ molestias/ nos encontramos/ obligados a/ pagaremos/ reemplazo/ rotos/ su sabor/ suministran/ tradición

Asunto: Su último envío de almendras

Estimados señores:

Acabamos de recibir su envío . . . (1) . . . a la orden núm. 394 del 21 de marzo.

Con sorpresa . . . (2) . . . con que la calidad de las almendras recibidas no . . . (3) . . . en absoluto a las pruebas remitidas por ustedes . . . (4) . . . algunas semanas. Las almendras no solo . . . (5) . . . de las muestras en tamaño y color, sino también en . . . (6) . . . y frescura. Dudamos que estas almendras hayan sido cosechadas este año.

Ignoramos si esta . . . (7) . . . de calidad se debe a un error en el momento de . . . (8) . . . el producto o si intentaron vendernos almendras de calidad inferior.

Al retirar la mercancía en el puerto de Bremen, constatamos, además, que dos de los sacos estaban . . . (9) . . . y . . . (10) . . . 10 kilos. Obra en nuestro poder . . . (11) . . . oficial . . . (12) . . . por el inspector de Control-Co. mbH de Bremen. Les adjuntamos una copia de la misma para que puedan . . . (13) . . . nuestras afirmaciones.

Dado que solo vendemos a fabricantes muy exigentes, famosos en nuestro país por su larga . . . (14) . . . en la producción de mazapán y de otros dulces a base de almendras, nos vemos . . . (15) . . . rechazar el envío. Por lo tanto, no . . . (16) . . . el importe correspondiente y exigimos un inmediato envío de . . . (17) . . .

Esta no es la primera vez que ustedes nos . . . (18) . . . productos de calidad inferior. Ya saben que esto nos ocasiona muchas . . . (19) . . . y demora en el . . . (20) . . . de nuestros compromisos.

Insistimos en que ejecuten con mayor . . . (21) . . . nuestros pedidos. De lo contrario, nos veremos obligados a . . . (22) . . . otra empresa.

Pendientes de sus prontas noticias, les saludamos atentamente.

E. Complete esta carta de una empresa alemana a una española:

Anrede / an Herrn Ruiz	. . .
mit Bedauern mitteilen	. . . que las cajas de jerseys de alpaca
Ankunft 1 Woche verspätet	. . .
beim Öffnen festgestellt	. . .
Ware nicht auftragsgemäß	que la mercancía . . .
Fehlmenge: 100 Stück viel dunkler	. . . del modelo n.° 41 y los colores del modelo n.° 45 eran . . . que los de las muestras que nos envió hace dos meses.
Da schon mehrere Verträge abgeschlossen . . .	. . . en cuanto a estos modelos,
beträchtliche Unannehmlichkeiten	. . . .
sich gezwungen sehen	Por eso, . . .
fehlende Ware umgehend schicken	insistir en que . . . .
Was tun mit falsch gelieferter Ware?	Al mismo tiempo, le rogamos nos comunique . . .
Bereitschaft bekunden, diese Modelle zu behalten, falls 25 %-iger Rabatt	. . . si . . .
Hoffnung, dass alles getan wird, diese Angelegenheit zu regeln	. . . para . . .
Gruß	. . .

5.5 Ejercicios de redacción

5.5.1 Redacte reclamaciones con ayuda de estos estímulos gráficos:

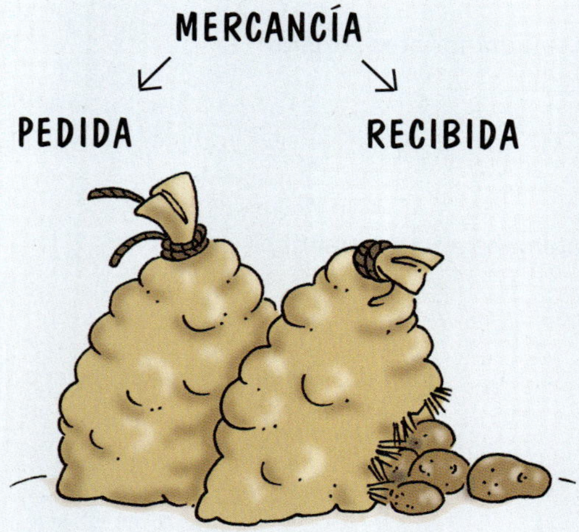

el saco – der Sack
estar roto – zerrissen sein
el peso – das Gewicht

la caja – die Kiste
la tapa – der Deckel
el frasco – der Flakon
la lata – die (Blech-) Dose
el tarro – das (Einmach-/Marmeladen-) Glas

la camisa – das Hemd
el cuello – der Kragen
la manga – der Ärmel
el bolsillo superior – die Brusttasche
estar arrugado – zerknittert sein

MERCANCÍA

PEDIDA → RECIBIDA

el melocotón – der Pfirsich
el tipo – die Sorte
la bandeja – die Stiege
maduro – reif
podrido – verfault

el bote – (größere) Dose
abollar – zerbeulen

la silla – der Stuhl
el taburete – der Hocker

el zapato – der Schuh
el tacón – der Absatz
alto/bajo – hoch/niedrig
la suela – die Sohle
la costura – die Naht
despegado – lose

5.5.2 Minutas en alemán

Bitte verfassen Sie Reklamationsschreiben:

A. Lieferungsverzug[1]

Die Firma Latin-Außenhandels-GmbH, München, hat bei der Firma Rivera & Cía., Madrid, Waren bestellt, die nicht angekommen sind.

1. Vor fünf Wochen haben Sie einen Auftrag über 5.000 Brieföffner (1) erteilt.
2. Laut Versandanzeige Ankunft der Ware vorgestern per Bahn; bisher keine Nachricht darüber erhalten.
3. Bitten Sie um sofortige Mitteilung, was geschehen ist.
4. Sie haben bereits Verträge mit mehreren Kunden abgeschlossen, sind daher in unangenehmer Lage.
5. Falls die Ware noch nicht abgeschickt wurde, neue Frist: Lieferung der Ware innerhalb einer Woche.
6. Bei Nichterfüllung bis zu diesem letzten Termin: Stornierung des Auftrags und Haftbarmachung für Verluste androhen.

Vocabulario:
(1) die Brieföffner – los abrecartas

B. Menge

Die Firma Werner & Co. hatte bei der Firma Lautre, S.A., Pamplona, 10.000 Flaschen à 0,7 l Roséwein (1) des Jahrgangs (2) . . . bestellt:

Die Ware ist gestern eingegangen, doch die Sendung bestand aus 5.000 Flaschen Weißwein des Jahrgangs . . . und 5.000 Flaschen Roséwein des Jahrgangs . . .

Die Rechnung fehlt. Unklar ist, ob die Versandabteilung für den Irrtum verantwortlich ist, oder ob Lautre, S.A., den bestellten Wein nicht liefern kann.

Sie bitten im Namen der Firma Werner dringend um Aufklärung, da der Wein schon an einige Hotels weiterverkauft ist. Sie würden die falsche Lieferung mit einem Rabatt von 15 % behalten und an Supermärkte verkaufen, um weitere Transportkosten zu vermeiden.

Sie erwarten bald Nachricht.

Vocabulario:
(1) Roséwein – vino rosado
(2) Jahrgang, Ernte-Jahrgang – año, cosecha

[1] *Seit der Schuldrechtreform auch Nicht-Rechtzeitig-Lieferung*

C. Qualität

Die Firma Kohler GmbH, Bremen, hatte bei der Firma Flor de Azahar, Murcia, Mandeln erster Qualität bestellt. Herr Kohler wendet sich direkt an Herrn Campos von der Firma Flor de Azahar:

Die Lieferung ist heute Morgen eingetroffen, doch ist die gesamte Menge von minderer Qualität. Außerdem sind zwei Säcke beschädigt, sodass ca. 10 kg fehlen. Nach Meinung von Herrn Kohler waren die Säcke nicht richtig verschweißt. Eine offizielle Bescheinigung der Bremer Kontrollfirma liegt bei.

Die Firma Kohler GmbH hält die Zahlung zurück und bittet um sofortigen Ersatz. Die Kohler GmbH glaubt nicht, die mindere Qualität ohne einen Preisnachlass von mindestens 30 % verkaufen zu können, da ihre Kunden (Marzipanfabriken (1) und Bäckereien) sehr anspruchsvoll sind. Deshalb auch Bitte um sorgfältigere Ausführung der Aufträge, da man sich sonst bei einer Konkurrenzfirma eindecken wird. Herr Kohler schlägt außerdem vor, die Verpackung zu ändern, beispielsweise kleinere Plastikbeutel. Außerdem muss nach den Gesetzen der Europäischen Union das Verfalldatum auf allen Etiketten stehen.

Vocabulario:
(1) Marzipan – el mazapán

D. Verpackung

Eine Hotelkette namens „Sunshine" hatte 6.000 Tuben Zahnpasta in Faltschachteln bestellt mit dem Aufdruck „Sunshine", verpackt in Kartons à 1.000 Stück.

Leider kann nur der Empfang von fünf Kartons (statt sechs) bestätigt werden, wovon ein Karton beschädigt ist. Durch eine Tube, die sich geöffnet hat, sind außerdem einige Faltschachteln (1) feucht geworden. Auf allen Faltschachteln fehlt der Name der Hotelkette, der aufgedruckt (2) werden sollte. Die Mehrkosten, die dadurch entstehen, dass der Name nachträglich aufgedruckt werden muss, belaufen sich auf € . . . . Bei „Sunshine" ist man sehr verärgert, weil der Hersteller schon mehrfach aufgefordert worden war, seine Ware sorgfältiger zu verpacken.

„Sunshine" erwartet einen erheblichen Preisnachlass. Außerdem möchte man wissen, ob die fehlende Kiste noch eintreffen wird.

Das Vorkommnis ist besonders ärgerlich, da es sich nicht um die erste Reklamation handelt. Deshalb droht „Sunshine" jetzt mit einem Abbruch der Geschäftsbeziehungen.

Vocabulario:
(1) Faltschachtel – el estuche
(2) drucken – imprimir
aufgedruckt sein – llevar impreso (el rótulo, nombre de . . .)

5.6 Ejercicios de traducción

A. **Beschwerde über Lieferungsverzug**[1]

Auftrag Nr. B696 / Flachzangen (1)

Sehr geehrte Damen und Herren,

bezüglich unseres Auftrages bedauern wir, Ihnen mitteilen zu müssen, dass die Flachzangen bisher noch nicht in Hamburg angekommen sind.

Da die Ware bis zum 15. November bei uns eintreffen sollte, sehen wir uns gezwungen, den Auftrag zu stornieren. Bei Auftragserteilung teilten wir Ihnen ausdrücklich (2) mit, dass es unbedingt notwendig sei, die angegebene Lieferfrist einzuhalten, damit wir die mit unseren Kunden eingegangenen Verpflichtungen pünktlich erfüllen könnten. Einer von ihnen hat uns bereits wissen lassen, dass er den Auftrag wegen des Lieferungsverzugs stornieren wird. Es versteht sich von selbst, dass wir Sie für die erlittenen Verluste haftbar machen werden.

Dies ist nicht das erste Mal, dass Sie uns Unannehmlichkeiten verursachen, weil Sie nicht pünktlich liefern. Wir müssen darauf bestehen, dass Sie in Zukunft die vereinbarten Lieferbedingungen beachten.

Mit freundlichen Grüßen,

Vocabulario:
(1) die Flachzangen – los alicates
(2) ausdrücklich – expresamente

B. **Beschwerde wegen Beschädigung und minderer Qualität**

Unser Auftrag Nr. 3375 vom 15. September ...
Ihre Auftragsbestätigung Nr. A 267 vom 23. September ...
15.000 Gläser Pulverkaffee Marke „Instante"

Sehr geehrter Herr García,

Ihre Sendung bestehend aus 30 Kartons laut Rechnung Nr. 436/13 ist vollständig eingetroffen. Bei der Empfangnahme mussten wir jedoch feststellen, dass einige Kartons beschädigt waren und die Etiketten auf den Gläsern fehlten. Sie können das anhand (1) der von der Firma Control-Co. mbH ausgestellten Bescheinigung prüfen (2). Als wir die übrigen Kartons öffneten, entdeckten wir, dass etwa 10 % der Gläser zerbrochen waren, weil sie nicht ausreichend gegen Stöße geschützt waren.

[1] *Siehe Anmerkung auf Seite 144.*

Unser Labor stellte außerdem fest, dass der gelieferte Kaffee weder der bestellten Qualität noch den Mustern entspricht.

Dieser Vorfall bringt uns in eine äußerst schwierige Lage, da wir unsere Lieferverpflichtungen in Deutschland nicht einhalten können.

Wir fordern Sie deshalb auf, umgehend eine Ersatzlieferung abzusenden und uns mitzuteilen, was mit der beanstandeten Ware geschehen soll. Wir wären bereit, den Kaffee als mittlere (3) Qualität an Supermärkte zu verkaufen, wenn Sie uns einen Preisnachlass von 35 % gewährten. Anderenfalls sähen wir uns gezwungen, die Ware zurückzuschicken. Die Transportkosten wären selbstverständlich von Ihnen zu tragen.

Wir erwarten Ihre sofortige Nachricht und verbleiben

mit freundlichen Grüßen,

Anlage: Bescheinigung der Firma Control-Co.

Vocabulario:
(1) anhand – con ayuda de
(2) prüfen – verificar
(3) mittlere – mediana (calidad)

C. Beschwerde wegen technischer Mängel

Unser Auftrag Nr. 3610-B
Ihre Rechnung Nr. 98124 vom 20. Juni ...
Kühlschränke „Sierra Nevada"

Sehr geehrte Frau Hernández,

wie Ihnen unser Mitarbeiter, Herr Sánchez, bereits telefonisch mitgeteilt hat, haben wir mehrere Reklamationen von der Ladenkette, die Ihre Kühlschränke verkauft, erhalten.

Die Kunden behaupten, dass das Kühlsystem (1) nicht richtig funktioniert, weil die Türen nicht schließen. Wir hatten Ihre Marke an besagte Ladenkette verkauft und ihr dabei versichert, dass Ihre Erzeugnisse immer eine ausgezeichnete Verarbeitung haben und dass Ihre Firma außerdem eine Garantie von einem Jahr gibt.

Der Kundendienst der Ladenkette hat versucht, die Geräte zu reparieren, aber die Kunden möchten sie lieber zurückgeben.

Da wir bisher nie Probleme mit Ihren Produkten hatten, nehmen wir an, dass es sich um einen außergewöhnlichen Fall handelt. Um den Ruf Ihrer Firma zu retten, ist es wichtig, schnell zu reagieren, denn die Konkurrenz versucht mit allen Mitteln, ihre eigene Position zu verbessern. Der Leiter der Ladenkette sprach bereits von sehr attraktiven Angeboten der Firma Iceman. Diese Firma bietet nicht nur zwei Jahre Garantie, sondern auch äußerst günstige Zahlungsbedingungen.

Aus diesem Grund schlagen wir vor, dass Sie alle Geräte sofort ersetzen, da wir sonst schwerwiegende Verluste befürchten. Die Kosten für die Rücksendung würden natürlich zu Ihren Lasten gehen.

Wir glauben, dass unser Kunde die Geräte nicht behalten wird, selbst wenn wir ihm einen Nachlass anbieten.

Bitte teilen Sie uns Ihre Entscheidung umgehend mit!

Mit freundlichen Grüßen,

Vocabulario:
(1) Kühlsystem – el sistema de refrigeración

"Nuestras relaciones están muy frías."

5.7 Pasatiempos

Reclamación en sílabas

Las siguientes sílabas son el material necesario para encontrar las respuestas a las definiciones indicadas. Escriba las respuestas en las casillas. Con las letras enmarcadas se puede completar un refrán español.

ba – can – che – cía – ción – cla – com – con – cuen – des – do – em – es – je – la – les – ma – mer – mi – mo – ni – pro – pro – pues – re – so – ta – te – tias – to – tu

			1	2							queja
		18				3					rebaja
				22					4		obligación
8	9			5	6	7					tipo de envase
		10				20	21				lo que protege la mercancía durante el transporte
				11	12						proposición (sinónimo)
					13			23			productos que una empresa compra a otra
			19				14				inconvenientes
15	16	17									lo que hay en una caja, un estuche . . .

Refrán español:

1	2		3	4	5	6	7		8	9		10	11	12	13	14

15	16	17	18	19	20	21	22	23

¿Es un buen consejo después de haber recibido una remesa en malas condiciones?

CRUCIGRAMA

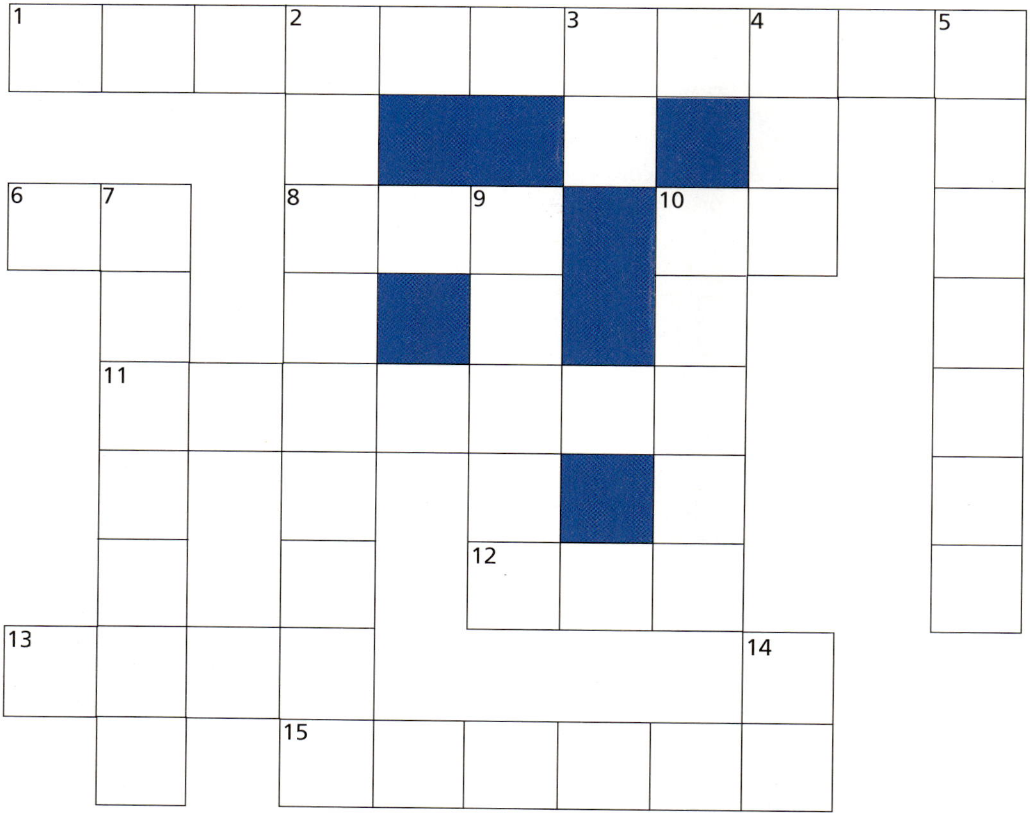

Horizontales:
1. El que debe responder de sus acciones;
6. Abreviatura: Su Excelencia (el Cónsul General);
8. Abreviatura: Impuesto sobre el Valor Añadido (= Mehrwertsteuer);
10. Abreviatura: por orden;
11. Suma de dinero que no se ha ganado;
12. Animal;
13. Firma, empresa;
15. Retraso.

Verticales:
2. Urgencia, importancia;
3. Abreviatura: sociedad anónima;
4. Abreviatura: banco;
5. Suministro;
7. Tener esperanza;
9. Noticia que se da a alguien;
10. Espacio de tiempo concedido para hacer cierta cosa;
14. Matrícula en los coches de "Málaga" (antiguamente).

Unidad 6:

Respuesta a una reclamación

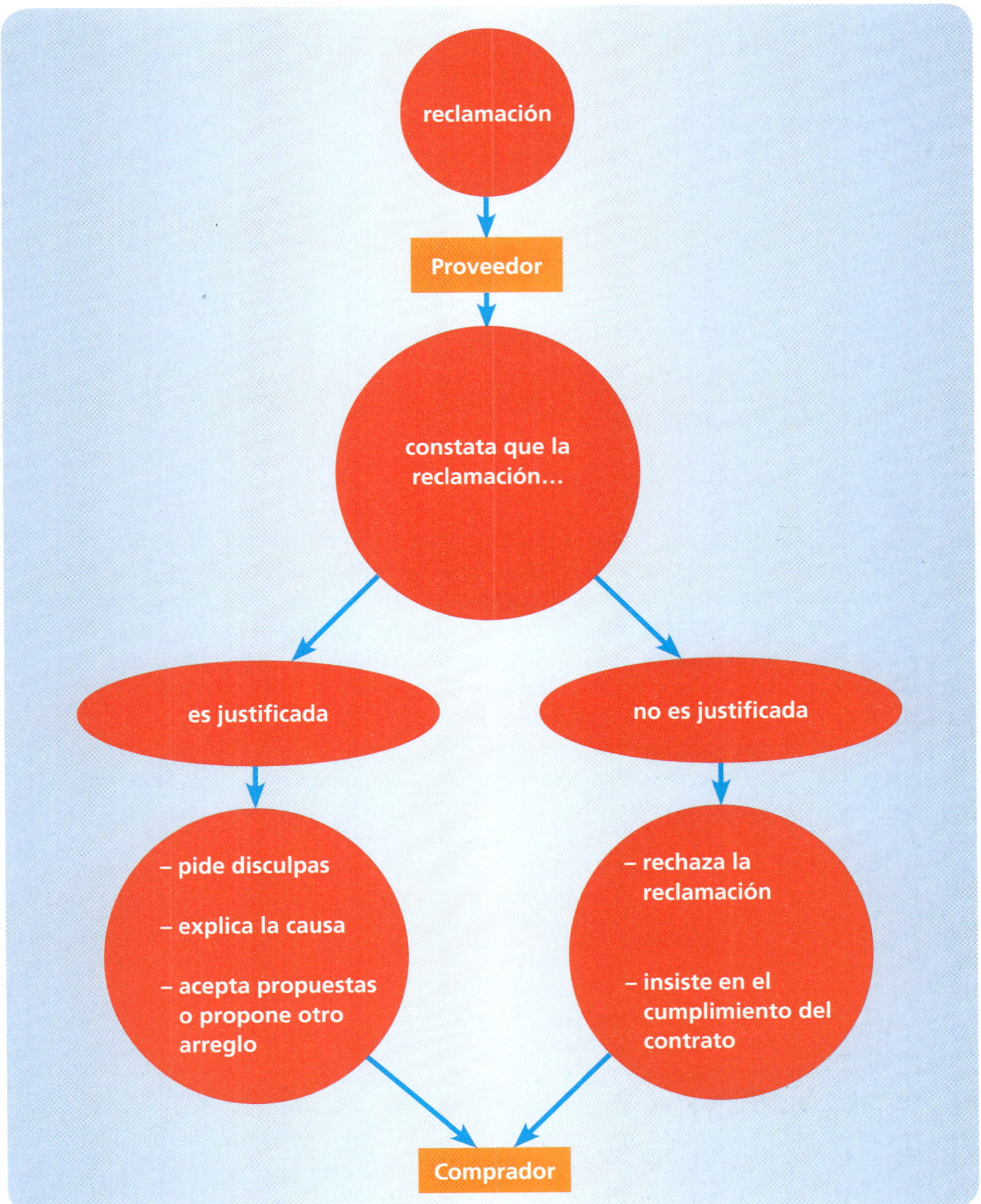

Carta A

Tejeda & Cajal

Fabricación de Herramientas
Avenida de los Olmos, 12 – 50007 Zaragoza
www.herramientascajal.es

Señores
Schlegel & Söhne
Neuhöferstr. 67
D-21107 Hamburg

Zaragoza, 5 de febrero de...

Asunto: Entrega de alicates – pedido núm. 6439

Estimada Sra. Schlegel:

Les agradecemos su carta del 2 cte.

Sentimos mucho no haber podido cumplimentar este pedido a tiempo. Al confirmarlo no podíamos prever que un conflicto laboral interrumpiría nuestra producción durante dos semanas. Afortunadamente, la huelga ya ha terminado y hemos podido volver al ritmo normal, y aunque estamos bastante atrasados en la ejecución de los pedidos, le aseguramos que daremos al suyo la máxima prioridad. De esta manera, esperamos poder entregarle la mercancía antes de la fecha límite fijada por usted.

Rogamos acepte nuestras más sinceras disculpas por los inconvenientes causados.

Confiando en que esta demora involuntaria no afecte a nuestras excelentes relaciones comerciales, le saludamos atentamente.

Pedro Cajal

Fdo.: Pedro Cajal
pedro.cajal@freemail.es

Carta B

Flor de Azahar
Carretera de Alicante, s/n
46030 VALENCIA

Lübecker Marzipanfabriken
Bad Schwartauer Allee 110
D-23570 Lübeck
Alemania

Su carta	N/carta	Su ref.	**VALENCIA**
20 de mayo de…	–	LM/rw	30 de mayo de…

Asunto: 2 500 kg de almendras – factura núm. A2456 – 2 de mayo de…

Estimados Sres.:

Lamentamos mucho el error cometido en nuestro último envío. Lo sentimos más por ser ustedes uno de nuestros más antiguos clientes.

El percance se debe a la reorganización de nuestro departamento de expedición donde se confundió su pedido con un envío destinado a otro cliente. En cuanto a los sacos dañados, ya saben que muchas veces las mercancías reciben un trato por parte de los empleados de las compañías de transporte que deja mucho que desear. Les aseguramos que nos pondremos inmediatamente en contacto con los responsables.

Reconocemos el perjuicio que les ocasiona la falta de almendras de primera calidad y por eso acabamos de remitir el envío correspondiente a su pedido a nuestra nueva agencia Transeurop, que nos garantiza mejor trato de los envíos. Pueden estar seguros de que en el futuro no tendrán motivos de reclamación.

Referente a la mercancía que recibieron, aceptamos su propuesta y la facturaremos con el descuento que desean.

Les rogamos disculpen nuestro error y esperamos que queden satisfechos con nuestros servicios.

Les saludamos muy atentamente.

G. Villón
FLOR DE AZAHAR
G. Villón

Carta C

BOCAFELIZ
Conservas de Pescado
Avenida de Pontevedra, 2 – 36300 VIGO

Ingos Fischimport
Große Elbstraße 51
D-22767 Hamburg
Alemania

Su carta	N/carta	Su ref.	Vigo,
13 oct...	–	rw/hk	22 de octubre de...

Asunto: Pasta de anchoa BOCAFELIZ – nuestra factura 45/2518/11

Estimados señores:

Acabamos de recibir las muestras anunciadas en su carta.

Reconocemos que el producto difiere de los envíos anteriores en su aspecto y sabor. En efecto, hemos modernizado la fabricación y elaborado una nueva fórmula para mejorar el sabor. Estamos muy orgullosos de este progreso y convencidos de obtener así mejores resultados de venta.

Como se habían terminado las existencias del producto que recibieron anteriormente, les suministramos el nuevo producto al mismo precio; de forma que no podemos aceptar que deduzcan el descuento de nuestra factura.

Comprobarán que con la nueva fórmula aumentarán sus ventas, pues el precio no cambia.

En caso de que no deseen quedarse con la mercancía, les rogamos nos la devuelvan por SPEDITRANS.

Si no les avisamos de los cambios de producción, fue por estar convencidos de enviarles un producto mejorado y más fácil de vender.

Esperando sus instrucciones, les saludamos atentamente.

BOCAFELIZ, S.A.

Vázquez

Vázquez
Gerente

6.1 Modelos de cartas

¿¿¿PREGUNTAS???

Carta A de Tejeda & Cajal

1. ¿Cuál es el motivo de la carta?
2. ¿Por qué se retrasó la entrega de la mercancía?
3. ¿Por qué no dudaron en confirmar los señores Tejeda & Cajal el pedido?
4. ¿Cómo se presenta ahora la situación laboral de la empresa?
5. ¿Qué prometen los señores Tejeda & Cajal?
6. ¿Cuándo podrán contar los señores Schlegel & Söhne con la mercancia?
7. ¿A qué tipo de inconvenientes se refieren los señores Tejeda & Cajal?
8. ¿Qué haría usted al recibir esta carta si fuera el jefe de la casa alemana?

Carta B de Flor de Azahar

1. ¿Qué había ocurrido para dar motivo a esta carta?
2. ¿A qué se atribuyen los errores y perjuicios?
3. ¿Qué medidas ha tomado la empresa Flor de Azahar para solucionar este caso y evitar futuras reclamaciones?
4. Comente el tono de esta carta.

Carta C de Bocafeliz

1. ¿Por qué rechaza Bocafeliz la reclamación de Ingos Fischimport?
2. ¿Qué había exigido Ingos Fischimport?
3. Describa la actitud del fabricante frente a su cliente.
4. ¿Qué debe tener en cuenta el cliente si devuelve la mercancía?

6.2 Elementos de una respuesta a una reclamación

6.2.1 Razones y explicaciones de retrasos y diferencias

- enfermedad de muchos trabajadores/empleados
- escasez de materias primas
- falta de piezas prefabricadas
- avería de una máquina
- huelgas
- errores en el departamento de expedición o del agente de transportes (la compañía naviera, aérea, la empresa de ferrocarriles)
- trato inadecuado durante el transporte
- negligencias al embalar la mercancía, embalaje inadecuado
- fuerza mayor: catástrofes naturales (incendios, inundaciones, tormentas), guerras

6.2.2 Frases modelo

Estudie y comente

Expresar disculpas
Sentimos mucho no haber podido cumplimentar este pedido a tiempo.
Lamentamos el retraso/el error cometido.
Sentimos haberles dado motivo para formular una reclamación.

Examinar el caso
Examinaremos la cuestión inmediatamente.
Iniciaremos investigaciones/indagaciones respecto a . . .
Nos pondremos en contacto con el transportista.
Hemos pedido a la compañía aérea que aclare el caso.

Aceptar/rechazar la reclamación
Reconocemos el perjuicio/el daño/la validez de su reclamación.
No negamos que el error se cometió en nuestro departamento de . . .

No vemos ningún motivo para aceptar su reclamación.
Su reclamación no nos parece justificada.

Explicar las causas del percance
El retraso se produjo por falta de/porque . . .
El error se debe a una negligencia de . . .
La falta debe atribuirse a un malentendido entre . . .
El error fue cometido por . . .
El percance fue ocasionado por...
Se confundieron los números de referencia en nuestro departamento de expedición.

Proponer soluciones
Acabamos de entregar el envío de reemplazo al transportista.
Estamos dispuestos a reemplazar/reparar los artículos dañados.
Estamos dispuestos a retirar la mercancía.
Les ofrecemos una indemnización del . . . por ciento del total de la factura.
Aceptamos la devolución de la mercancía con los gastos de transporte a nuestro cargo.
Deduciremos el importe de € . . . de nuestra factura.
Para complacerles, abonaremos € . . . en su cuenta.

Prometer mejora del servicio
En el futuro, no encontrarán/hallarán motivo para una reclamación.
Haremos todo lo que esté a nuestro alcance/todo lo posible para que el incidente no se repita.
Les rogamos acepten nuestras sinceras excusas por . . .
Esperamos que estén satisfechos con este arreglo.

6.3 Ejercicios de gramática

A. Ponga la forma correcta (tiempo y modo) del verbo indicado:

(1) Estimados señores:
Referente a su reclamación del 15 del corriente, nos (sorprender) . . . (1) . . . leer que casi todos los ceniceros de la caja n.° 1 (llegar) . . . (2) . . . rotos. Según (constar) . . . (3) . . . en el conocimiento, el embalaje (atenerse) . . . (4) . . . a las normas para transporte marítimo. Por eso, (pensar) . . . (5) . . . que su queja (carecer) . . . (6) . . . de justificación. Dado que este riesgo (estar) . . . (7) . . . cubierto por el seguro de transporte, les recomendamos que (comunicar) . . . (8) . . . el daño a la compañía de seguros. Esperamos que este incidente no (afectar) . . . (9) . . . a nuestras excelentes relaciones comerciales y les (saludar) . . . (10) . . . atentamente.

(2) Estimados Sres.:
(acusar) . . . (1) . . . recibo de su carta del 10 cte. y (sentir) . . . (2) . . . mucho que la remesa (llegar) . . . (3) . . . con 10 días de retraso.
No nos (poder) . . . (4) . . . explicar esta demora porque la remesa (estar) . . . (5) . . . correctamente embalada y la (despachar) . . . (6) . . . a tiempo por ferrocarril.
De todos modos, (iniciar) . . . (7) . . . indagaciones para averiguar la causa de la demora, y les (volver) . . . (8) . . . a mandar un fax tan pronto como (encontrar) . . . (9) . . . una explicación satisfactoria.
Esperamos que – a pesar de los inconvenientes ocasionados - (seguir) . . . (10) . . . favoreciéndonos con sus pedidos, que (esforzarse) . . . (11) . . . en ejecutar siempre con el mayor esmero.
Les (saludar) . . . (12) . . . atentamente.

B. Ponga las preposiciones y los artículos necesarios:

Acabamos . . . (1) . . . recibir su carta . . . (2) . . . 2 . . . (3) . . . corriente . . . (4) . . . que nos informan . . . (5) . . . nuestro error. Sentimos mucho . . . (6) . . . haberles dado motivo . . . (7) . . . reclamación.
El error se debe . . . (8) . . . una negligencia . . . (9) . . . nuestro departamento de expedición. Les aseguramos, sin embargo, que haremos todo lo que esté . . . (10) . . . nuestro alcance para que no vuelva . . . (11) . . . ocurrir un incidente tan grave.
Hemos entregado hoy el envío . . . (12) . . . reemplazo . . . (13) . . . nuestro transportista.

La partida les llegará . . . (14) . . . 22 . . . (15) . . . marzo. Además, estamos dispuestos . . . (16) . . . aceptar la devolución . . . (17) . . . la mercancía y . . . (18) . . . correr . . . (19) . . . gastos . . . (20) . . . transporte.

6.4 Ejercicios de vocabulario y construcción de frases

A. Ponga el sustantivo correspondiente:

Ejemplo:
reclamar – . . . *reclamación*

1. investigar – . . . .
2. dañar – . . . .
3. perjudicar – . . . .
4. aceptar – . . . .
5. rechazar – . . . .
6. justificar – . . . .
7. malentender – . . . .
8. devolver – . . . .
9. abonar – . . . .
10. reemplazar – . . . .
11. indemnizar – . . . .

B. Sustituya las palabras *en cursiva* por sinónimos:

Muy señores nuestros:
Les agradecemos su escrito del 16 de abril, en *el* que nos informan que *en vez del* modelo XCA recibieron el modelo XBB.
Lamentamos que este error les haya *causado* tantos *inconvenientes*. Para complacerles, hemos *despachado* hoy el modelo *deseado* por vía *aérea*, vuelo LH 647.
Esperamos que este error nuestro no *perturbe* nuestras *buenas* relaciones comerciales. Les *aseguramos* que en el futuro volveremos a ejecutar todos sus pedidos con el mayor *esmero*.
Atentamente

C. Respuesta de la casa Marina Real, S.A., de Tarifa (Cádiz) a la casa Seafood-Import GmbH de Hamburgo:

El ordenador se ha vuelto loco y ha desordenado toda la carta.
Ordénela y escríbala de nuevo:

1	>...	Lamentamos profundamente los inconvenientes
2	>...	Acusamos recibo de su carta
3	>...	de algunos errores
4	>...	El error, que confiamos no vuelva a repetirse,
5	>...	en la ejecución de su pedido n.° 7569 (atún).
6	>...	Estimados señores:
7	>...	Muy atentamente,
8	>...	que ello haya podido causarles.
9	>...	en la que nos advierten
10	>...	Hemos dado instrucciones a nuestro almacén
11	>...	Tarifa, 14 de enero de . . .
12	>...	del 10 de diciembre pasado,
13	>...	para que, por transporte urgente a nuestro cargo,
14	>...	fue debido a un fallo (1)
15	>...	en la colocación (2) de los diferentes formatos en nuestro almacén.
16	>...	pedidas por ustedes.
17	>...	Reiteramos (3) nuevamente nuestras disculpas
18	>...	Con referencia a la mercancía erróneamente suministrada,
19	>...	en nuestras excelentes relaciones comerciales.
20	>...	José Luis Muñiz García
21	>...	Director – General
22	>...	aceptamos su propuesta
23	>...	les repongan (4) las mercancías.
24	>...	y confiamos en que este incidente no tenga repercusión (5)
25	>...	de abonarles (6) el 15 % de su valor.

D. Describa los antecedentes (7) de esta carta.

Vocabulario:
(1) el fallo – der Fehler
(2) la colocación – die Anordnung (Lagerung)
(3) reiterar – wiederholen
(4) reponer – ersetzen
(5) la repercusión – hier: die negativen Auswirkungen, Folgen
(6) abonar – gutschreiben
(7) los antecedentes – die Vorgeschichte

6.5 Ejercicios de redacción

A. Aufgabe
Verfassen Sie auf der Grundlage dieser Beschwerde eine Antwort an die Firma Tandem, S.A., und berücksichtigen Sie die handschriftlichen Anmerkungen Ihres Chefs.

Tandem, S.A.
Avenida Rey Don Jaime, 12 · 12000 Castellón

Werdin & Schreiner
Bleichstr. 175
D-75173 Pforzheim

Castellón, 2 de febrero de...

Estimados Sres.:

Sorry! Auftrag übersehen

El 17 de noviembre del año pasado les pasamos un pedido de 2 000 relojes de péndulo "Pelikan" (n.° 6439), indicando expresamente que la entrega debía efectuarse antes del 31 de enero. Ustedes confirmaron este pedido debidamente, pero, hasta la fecha, no hemos recibido ni la mercancía ni el aviso de despacho.

Fehler der Versandabteilung

Dado que debemos cumplir los compromisos ya contraídos con nuestra clientela, necesitamos los artículos urgentemente. Por este motivo, tenemos que insistir en que el envío llegue antes del 16 de febrero. De no suministrar ustedes los relojes dentro del nuevo plazo, nos veremos obligados a anular el pedido, y además les haremos responsables de las pérdidas sufridas.

Atentamente

Ware heute per LKW mit Spedition Schaber abgeschickt/ eintreffen 10. Feb.

Nochmals entschuldigen.

Jaime García
Jaime García

Vocabulario:
escapar a nuestra atención – übersehen

B. Sie arbeiten für die Firma Heinz König GmbH & Co. KG, Frankfurt, und antworten auf einen Brief von der Firma Alfaya & Aguirre, Valencia, in dem diese sich über die verspätete Lieferung von 150 Bürostühlen beschwert.

1. Bestätigen Sie den Erhalt der Beschwerde vom 3. d. M.
2. Drücken Sie Ihr Bedauern über die 5-tägige Verzögerung aus.
3. Sie können sich diesen Verzug nicht erklären:
   Die Sendung wurde rechtzeitig per Bahn abgeschickt und war korrekt verpackt.
4. Nachforschungen wurden bereits eingeleitet, um die Ursache des Verzugs herauszufinden (1).
5. Sie werden die Firma Alfaya & Aguirre per Fax benachrichtigen, sobald eine zufriedenstellende Erklärung vorliegt.
6. Bitten Sie noch einmal um Entschuldigung für die durch den Verzug entstandenen Unannehmlichkeiten.
7. Drücken Sie Ihre Hoffnung aus, dass diese Angelegenheit Ihre bisher ausgezeichneten Geschäftsbeziehungen nicht beinträchtigt.

Vocabulario:
(1) herausfinden – averiguar

C. Sie arbeiten für die Firma Fischer & Co., Berlin, und haben einen Brief von der Firma Mateo & Sanz, Teruel, erhalten, in dem diese sich über einen Lieferungsverzug beschwert.

1. Danken Sie für den Brief vom 10. April.
2. Bedauern Sie, dass die Uhren mit 3-tägiger Verspätung ankamen.
3. Die Sendung wurde dem Spediteur wie vereinbart am 2. April übergeben.
4. Sie haben sich gestern, sofort nach Erhalt des Briefes, mit Herrn Müller der Spedition Müller & Ahrends in Verbindung gesetzt und ihn um Erklärung gebeten.
5. Nach Aussage von Herrn Müller: Kurz vor Abfahrt des Lastwagens wurden wichtige Sendungen für Perpignan und Toulouse angenommen. Außerdem hatte der LKW bei Barcelona einen Motorschaden.
6. Es ist das erste Mal, dass diese Spedition unpünktlich war; im Wiederholungsfall: Einschaltung einer anderen Spedition.
7. Sie bitten noch einmal um Entschuldigung für die durch Verzug entstandenen Unannehmlichkeiten.
8. Drücken Sie Ihre Hoffnung aus, dass die Firma Mateo & Sanz weiterhin ihr Vertrauen in Ihre Firma setzt.

D. Mangelhafte Verpackung:
Die Firma Schreiber KG, Ulm hatte zerbrochenes Porzellan erhalten.
Sie als Mitarbeiter des Herstellers Porvasa, S. A., Castellón, nehmen dazu Stellung.

1. Danken Sie für die Bescheinigung der Behörden.
2. Sie bedauern den Vorfall sehr und glauben, dass der Spediteur die Ware nicht vorsichtig genug behandelt hat.

3. Sie werden sich mit dem Spediteur in Verbindung setzen und ihn für den Schaden aufkommen lassen.
4. Sie haben inzwischen neue Ware auf den Weg gebracht und den Rat Schreibers befolgt, die Zwischenräume mit noch mehr Sägespänen auszufüllen, um die Ware vor Stößen zu schützen.
5. Sie werden in Zukunft Ware noch besser verpacken, um derartige Vorfälle in Zukunft zu vermeiden.
6. Sie bieten einen Nachlass von 5 % auf den Rechnungsbetrag an.
7. Bitten Sie um Entschuldigung und drücken Sie Ihre Hoffnung auf eine Fortsetzung der bisher guten Geschäftsbeziehungen aus.

E. Qualität:
Die Firma Samsuri, Cuenca, hat wieder eine Reklamation ihres französischen Abnehmers wegen mangelhafter Verarbeitung ihrer Schuhe erhalten.

1. Überraschung ausdrücken über erneute Reklamation wegen schlechter Qualität des Leders und der Nähte.
2. Haben die gleichen Modelle auch an eine deutsche und eine dänische Firma geliefert; bisher keine Beanstandung.
3. Dänen und Deutsche sind auch sehr anspruchsvolle Kunden.
4. Vorschlag, der französische Kunde möge eines oder mehrere Muster zur Überprüfung des Sachverhalts schicken.
5. Sollten die Behauptungen des Kunden zutreffen: Bereitschaft, neue Ware zu liefern oder einen Nachlass zu gewähren.
6. Erwarten Nachricht.

F. Qualität:
Vinos de la Rioja, S. A., Haro, hat eine Reklamation von der Firma Winemaster Ltd., Manchester erhalten, worin man sich über die Qualität des Roséweines beschwert. Der gelieferte Wein entspreche nicht dem Muster, er sei zu sauer.

1. Überraschung über die Reklamation.
2. Haben diese Qualität auch in andere Länder geliefert; bisher keine Beanstandung.
3. Verwunderung, da es sich schon um die dritte Reklamation dieser Art aus Manchester handelt.
4. Bitte um Zusendung einiger Flaschen, damit in Haro eine Analyse in einem unabhängigen Labor durchgeführt werden kann.
5. Die Analyse könnte auch in England durch einen unabhängigen Chemiker oder eine zuständige (1) Behörde durchgeführt werden.
6. Sollte das Ergebnis der Laboranalyse die Behauptungen des Kunden bestätigen: Bereitschaft, einen Nachlass zu gewähren oder die Ware zurückzunehmen.
7. Bitte um Nachricht.

Vocabulario:
(1) zuständig – pertinente

6.6 Ejercicios de traducción

A. Antwort auf eine Beschwerde über Lieferungsverzug

Auftrag Nr. 4356

Sehr geehrte Damen und Herren,

wir haben Ihr Schreiben vom 23. Januar erhalten, in dem Sie wegen des Lieferungsverzugs der von Ihnen bestellten Mikrofone (1) mahnen (2).
Leider müssen wir Ihnen mitteilen, dass wir die vereinbarte Frist nicht einhalten konnten, da eine wichtige Maschine ausfiel (3) und wir eine Woche brauchten, um sie zu reparieren. Inzwischen haben wir die Produktion mit voller Leistung (4) wieder aufgenommen (5), sind jedoch immer noch mit der Ausführung der Aufträge im Rückstand.
Wir versprechen Ihnen, die Mikrofone so schnell wie möglich fertigzustellen und sie Ihnen dann per Luftfracht zuzuschicken. Wahrscheinlich können wir die Ware innerhalb einer Woche abschicken. Die zusätzlichen Kosten gehen natürlich zu unseren Lasten.
Wir hoffen, dass wir Ihnen durch den unfreiwilligen Lieferungsverzug keine größeren Unannehmlichkeiten verursacht haben und Sie auch weiterhin Ihr Vertrauen in unsere Firma setzen.

Mit freundlichen Grüßen,

Vocabulario:
(1) das Mikrofon – el micrófono
(2) wegen etwas mahnen – reclamar algo
(3) ausfallen – hier: fallar
(4) mit voller Leistung – a pleno rendimiento
(5) wiederaufnehmen – reanudar

B. Antwort auf eine Reklamation wegen Lieferungsverzug[1]

Ihre Reklamation vom 22.04. .../Büromöbel/Unsere Rechnung Nr. C205

Sehr geehrte Damen und Herren,

wir bedauern sehr, Ihren Auftrag Nr. 780 vom 12.02. ... nicht rechtzeitig ausgeführt zu haben. Als wir Ihnen unsere Auftragsbestätigung schickten, konnten wir jedoch nicht vorhersehen, dass einer unserer Holzlieferanten seine Produktion wegen eines Streiks unterbrechen würde. Dadurch haben wir ca. vier Wochen, in denen wir Ihre Möbel hätten herstellen können, verloren.

[1] *siehe Anmerkung Seite 144*

Inzwischen haben wir die zugesagte Lieferung erhalten und können wieder zur normalen Produktion zurückkehren. Wir sind immer noch im Rückstand, doch da Sie einer unserer besten Kunden sind, haben wir mit der Ausführung Ihrer Bestellung zuerst begonnen. Sie können damit rechnen, dass die Möbel noch vor dem von Ihnen bestimmten Termin geliefert werden.

Wir bitten Sie, die Unannehmlichkeiten zu entschuldigen, und hoffen, dass dieser Vorfall unsere guten Geschäftsbeziehungen nicht beeinträchtigen wird.

Mit freundlichen Grüßen,

C. Antwort auf eine Beschwerde wegen falsch gelieferter Ware

(Datum)

Sehr geehrte Damen und Herren,

wir haben gerade Ihre Reklamation vom 8. April erhalten. Wir bedauern sehr, dass Ihr Auftrag nicht zu Ihrer vollständigen Zufriedenheit ausgeführt worden ist und wir Ihnen dadurch Unannehmlichkeiten verursacht haben.

Selbstverständlich werden wir Ihnen die falsch gelieferten Uhren umgehend ersetzen. Bereits morgen werden wir die entsprechende Sendung mit dem Flug Nr. LH 548 frachtfrei an Sie abschicken.

Als Ausgleich für die Ihnen eventuell entstandenen Kosten, sind wir außerdem bereit, Ihnen einen Preisnachlass von 35 % zu gewähren.

Wir bitten Sie nochmals, die Ihnen verursachten Unannehmlichkeiten zu entschuldigen.

Mit freundlichen Grüßen,

"Sí, claro que hemos recibido su reclamación..."

D. Antwort auf eine Reklamation wegen beschädigter Ware

6.000 Tuben Zahnpasta – Ihr Auftrag 1235 – Unsere Rechnung Nr. 345

Sehr geehrte Damen und Herren,

wir bedauern sehr, dass Sie uns wegen unserer letzten Sendung eine Reklamation schicken mussten.

Soeben haben wir uns mit dem Spediteur in Verbindung gesetzt, der uns mitteilte, dass der Fahrer des LKW eine Kiste im Lager vergessen hatte. Diese Kiste ist heute Morgen per Flugzeug an Sie abgeschickt worden.

Was die beschädigte Ware betrifft, so lassen Sie uns bitte wissen, wie viele Schachteln feucht sind, damit wir Ihnen sofort die entsprechende Anzahl per Post schicken können.

Bezüglich der Aufmachung der Schachtel mit dem Aufdruck (1) „Sunshine" muss es sich um ein Missverständnis handeln. In Ihrem Fax war nicht angegeben, dass die Ware den Namen Ihres Hotels tragen sollte, und wir hatten diese Kosten (2) auch nicht in unsere Kalkulation einbezogen.

Da Sie aber einer unserer besten und langjährigen Kunden sind, sind wir bereit, einen Teil der Druckkosten (3) zu tragen, ohne damit einen Präzedenzfall zu schaffen. Bitte schicken Sie uns eine Kopie der Rechnung. Wir werden Ihnen dann 5O % des Betrages gutschreiben.

Hinsichtlich der Schäden, die während des Transports entstanden sind, können wir Ihnen versichern, dass sich ein solcher Vorfall nicht wiederholen wird, da wir den Spediteur gewechselt haben. Die Firma EUROSPED versicherte uns, alle Sendungen äußerst sorgfältig zu behandeln.

Bitte entschuldigen Sie diesen Vorfall. In Zukunft werden Sie keinen Grund mehr zur Reklamation haben.

Mit freundlichen Grüßen,

Vocabulario:
(1) Aufdruck – (hier:) con la marca impresa „Sunshine"
(2) Kosten – los costos
(3) Druck – . . . de imprenta

6.7 Pasatiempos

A. Salto a caballo

Entre este lío de sílabas se encuentra escondido un refrán español.
¿Cómo descubrirlo? Muy sencillo: Siga los movimientos del caballo de ajedrez.

PRI	DI	BLI	
O	CION	ES	
VER	ME	LA	GA
QUE	LA	SION	RO

¿De acuerdo?

B. Trabalenguas

Diga este trabalenguas lo más rápido posible:

Pedía sin poder pedir lo que pedía,
pues pedir sin poder lo que se puede
es pedir sin poder lo que se pide;
ya el pedir lo que se pide sin poder
equivale a pedir lo que pedir no podía
aún habiendo pedido lo que no podía pedir.

C. Refranes

(1) No hay rosas sin espinas.

(2) A lo hecho, pecho.

Interprete estos dos refranes en relación a la respuesta de reclamación y compárelos.

Unidad 7:

El representante

Negocio de exportación:

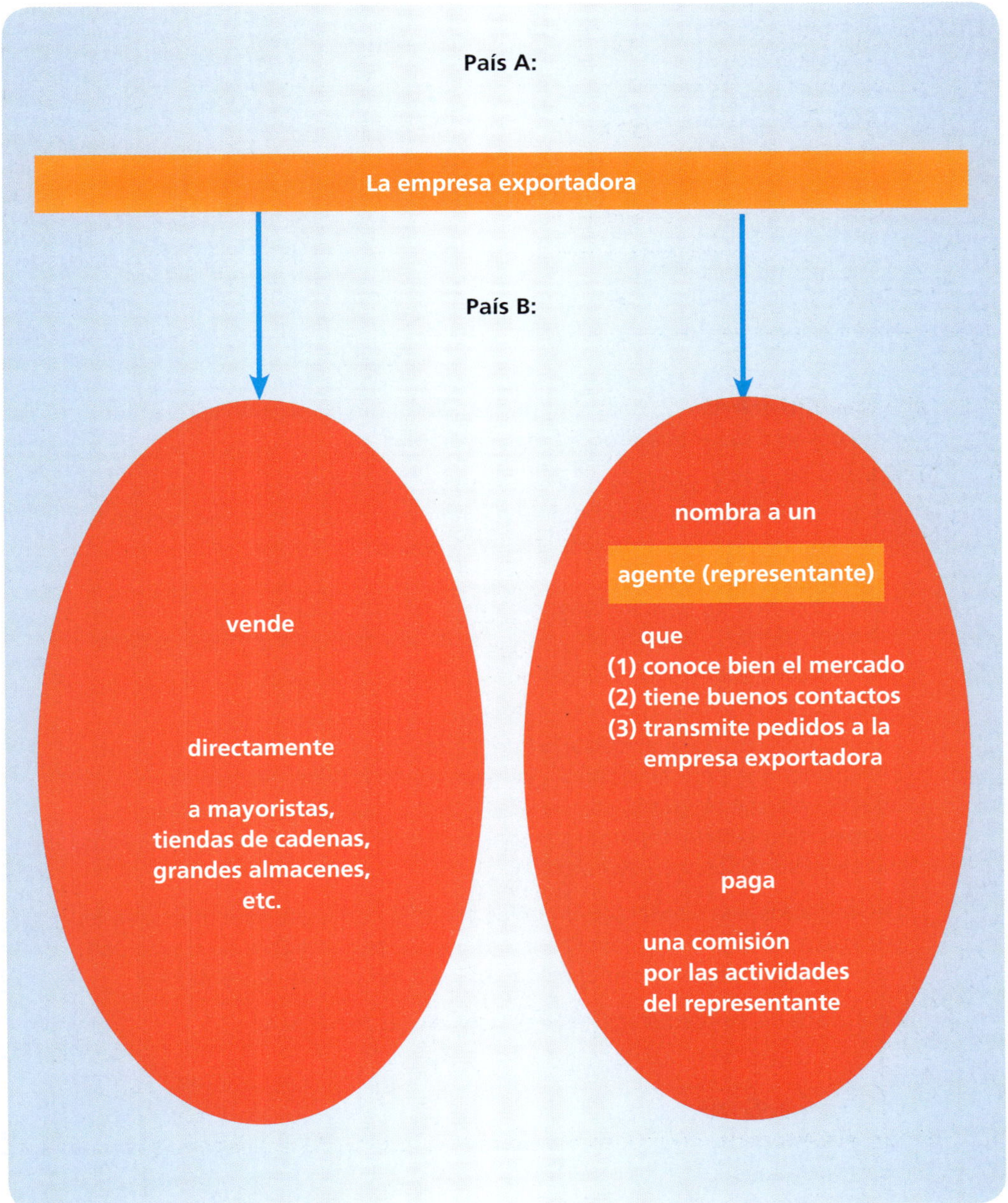

La empresa del país A puede nombrar a un agente también para la importación de productos.

Carta A

HISPANO
Service GmbH & Co.
Peutestr. 16 · D-20539 Hamburg
Tel.: 040 7893486 · Fax: 040 7893621
www.hispanoservice.de

MET-PAL S.R.L.
Av. Corrientes 5230 – 3er piso
(1043) Buenos Aires
República Argentina

Hamburg,
16 de septiembre de...

Ofrecimiento de servicios

Muy señores nuestros:

A través de la Sra. Mónica González del Consulado Argentino de Hamburgo nos hemos enterado de que están buscando un representante para comercializar sus productos en Alemania.

Somos una firma alemana de consultoría y marketing, especializada en asesoría y en establecer contactos entre empresas procedentes de los países de habla hispana y empresas alemanas.

Les ofrecemos un amplio apoyo a la hora de introducir sus productos en el mercado alemán, estableciendo para Uds. los primeros contactos, atendiendo y visitando a sus clientes.

La Sra. González nos ha informado también de que necesitan a alguien que realice la adquisición de algunas materias primas y equipos indispensables para la producción industrial, tarea que podremos asumir con mucho gusto en cuanto hayamos establecido una base de cooperación satisfactoria para ambas partes. Para ello, pondremos todos nuestros servicios a su disposición.

Les rogamos nos hagan saber cuáles son sus necesidades e intereses en particular. Incluyan, por favor, sus datos específicos sobre su capacidad de producción, el volumen exportable, las condiciones de venta, etc.

En espera de su respuesta, les saludamos atentamente.

Klaus Rivas

Klaus Rivas
rivas@hispanoservice.de
HISPANO Service – Marketing & Consulting für spanischsprachige Länder

Carta B

MET-PAL S.R.L.

Av. Corrientes 5230 – 3er piso – (1043) Buenos Aires – República Argentina
Tel.: 00541 797 8872 · Fax: 00541 794 8284

HISPANO Service GmbH & Co.
Peutestr. 16
D-20539 Hamburg

Su fax del 16 de septiembre de...

Buenos Aires, 29 de septiembre de...

De nuestra mayor consideración:

Les agradecemos su carta del 16.9... y el interés que muestran en representar a nuestra empresa en el mercado alemán, prestando sus servicios para introducir nuestros productos.

Nuestra empresa fue fundada en 1960 a fin de abastecer a la industria papelera con telas metálicas destinadas a máquinas de papel. Debido al avance de la tecnología, estas telas se fabrican hoy en día únicamente con hilado de poliéster en lugar de bronce fosforoso.

Actualmente, cubrimos el 70 % del mercado local y estamos realizando el 25 % de nuestra facturación sobre todo con los países latinoamericanos y también Estados Unidos, Europa y Japón, a total satisfacción de nuestros clientes en lo que a calidad y servicio se refiere.

Nuestra fábrica está ubicada en el Gran Buenos Aires y consta de 3 naves y un edificio administrativo, siendo el total edificado de 10000 m^2 sobre un terreno de 18000 m^2. El total del personal empleado es de 150 personas.

Dado que nuestro producto es sumamente técnico y específico, se requieren ciertos conocimientos para poder asesorar correctamente a nuestra clientela como, por ejemplo, saber recomendar los diseños adecuados de nuestras telas para la producción de determinados tipos de papel y cartones. Para ello, es imprescindible disponer de una persona que posea conocimientos técnicos de la industria papelera. En caso de que dispongan de una persona experimentada en esta área, existe la posibilidad de realizar un entrenamiento de unas pocas semanas aquí o, en si no fuera posible, en alguna de nuestras compañías asociadas en Europa.

Como podrán apreciar, nuestro producto es sumamente especial y, para que puedan familiarizarse un poco más con él, les adjuntamos algunos folletos ilustrativos.

Además, proponemos que en la próxima visita que efectúe nuestro presidente, el Sr. Taragán, a Alemania, aproveche la ocasión para mantener una entrevista con ustedes y discutir personalmente las posibilidades y formas de abordar este proyecto.

Esperamos que este primer intercambio de opiniones sea el comienzo de una relación positiva y amistosa para ambas partes.

Quedando a la espera de sus noticias, les saludamos muy atentamente.

Jorge Moreno

Jorge Moreno
Director
Anexo: folletos

Carta C

Carlos Werner

Representaciones
Hamburgo
www.wernerrep.de

COCOEXPORT
Casilla 4883
Caracas/Venezuela

12 de diciembre de...

Estimados señores:

Refiriéndome a su anuncio aparecido en "Economics" del día 8 de diciembre me permito ofrecerles mis servicios respecto a la colocación de su producto "pulpa de coco" en el mercado europeo.

A lo largo de los últimos 10 años he actuado como representante de diversas empresas latinoamericanas que exportan a Europa materia prima (café, cacao y nueces) para la elaboración de chocolate y distintos dulces de consumo masivo.

En relación a la materia prima que ustedes producen, estoy en capacidad de colocarla en reconocidas compañías de Europa, especialmente en la red Bélgica/Luxemburgo/Holanda.

Actualmente trabajo como representante exclusivo de las firmas "Paulista" de Brasil y "Tocorón" de Venezuela, a las cuales pueden dirigirse para solicitar referencias.

Estoy muy interesado en que ustedes me concedan la representación exclusiva de su producto. A cambio de mis servicios espero recibir un 10 % de comisión durante el primer año de trabajo y un 15 % a partir del segundo año.

Con motivo de mi viaje a Venezuela entre los días 15 y 21 del próximo mes, podríamos mantener una reunión con la finalidad de intercambiar opiniones al respecto y hacer un primer esbozo de nuestra posible relación comercial.

Atentamente

Carlos Werner

Carlos Werner
carlos.werner@t-online.de

Carta D

COCOEXPORT

Caracas/Venezuela

Sr. D. Carlos Werner
Representaciones
Ballindamm 12
D-20095 Hamburgo

20 de diciembre de...

Estimado señor Werner:

Con gran interés hemos leído su carta del 12 de diciembre de... en la cual nos ofrece sus servicios.

Estamos interesados en la colocación de nuestros productos en los países que nombra, aunque ya estamos vendiendo grandes cantidades en Bélgica. Sin embargo, estaríamos dispuestos a incluir este país en un contrato de representación si llegáramos a ponernos de acuerdo sobre las condiciones.

Como usted tiene la intención de visitar nuestro continente durante el próximo mes, nos parece una buena oportunidad para reunirnos y discutir los detalles. El jefe del departamento de exportaciones, el Sr. Da Silva, estará en Caracas los días 19 y 20, dispuesto a entrevistarse con usted para aclarar todas las modalidades y preparar un contrato para el primer año de prueba.

En general, concedemos una comisión del 10 % que se podría aumentar a partir del segundo año, siempre dependiendo de las ventas logradas durante el período de prueba. Además, re nos comprometeremos a no contratar a ningún otro representante durante ese año.

Toda la mercancía será suministrada y facturada por nosotros directamente a los clientes. La comisión será calculada sobre el valor FOB. Le reembolsaremos los gastos ocasionados por los anuncios publicados en revistas especializadas que usted escoja.

Además, para lanzar nuestro producto, pondremos a su disposición una cantidad determinada de muestras.

Esperamos conocer en breve la fecha exacta de su visita y aprovechamos la ocasión para saludarle y desearle Feliz Navidad y un Próspero Año Nuevo.

Atentamente

J. Jigueira
COCOEXPORT
Jigueira
Gerente

Carta E

ADLER-Werke AG
Olympiastraße 42 · 59075 Hamm/Westf.
www.adler.com

Multimedia Argentina S.A.
Apdo. 24800
1028 Buenos Aires/Argentina

15 de septiembre de...

Representación exclusiva

Estimados señores

Acabamos de recibir su pedido núm. A-132/14 y su solicitud de prórroga del contrato de representación exclusiva.

Les aseguramos que les enviaremos los recambios lo más pronto posible por vía aérea.

Por lo que se refiere a la representación exclusiva, lamentamos tener que comunicarles que nos sentimos obligados a rechazar su solicitud, ya que sus pedidos hasta ahora han sido de poca importancia. Dudamos que alcancen la cifra de ventas de $... que habíamos previsto para el próximo ejercicio; y, además, nos hemos dado cuenta de que, en los últimos 3 meses, Uds. no han ganado ningún cliente nuevo para nuestra empresa.

También hemos examinado detenidamente algunas revistas técnicas y hemos podido comprobar que la publicidad para el lanzamiento de nuestra marca es muy escasa.

Por estas razones sentimos tener que informarles que hemos decidido rescindir nuestro contrato con Uds. y conceder la representación exclusiva a una casa que promete mejores perspectivas para una colaboración fructífera.

Sentimos no poder darles noticias más alentadoras.

Les saluda muy atentamente.

Adler-Werke AG

Michael Ludwig

Michael Ludwig

Carta F

Manuel Blumenthal

Representante
Supervisor del área América Latina
Caracas/Venezuela

Latinobst KG
Fruchthof
D-22145 Hamburgo

Caracas, 13 de abril de...

Estimados señores:

Me complace saludarles en la oportunidad de informarles* acerca de mi reciente visita a varios países latinoamericanos con el fin de evaluar la calidad y las perspectivas de los productos que esta empresa planifica comprar.

En principio debo decirles que, a diferencia del último año, la cosecha de piña sufrió una merma considerable debido a una plaga que no pudo ser controlada en su totalidad. Por esta razón, no será posible adquirir dicho producto.

Sin embargo, seis de las diez haciendas visitadas en Colombia están en capacidad** de cubrir la creciente demanda de pulpa de mango a partir del próximo mes y durante cuatro meses más. Dos de estas mismas granjas han logrado un excelente resultado en la siembra de guayaba, por lo cual sugiero la inclusión de este producto como parte de la oferta del presente año. Los restantes cuatro centros de producción intensificaron la siembra de réspero y guanábana, motivo por el cual no se debe descartar la posibilidad de incluir ambos rubros***.

Respecto a los precios, lamento observar que han sufrido un incremento del 15 % en comparación con la última compra, debido a variaciones en la moneda local frente al dólar. No obstante, debo decir que la alta calidad y la variedad de la oferta compensarán el alza de los precios.

En cuanto a la introducción de frutas tropicales provenientes de cultivo orgánico, las perspectivas parecen positivas. Acabo de establecer contactos con varias firmas pertenecientes al llamado comercio alternativo, que trabajan en la colocación de estos productos. La idea principal de vender a precios justos productos que no están contaminados, porque no interviene ninguna sustancia química en su proceso de cultivo, va ganando terreno. Sin embargo, los cultivadores dependen todavía de la importación de biofertilizantes, así como de maquinaria adecuada para el trabajo de la tierra.

Dado que algunos productores latinoamericanos están muy interesados en colaborar con nosotros, tendremos que organizar una entrevista personal con un representante nuestro a fin de concretar y ahondar los detalles del trabajo conjunto.

Sin más a que hacer referencia y a la espera de una pronta respuesta respecto al siguiente procedimiento, se despide atentamente.

Manuel Blumenthal
Manuel Blumenthal

expresiones latinoamericanas: en España se escribiría:

* saludarles e informarles
** estar en condiciones de
*** los géneros

7.1 Modelos de cartas

¿¿¿PREGUNTAS???

Carta A de Hispano Service GmbH & Co.

¿Correcto o falso?

1. La casa Hispano Service está especializada en apoyar a empresas latinoamericanas que quieran actuar en el mercado alemán.
2. La casa Hispano Service debe la dirección de la empresa MET-PAL a la embajada argentina.
3. La casa Hispano Service se ofrece a cooperar ampliamente con la otra empresa.
4. La casa Hispano Service se ha enterado de que la empresa MET-PAL desea comprar materia plástica en Alemania.
5. La casa Hispano Service se ha informado detalladamente de las actividades de MET-PAL a través de la Sra. González.

Carta B de MET-PAL S.R.L.:

Invente un título para cada uno de los párrafos de la carta.

Carta C de Carlos Werner

1. ¿Por qué piensa usted que el Sr. Werner quiere obtener la representación de Cocoexport?
2. ¿Qué requisitos cumple el Sr. Werner para conseguir la representación de Cocoexport?
3. Describa las actividades de un representante.

Carta D de Cocoexport

1. ¿Cuáles serán los puntos que tendrán que discutir Carlos Werner y la compañía Cocoexport?
2. ¿De qué dependen los ingresos del representante?
3. ¿Qué apoyo propone Cocoexport para vender su producto en Europa?

Carta E de Adler-Werke AG

1. Comente la relación entre Adler-Werke AG y su representante argentino actual.
2. ¿Cuáles son los motivos para rescindir el contrato?

Carta F de Blumenthal

1. ¿Qué dificultades específicas encuentra Manuel Blumenthal en Latinoamérica?
2. ¿Qué perspectivas ve para futuros negocios entre Europa y Latinoamérica?

7.2 Frases modelo

A. Ofrecimiento de servicios y respuesta:

vertreten
Les agradecemos su interés por/en **representar** a nuestra casa.
Ya **representamos** a varias casas importantes.

die/eine Vertretung aufbauen/vergeben
Quisiéramos **establecer una agencia** en su país.
Le **concederíamos/confiaríamos la representación** de nuestra casa si . . .

die Alleinvertretung
Nos complacería concederle **la representación exclusiva** de nuestros productos en ese país.

als Vertreter tätig werden
Quisiéramos saber si Ud. estaría dispuesto a **actuar como agente** nuestro en Buenos Aires.

Provision
Su **comisión** depende del total de las ventas.
Le abonaremos el 5 % de comisión por las ventas realizadas.
La liquidación de la comisión se efectuará semestralmente.

Werbungs-/Reisekosten vergüten
Le **abonaremos/reembolsaremos los gastos de publicidad/viaje**.

erfahren
Hemos **sabido** que su casa está buscando un representante/un agente para . . .
Nos hemos enterado de que su casa . . .

B. Informe de mercado:

steigen/sich erhöhen
Los precios **han aumentado/subido/se han incrementado**.
La población de Chile subirá **(en)** 2 millones/(***en***) un 3 %.
a 15 millones.

sinken
Los precios **han bajado/han caído** (bruscamente).
Las ventas **han descendido/han disminuido/se han reducido**.
La población de Alemania bajará (***en***) 2 millones/(***en***) un 5 %.
a 75 millones.

verdoppeln/verdreifachen . . .
El volumen de ventas **se ha duplicado.**
se ha triplicado.
se ha cuadruplicado.

sich verbessern/sich ändern
Las condiciones **han mejorado** mucho.
Las condiciones **han cambiado** mucho.

zurückzuführen sein auf
La subida de los precios **se debe** a
La subida de los precios **es la consecuencia de**
La subida de los precios **es el resultado de**
} la creciente demanda.

7.3 Ejercicios de gramática

A. Ponga la forma correcta del verbo indicado:

Ejemplo: Espero que (Ud./aceptar) . . . *acepte* . . . nuestro contrato.

1. Existen buenas perspectivas de venta en caso de que la calidad (encontrar) . . . buena acogida.
2. Parece que (haber) . . . excelentes posibilidades de venta.
3. Buscamos un agente que (saber) . . . alemán.
4. Estamos convencidos de que sus productos (venderse) . . . bien en este mercado.
5. Dudamos mucho de que nos (ser) . . . posible vender sus artículos a este precio.
6. Le recomiendo que no (ofrecer) . . . este artículo a un precio tan bajo.
7. Es evidente que (existir) . . . una fuerte competencia.
8. Preferimos una casa que (tener) . . . buenas relaciones con los fabricantes del sector.
9. Les aseguramos que (nosotros/disponer) . . . de todos los medios para ayudarles.
10. Les rogamos (devolvernos) . . . el contrato.

"BUENO", "BIEN"

Recuerde
Esperamos que la mercancía llegue en **buen** estado. (adjetivo)
Los productos japoneses son de **buena** calidad. (adjetivo)
Tenemos una red de representantes **bien** establecida. (adverbio)

B. Ponga la forma correcta de *bueno* o *bien*:

1. No se sabe muy . . . cómo se desarrollará la situación del mercado.
2. Hay . . . perspectivas de venta para el lanzamiento de este modelo.
3. Las salas de exposición están . . . equipadas.
4. Estamos seguros de poder ofrecerles . . . servicios.
5. Sus productos encuentran . . . acogida en este país.
6. Sus productos se venden muy . . .
7. Se trata de un modelo bastante . . .
8. Chile promete ser un . . . mercado.
9. La marca japonesa está . . . representada aquí.
10. El señor García es un . . . comerciante.

Recuerde

El agente viaja por **todo el** país.
El agente viaja por **toda** Sudamérica.
El agente viaja por **todos** lados.
Todos viajarán a Venezuela.
Todo es posible.

C. Ponga la forma correcta de *todo* y, en caso necesario, el artículo:

1. El representante sabe . . . sobre este asunto desagradable.
2. . . . viajantes han venido a la capital.
3. Las sucursales de nuestra empresa, las conoce . . . mundo.
4. . . . saben que después de las elecciones no cambiará nada en este país.
5. Los interesados vinieron de . . . partes.
6. . . . empresa pertenece a los dos hermanos.
7. . . . consumidores deberían ser informados.
8. Despacharon los recambios a . . . prisa.
9. . . . gente sabe que la corrupción florece en este país.

10. Es indispensable que tengamos siempre . . . piezas de recambio en las principales sucursales.
11. . . . depende de un servicio posventa eficaz.
12. . . . mercados parecen saturados.
13. . . . sabemos que la publicidad es muy importante.
14. . . . nuestros productos encuentran buena acogida en el mercado argentino.
15. . . . España es consciente del problema laboral.
16. Es importante que . . . colaboremos.
17. . . . ofertas deberán ser firmadas por el director del departamento.
18. Es necesario revisar . . . precios.
19. De . . . lados nos vinieron clientes quejándose.
20. Viajamos por . . . Chile sin lograr los resultados deseados.

"CUALQUIER(A)"

Estudie
Esto no se puede hacer de **cualquier** modo.
Cualquier persona puede hacer este trabajo.
Cualquiera puede hacer este trabajo.
(El plural – *cualesquiera* – casi no se usa.)

D. Ponga la forma adecuada:

1. No podemos contratar a . . . señora.
2. . . . le diría lo mismo.
3. . . . de nuestros representantes le diría lo mismo.
4. En . . . caso, es más barato ahora que dentro de unos meses.
5. Usted puede pedir . . . cosa a . . . hora del día o de la noche.
6. . . . otra empresa lo haría mejor.
7. . . . que haya viajado por Sudamérica conoce estos problemas.
8. Venga a . . . de nuestras tres sucursales y verá el gran éxito que tenemos.
9. Estamos en condiciones de enviarles . . . pieza en un plazo máximo de 24–48 horas.
10. Se trata de lanzar este producto en ese mercado, pero no de . . . manera.
11. Nuestra secretaria no se deja invitar por . . .
12. Le daremos . . . información que necesite.

E. Perífrasis verbales
(ver cuadro pág. 56)

Sustituya los adverbios en cursiva por perífrasis verbales:

Ejemplo: Este producto *todavía* encuentra buena acogida.
Este producto *sigue encontrando* buena acogida.

1. La situación del mercado es *todavía* muy difícil.
2. *Normalmente,* los precios aumentan un poco en esta época del año.
3. *Hace unos días*, los precios del café subieron considerablemente.
4. Dentro de unos días, los precios bajarán *de nuevo*.
5. *En general*, los representantes reciben una comisión del 10 %.
6. *Aún* existe una buena demanda.
7. Esperamos que esto no suceda *otra vez*.
8. *Hace un momento*, he concluido un importante contrato con los señores Ortiz.
9. Les informaremos sobre la situación del mercado *también en el futuro*.
10. *Generalmente*, los gastos iniciales son bastante altos.

F. Ponga la forma correcta del pretérito indefinido, imperfecto y pluscuamperfecto:

1 Hace poco (enterarse, yo) . . . de que el mercado de electrodomésticos (estar) . . . desarrollándose positivamente.
1 a El año pasado (buscar, yo) . . . nuevos clientes en esta región.
1 b En aquel momento (ser) . . . bastante fácil encontrarlos porque el Gobierno (mantener) . . . aún su actitud hostil ante la entrada de productos chinos.

2 Actualmente, nuestra empresa atraviesa una serie de dificultades:
2 a Ayer los distribuidores locales nos (decir) . . . en la reunión de gerentes que (hacer) . . . falta más publicidad.
2 b El jefe del departamento técnico nos (decir) . . . anteayer que (ser) . . . indispensable introducir nuevas formas de servicio posventa.
2 c El 10 de noviembre, los gerentes ya (reunirse) . . . porque (pensar) . . . que (ser) . . . urgente cambiar las metas de la empresa.
2 d Hace un año, los directores (introducir) . . . un nuevo sistema de control de pagos, porque los distribuidores no (disponer) . . . de suficiente capital para liquidar sus facturas.

3 Anteayer, en el discurso que el ministro de Economía (pronunciar) . . . ante las cámaras de televisión, (referirse) . . . a una publicación del ministerio sobre los cultivos principales del país durante los últimos años:
3 a El año pasado este país (producir) . . . más café que el país vecino.
3 b Pero a principios de mayo los precios (caer) . . . un 5 %.

3 c Hasta enero del año pasado se (pensar) . . . que la cosecha de melocotones (ir) . . . a ser buena.
3 d Pocos meses más tarde, la cosecha (sufrir) . . . una merma considerable.
3 e Mientras tanto, los productores de kiwi (atravesar) . . . una seria crisis. Su problema principal (ser) . . . la competencia colombiana.
3 f Además, después de las fuertes tormentas (surgir) . . . muchos problemas de contaminación con los nuevos fertilizantes.

4 Ayer, en la bolsa de Bogotá la moneda local no (poder) . . . mantener su alto nivel frente al dólar porque la deuda exterior (ser) . . . demasiado alta.
4 a El pasado año, el balance de pagos (quedar) . . . negativo.
4 b Durante su visita, el ministro de Asuntos Exteriores de Alemania (ofrecernos) . . . apoyo en cuanto a establecer contactos con exportadores argentinos.
4 c Esta promesa (hacer) . . . subir los principales valores de 2 a 5 puntos.

G. Ponga la forma correcta de presente, futuro, pretérito indefinido o imperfecto:

Informe de mercado

Hace una semana se (clausurar) . . . (1) . . . la Feria Internacional de Artículos de Confitería de Colonia, en la que (participar) . . . (2) . . . más fabricantes y comerciantes que en los años pasados. En total, 813 empresas (exponer) . . . (3) . . . sus productos. Aunque el año pasado las ventas (disminuir) . . . (4) . . . en este ramo, estas cifras muestran que los alemanes (seguir) . . . (5) . . . teniendo mucho interés por el chocolate y otros productos de confitería.
Como durante la feria todas las empresas (estar) . . . (6) . . . en condiciones de suministrar desde almacén, (conceder) . . . (7) . . . considerables rebajas. Sin embargo, no (ser) . . . (8) . . . seguro que este año se (poder) . . . (9) . . . lograr el volumen de negocios del año pasado.
Curiosamente, después de la clausura, la prensa alemana (decir) . . . (10) . . . que los participantes (considerar) . . . (11) . . . muy positivo el desarrollo de sus negocios.

7.4 Ejercicios de vocabulario y construcción de frases

A. ¿Cuál es el sustantivo correspondiente de los siguientes verbos? (En caso necesario, consulte el diccionario.)

Ejemplo: rebajar – ... la rebaja ...

a) aumentar ....
e) caer ....
b) subir ....
f) disminuir ....
c) alzar ....
g) descender ....
d) incrementar ....
h) reducir ....

B. Relacione las frases de las columnas utilizando una de las siguientes conjunciones: como, si, aunque.

Ejemplo:
1) > b) = *Como* confiamos en que aceptarán nuestro ofrecimiento, nos permitimos indicarles nuestras condiciones.

1) Confiamos en que aceptarán nuestro ofrecimiento.
2) Uds. tienen en cuenta que los gastos de publicidad son muy altos.
3) Deseamos introducir nuestros productos en Perú.
4) Hemos estudiado la situación del mercado.
5) Estamos especializados en la venta de electrodomésticos.
6) He ofrecido las partidas a todos mis clientes.
7) Estamos muy satisfechos de sus servicios.
8) El asunto es muy urgente.
9) Ud. tiene en cuenta las considerables rebajas.
10) Todos los expertos pronostican una buena cosecha.
11) Uds. consideran la excelente calidad de este modelo.

a) Buscamos un representante.
b) Nos permitimos indicarles nuestras condiciones.
c) Creo que Uds. deberían concederme una comisión del 15 %.
d) Podemos prometerles excelentes servicios.
e) Les agradeceremos nos contesten cuanto antes.
f) Quisiéramos concederle la venta exclusiva de nuestros productos.
g) No podemos decir cuál será la tendencia de los precios.
h) No creemos que bajen los precios.
i) El precio no les parecerá excesivo.
j) Le será fácil vender estos productos.
k) No he vendido ni una sola.

C. Complete esta respuesta a un ofrecimiento de servicios:

Le agradecemos su carta del 13 cte. y su interés en. . . . (1) . . . a nuestra empresa en el Cono Sur de Sudamérica.
Después de la . . . (2) . . . que mantuvimos ayer con el cónsul de Chile, en la que éste nos . . . (3) . . . ampliamente sobre su empresa, nos hemos decidido a . . . (4) . . . la . . . (5) . . . exclusiva para Chile y Argentina. Le . . . (6) . . . una comisión del 12 % sobre el valor FOB de los . . . (7) . . . . En caso de que Ud. estuviera dispuesto a . . . (8) . . . como nuestro . . . (9) . . . exclusivo, no podría vender ningún producto de la . . . (10) . . . .
Incluimos dos copias de nuestro contrato, y le rogamos nos . . . (11) . . . una copia firmada.
Esperamos que Ud. . . . (12) . . . nuestras condiciones y que esto sea el comienzo de una larga y fructífera . . . (13) . . . entre ambas casas.

D. Complete este informe de mercado:

Los productores de kiwis chilenos . . . (1) . . . actualmente una seria crisis.
La producción chilena . . . (2) . . . en un 5 % el año pasado, la peor cifra desde hace 5 años. Este hecho . . . (3) . . . al anárquico desarrollo de las plantaciones de kiwi en Europa, especialmente en Italia, donde la producción . . . (4) . . . de 350 000 a 400 000 toneladas el año pasado.
Los productores chilenos se vieron . . . (5) . . . a bajar los precios al nivel de los italianos, lo que . . . (6) . . . una pérdida de un 20 %.
Los productores critican también a las centrales de compra de las grandes cadenas de supermercados. Ellas provocan, según se dice, . . . (7) . . . de los precios, sin consideración hacia los productores. Justamente en el caso del kiwi, estas centrales de compra . . . (8) . . . un rol muy importante. Un 58 % de las ventas . . . (9) . . . a través de ellas. Un 20 % . . . (10) . . . en los mercados de fin de semana y solo un 8 % . . . (11) . . . a través de tiendas especializadas.

7.5 Ejercicios de redacción

7.5.1 Anuncio (aparecido en el "Handelsblatt")

Una de las compañías con más tradición y prestigio en el mundo del cava tiene la intención de mejorar su distribución en Alemania.

Se busca un

Representante General

con amplia experiencia en la venta de vinos y cavas o, en su defecto, de productos similares. Debe estar bien introducido en los canales de distribución del sector y disponer de cartera de clientes.

Se ofrecen comisiones y apoyo en viajes, campañas publicitarias en televisión y prensa.

Si está interesado en la representación, diríjase, por favor, a:

ESR CONSULTING, S.A.
Paseo de Gracia, 50
E-08007 Barcelona
Tel. 0034/93/301 98 10
recursoshum@est.es

Escriba una carta mostrando su interés. Preséntese como agente excepcional y pida la información adicional que usted precise.

7.5.2 Minutas en alemán

A. Die kolumbianische Firma Intercom, S.A., Medellín, möchte die Vertretung für den deutschen Hersteller Kleinert KG, Nürnberg, in Kolumbien übernehmen:

1. Sie haben vom deutschen Konsulat in Medellín erfahren, dass die Firma Kleinert einen Vertreter in Kolumbien sucht.
2. Sie stellen sich vor als Unternehmen, das bereits andere europäische Hersteller in Kolumbien vertritt und ausgezeichnete Geschäftsbeziehungen zum Groß- und Einzelhandel dieses Landes hat.
3. Sie geben deshalb Ihrer Überzeugung Ausdruck, dass Sie auch die Töpfe und Pfannen, die die Firma Kleinert herstellt, erfolgreich einführen können.
4. Sie weisen darauf hin, dass, obwohl die Erzeugnisse der Firma Kleinert in Kolumbien noch völlig unbekannt sind, Sie sie innerhalb kurzer Zeit durch eine starke Werbekampagne bekannt machen können.
5. Aufgrund der hervorragenden Verbindungen, die Sie anbieten, glauben Sie, dass eine Provision von 15 % auf den FOB-Wert aller Aufträge angemessen ist.
6. Sie geben Ihrer Hoffnung Ausdruck, bald eine Antwort zu erhalten.

B. Die Firma Kleinert, Nürnberg, nimmt zu dem Vertretungsangebot der Firma Intercom, S.A., Medellín, Stellung:

1. Sie danken für den Brief vom 15. d. M., in dem sich die Firma Intercom anbietet, als Ihr Vertreter in Kolumbien tätig zu sein.
2. Da Sie ein großes Interesse daran haben, Ihr Sortiment auch in Kolumbien einzuführen, haben Sie das Angebot der Firma Intercom sorgfältig geprüft.
3. Bevor Sie sich entscheiden, bitten Sie sie um die Anschrift einer europäischen Herstellerfirma, die Intercom bereits vertritt und die zu Auskünften über die kolumbianische Firma bereit ist.
4. Außerdem möchten Sie gerne wissen, ob Intercom bereits eine oder mehrere Herstellerfirmen der gleichen Branche vertritt.
5. Sie schlagen vor, alle weiteren Fragen – auch bezüglich der Provision – mit Herrn Meier zu besprechen, der am 16. des kommenden Monats Bogotá besuchen wird.
6. Sie hoffen, bald eine Nachricht zu erhalten.

C. Die Firma Interservice, Bremen, möchte die Alleinvertretung des argentinischen Herstellers CAMPRO S.R.L., Buenos Aires, übernehmen.

1. Sie beziehen sich auf eine Anzeige der Firma CAMPRO S.R.L. im „Handelsblatt" vom 10. d. M.
2. Ihre Firma bewirbt sich mit Ihrem Schreiben um die Alleinvertretung der Produkte der Firma CAMPRO in Deutschland.

3. Ihre Firma verfügt über ein weitreichendes Vertreternetz.
4. Ihre Firma hat langjährige Erfahrungen in der Zusammenarbeit mit lateinamerikanischen Firmen, denen sie zu einer hervorragenden Stellung auf dem deutschen Markt verholfen hat.
5. Sie garantieren einen Jahresumsatz von € 5.250.000,00
6. Sie verlangen eine Provision von 7 % auf den FOB-Wert der Aufträge.
7. Dieser Prozentsatz soll auch für Direktaufträge gezahlt werden.
8. Ihre Firma ist bereit, einen Vertrag über ein Probejahr abzuschließen.
9. Als Referenz geben Sie die Firma COMTEC, S.A., Bogotá an.
10. Sie hoffen auf eine baldige Antwort.

D. Bitte entwerfen Sie als Vertreter einen Marktbericht

Ein Vertreter hat im Auftrag des deutschen Fruchtimporteurs Fruchthof AG alle großen Exporteure Kolumbiens, Brasiliens und Costa Ricas besucht, da die deutsche Firma beabsichtigt, große Mengen Ananas, Mangos, Bananen und weitere exotische Früchte zu importieren. Er berichtet seiner Firma:

1. Die Ananas-Ernte Costa Ricas wird diesmal wegen einer Insektenplage, die nicht unter Kontrolle gebracht werden konnte, geringer ausfallen. Es ist mit einem Anstieg der Preise zu rechnen. Bis jetzt sind die Preise im Vergleich zum letzten Jahr bereits um 10 % gestiegen. Der Vertreter bittet um Anweisung, sofort kaufen zu dürfen, bevor die Konkurrenz die Preise noch weiter in die Höhe treibt. Kolumbianische Ananas sind von minderer Qualität. Trotz der günstigeren Preise sollte man nicht zu viel kaufen.

2. Die brasilianische Mango-Ernte wird besser ausfallen als erwartet. Die Produktionszentren haben mit Erfolg ihre Bemühungen intensiviert, die Erträge zu erhöhen. Da auch die Nachfrage aus Europa steigt, werden sich die Preise stabil halten. Der Vertreter erbittet Anweisung, ob diesmal größere Mengen eingekauft werden sollen.

3. Der Bananenpreis wird in ganz Südamerika in den nächsten Tagen sinken, da überall gleichzeitig große Ernten zu erwarten sind. Lediglich in Costa Rica werden die Früchte ein bis zwei Wochen später reif sein. Dadurch werden die Preise hier noch weiter sinken. Der Vertreter bittet um Information, ob mit dem Einkauf noch gewartet werden soll. Die Costa Ricaner sind sich ihrer ungünstigen Lage bewusst und jetzt schon bereit, attraktive Kontrakte zu machen. Es dürfte bekannt sein, dass sie qualititativ bessere Ware haben.

4. Es gibt zurzeit gute Angebote für Maracuya. Der Kilopreis liegt 20 % unter dem Normalpreis. Frage: Welche Mengen werden gewünscht? Durch umfangreiche Käufe könnten die Verluste in anderen Bereichen ausgeglichen werden.

7.6 Ejercicios de traducción

A. Die deutsche Firma MERSER & Co., Bremen, bietet der spanischen Firma Ibercom, S.A., Madrid, die Alleinvertretung an:

Sehr geehrte Damen und Herren,

das Spanische Generalkonsulat in Hamburg hat uns mitgeteilt, dass Sie daran interessiert sind, die Vertretung eines deutschen Möbelherstellers zu übernehmen.

Wir sind ein junges Unternehmen, das jedoch in den letzten Jahren ausgezeichnete Ergebnisse erzielt hat. Wie Sie unserem beigelegten Katalog entnehmen können, haben wir moderne Büromöbel entwickelt, die sich durch ihr attraktives Design und ihre perfekte Verarbeitung auszeichnen. Außerdem glauben wir, dass unsere Preise für Erzeugnisse dieser Qualität äußerst konkurrenzfähig sind. Da wir wissen, dass es auch in Spanien eine wachsende Nachfrage nach Büromöbeln gibt, sind wir sicher, dass unser Angebot eine gute Aufnahme finden wird.

Wir bieten Ihnen die Alleinvertretung unserer Möbel für ganz Spanien an, was Ihnen die Gelegenheit geben wird, einen großen Kundenkreis aufzubauen. Für Ihre Dienste wären wir bereit, Ihnen eine 15 %ige Provision auf den Nettowert der bestellten Waren plus die Kosten für die Werbung zu vergüten.

Wir werden die bestellten Möbel innerhalb von sechs Wochen nach Erhalt des Auftrages an die Großhändler liefern. Die Kunden werden direkt an uns per Akkreditiv zahlen.

Um unsere Produkte auf dem spanischen Markt einzuführen, werden wir Ihnen Muster aller unserer Modelle zur Verfügung stellen.

Der Leiter unserer Exportabteilung, Herr Ritter, wird sich am 9. und 10. April in Madrid aufhalten. Falls Sie an unserem Angebot interessiert sind, wird er sich gerne mit Ihnen treffen, um Ihnen unsere Möbel genauer vorzustellen und über den Vertrag für ein Probejahr zu sprechen.

Wir würden uns über eine baldige Antwort sehr freuen.

Mit freundlichen Grüßen,

B. Die Firma Internaco, Santiago de Chile, an die Firma Tecnoll GmbH, Frankfurt:

Sehr geehrte Damen und Herren,

ich habe in den letzten Wochen die meisten unserer Kunden besucht und freue mich, Ihnen mitteilen zu können, dass die Qualität Ihrer Produkte bei der Kundschaft gut angekommen ist. Als Anlagen sende ich Ihnen die Aufträge einiger Firmen. Ich erwarte in Kürze weitere Aufträge von neuen Kunden.

Einige unserer Stammkunden haben spezielle Wünsche geäußert:

1. Die **Firma López** wünscht, dass Sie ihr in Zukunft acht Kopien der Pro-forma-Rechnungen schicken, damit sie schneller die behördlichen Schritte (1) zur Erlangung der Importlizenz unternehmen kann.

2. Die **Firma Castro** bittet, die Preise in Zukunft auch CIF Valparaíso anzugeben.

3. Die **Firma Zorro & Cía.** wünscht, dass Sie ab sofort die Zollnummer (2) 650/001 statt 650/005 angeben, da die Zollgebühren (3) dann niedriger sind.

4. Die **Firma Andrés**, ein neuer Kunde, wünscht noch einige Muster mehr, damit er seine Kundschaft besser überzeugen kann. Ich habe ihm schon unseren Katalog und meine letzten Muster gegeben. Früher hat sich die Firma bei der Konkurrenz eingedeckt. Die Firma wäre in der Lage, uns große Aufträge zu erteilen, falls die Qualität unserer Muster auch ihre Kundschaft überzeugt.

Bei einer Unterredung mit einem hohen Regierungsbeamten habe ich erfahren, dass man beabsichtigt, eine Ausschreibung (4) in den wichtigsten Zeitungen unseres Landes zu veröffentlichen. Sobald ich mehr weiß, werde ich Sie informieren.

Die einzige Firma, die sich beklagt hat, ist die Firma González, weil die letzte Sendung 5 Tage Verspätung hatte. Ich glaube jedoch nicht, dass die Firma Verluste erlitt und dass sie deshalb versuchen wird, von uns eine Entschädigung zu bekommen.

In den nächsten zehn Tagen werde ich unsere Kunden in Peru besuchen und Ihnen meinen nächsten Bericht so schnell wie möglich übermitteln.

Mit freundlichen Grüßen,

Vocabulario:
(1) behördliche Schritte – los trámites administrativos
(2) Zollnummer – el número arancelario
(3) Zollgebühren – los aranceles
(4) Ausschreibung – la licitación, el concurso público; ausschreiben – (hier) sacar a concurso público

C. Bericht eines Einkaufsagenten aus Mittelamerika:

Kaffee aus Südamerika – Tendenzen der letzten 3 Monate

Sehr geehrter Herr Möller,

vielen Dank für Ihr Fax vom 15. d. M. Leider kann ich nicht alle Ihre Fragen beantworten. Ich bin jedoch in der Lage, Ihnen einen allgemeinen Überblick über die Situation zu geben:

1. Mittelamerika
Soeben habe ich die neuesten Nachrichten aus Costa Rica erhalten.
Auf der wichtigsten Kaffeebörse (1) Mittelamerikas hat sich wenig verändert. Die Ernte war gut und die Preise halten sich auf dem Niveau vom Dezember des letzten Jahres. Die Qualität des Kaffees ist sehr gut, und ich nehme an, dass der Preis deshalb ein wenig steigen wird. Außerdem ist die Qualität der Ware aus Kolumbien und Ecuador diesmal schlechter. Wir werden bald sehen, wie der europäische Markt reagiert.

2. Südamerika
Was die Kaffee produzierenden Länder betrifft, so habe ich erfahren, dass die Ernte zwar normal ausgefallen ist, aber – wie oben schon erwähnt – die Qualität minderwertig ist, weil es zu viel geregnet hat. Die Preise werden wahrscheinlich US$ . . . niedriger sein. Das wird den Export in einige Länder Osteuropas erleichtern. Die übrigen europäischen Staaten werden es vorziehen, Kaffee aus Costa Rica und Guatemala zu importieren.

Es wäre sehr interessant, Ihre Meinung bezüglich der Lage zu hören. Ich wäre Ihnen dankbar, wenn Sie mir bald einen Kommentar zukommen ließen.

Bitte teilen Sie mir ebenfalls mit, welche Mengen und Qualitäten Sie voraussichtlich in den nächsten Monaten ordern werden, damit ich mit den Beneficios (2) über die Preise sprechen kann. Als Anlage erhalten Sie eine Liste der Qualitäten, verfügbaren Mengen und derzeitigen Preise.

Ich bedauere sehr, Ihnen heute keine detaillierteren Informationen übermitteln zu können.

Mit freundlichen Grüßen,

Vocabulario:
(1) Kaffeebörse – la bolsa cafetera
(2) Beneficio – nicht übersetzen; spezielle Bezeichnung für Kaffeeplantagen

D. Marktbericht eines südamerikanischen Vertreters an die deutsche Herstellerfirma:

Sehr geehrter Herr Schlöndorf,

nach Durchsicht der Umsatzziffern, die wir mit unserem neuen Produkt erzielt haben und die zunächst vielversprechend (1) waren, musste ich in den letzten Tagen feststellen, dass sich der Markt in einer schwierigen Phase befindet.

Aufgrund der hohen Inflationsrate (2), die in diesem Monat 32 % erreicht hat, sind die Käufer sehr unentschlossen (3). Ich konnte nur eine Partie von 5.000 Einheiten bei der Supermarktkette „Paraíso" unterbringen (4) und musste einen Rabatt von 8 % gewähren. Wenn die Inflation weiter anhält oder sogar steigt, müssen wir mit Verlusten rechnen, da die Käufer nicht bereit sind, ihre Rechnungen in US$ zu begleichen.

Die Situation ist entmutigend (5) und man erwartet eine aufsteigende Tendenz (6) nicht vor den Wahlen im Mai.

Nur einige große Firmen erzielen noch befriedigende Umsätze, weil ihre Preise einen Monat lang gültig sind und die Verbraucher so vor zu hohen Steigerungen geschützt sind. Außerdem werden in vielen Geschäften die Kreditkarten, mit denen die Kunden hier bevorzugt bezahlen, nicht mehr akzeptiert.

Während der Wahlkampagne (7) hat der Kandidat der Opposition angekündigt, er werde alle Preise einfrieren (8). Das wäre sehr vorteilhaft für die Bauern, weil man eine außerordentlich gute Ernte erwartet.

Ich befürchte jedoch, dass die Opposition die Wahlen verlieren wird und dass die Liberalen die Inflation nicht bremsen können. Einige Geschäftsleute hoffen auf einen Militärputsch (9), weil sie glauben, dass man die Probleme des Landes nur mit den Mitteln der Diktatur lösen kann.

Ich bedauere, Ihnen keine günstigeren Nachrichten übermitteln zu können, und hoffe, dass sich die Situation bald bessern wird.

Mit freundlichen Grüßen,

Vocabulario:
(1) vielversprechend – prometedor
(2) Inflationsrate – la tasa de inflación
(3) unentschlossen – indeciso
(4) unterbringen – colocar
(5) entmutigend – desalentador
(6) aufsteigendende Tendenz – la tendencia al alza
(7) Wahlkampagne – la campaña electoral
(8) einfrieren – congelar
(9) Militärputsch – el golpe militar

E. Auflösung eines Vertretervertrages:

Sehr geehrter Herr Serrano,

wir danken für Ihren ausführlichen Bericht über die Besuche bei den mexikanischen Großhändlern.

Was Ihre Bitte um Verlängerung (1) Ihres Vertrages betrifft, bedauern wir, Ihnen mitteilen zu müssen, dass wir eine negative Entscheidung getroffen haben, und zwar aus den folgenden Gründen:

1. Wir haben in den letzten drei Wochen keinen Auftrag von Ihnen erhalten.
2. Wir haben Ihre Verkäufe des letzten Jahres durchgesehen und mussten feststellen, dass Ihre Zahlen weiter sinken. Wir glauben nicht, dass Sie in diesem Geschäftsjahr US$ . . . erreichen werden.
3. Sie haben unserer Meinung nach auch keine Anstrengungen unternommen, um unser neues Produkt auf dem mexikanischen Markt einzuführen.

Deshalb sehen wir uns gezwungen, den Vertrag mit Ihnen zu kündigen und die Alleinvertretung einer anderen Firma zu übertragen. Ab 1. Juli d.J. wird uns die Firma Mextaca vertreten, weil sie eine fruchtbarere Zusammenarbeit verspricht.

Wir bedauern diese Entscheidung und grüßen Sie . . .

Vocabulario:
(1) die Verlängerung – la prórroga

"Escriba: Las cifras de ventas son muy prometedoras."

7.7 Pasatiempos

A. ¿De qué nacionalidad son?

En las empresas que investigamos solo trabajan empleados nacionales.
¿De qué nacionalidad es . . .

1) . . . el Sr. Ramírez de la casa Dabo, S.A., México D.F.?
2) . . . la Sra. Vargas de la casa Nous, S.A., Buenos Aires?
3) . . . el Sr. Pérez de la Joyería Retzignac, C.A., Caracas?
4) . . . la Srta. Peña de la casa Consega, S.A., Vigo?
5) . . . el Sr. Lanuza de la empresa Gala, S.A., Lima?
6) . . . la Sra. Aguado de la casa Exportex, S.A., Bogotá?
7) . . . el Sr. Muñoz de la casa Frutasa, S.A., Santiago?

B. Fuga de consonantes en el crucigrama

Este crucigrama estaba casi resuelto cuando, de repente, se fugaron todas las consonantes excepto la "c" y la "r".
En su fuga, cambiaron también el orden de las descripciones de las palabras "horizontales" y "verticales". Busque las consonantes que faltan.

R	E	.	R	E	.	E	.	.	A	.	.	E	
	.	■	O	■	■	■	A	■	■	■	E		
	C	O	.	.	R	A	.	O	■	■	.		
	.	■	■	■	■	■	U	■	C	I	E	.	
.	U	.	.	I	C	A	R	■	I	■	.		
	.	■	■	■	■	.	A	C	.	U	R	A	R
C	I	.	R	A	■	■	.	■	A	■	A		
	.	■	■	■	■	■	■	■	R	A	.	O	
C	O	.	I	.	I	O	.	■	■	■	A		

Horizontales:
- hacer doble
- agente
- 100
- número
- sector de una industria
- poner en factura
- documento sobre un acuerdo entre dos o más personas
- lo que recibe el agente por sus servicios

Verticales:
- alcohol que se produce principalmente en el Caribe
- único, solo
- mensaje telegráfico
- conforme a la naturaleza
- mencionar

C. Trabalenguas

1. Diga este trabalenguas lo más rápido posible.

Cecilia González tomó decididamente una decisión,
que era el decidirse sobre una indecisión.

Ahora, su vecino/a cierra el libro y usted le dicta este trabalenguas.

2. Diga éste también lo más rápido posible.

Informar no es informal si se informa.
Información es informar de un informe;
pero si no se informa, el informe es informal,
y la información sería informal si no se informa.

D. Refranes

En este libro han aparecido varios refranes.
¿Los recuerda?

Trate de completarlos:

a) De gustos no hay ....
b) Una buena capa ....
c) Hombre prevenido ....
d) No es oro ....
e) En boca cerrada ....
f) La noche es buena ....
g) No hay rosas ....
h) A lo hecho ....

Unidad 8:

Solicitud de empleo

EMPRESA MULTINACIONAL
DEL SECTOR ELECTRO-MECÁNICO
DEL AUTOMÓVIL

NECESITA

SECRETARIA DE DIRECCIÓN

SE REQUIERE

- Perfecto idioma alemán.
- Conocimientos de inglés y francés.
- Experiencia en puestos similares.

SE OFRECE

- Puesto de gran responsabilidad.
- Dependencia directa del Director Gerente.
- Remuneración conforme a conocimientos y experiencia.

Interesadas, enviar *currículum vítae* al Departamento de Personal, apartado de correos número 286 de Torrejón de Ardoz (Madrid).

8.1 Frases modelo

Asunto
Secretaria bilingüe/trilingüe para español/alemán/inglés/francés
Su anuncio publicado en . . . del . . .

Estimados señores:

Soy alemana, tengo . . . años, y como pueden ver en el *currículum vítae* adjunto soy estudiante de la Escuela Oficial de Idiomas/estudio en la EOI de Hamburgo en la que

recibo una buena/reconocida formación/una formación oficialmente reconocida como secretaria de idiomas en inglés, español, francés y alemán y, además, en taquigrafía, mecanografía, tratamiento de textos, economía y contabilidad.

Hablo y escribo el . . . sin dificultad alguna/correctamente.
Hablo perfectamente el . . . porque estuve estudiándolo en/porque viví en . . . durante . . . meses/años.

En cuanto al castellano, dispongo de una buena base escolar y de bastante experiencia a nivel de correspondencia.

Me interesa especialmente/Tengo un interés especial en trabajar en una empresa . . . porque el país y la cultura me atraen mucho/en particular.

Solicito el puesto que ustedes ofrecen porque creo reunir las aptitudes/las condiciones/los requisitos necesarios/as.

En caso de que deseen más información pueden ponerse en contacto con . . . que/quien(es) les darán los datos requeridos.

Les agradecería que
me facilitaran algunos detalles sobre el puesto ofrecido, tales como sueldo, vacaciones etc.

* * *

Completada mi formación, he trabajado de secretaria en . . . donde me dediqué fundamentalmente a . . . y adquirí experiencia en el campo de . . .

Como mi objetivo es seguir desarrollándome profesionalmente, me interesa mucho la posibilidad de trabajar de . . ./ocupar el puesto que ofrece su empresa.

* * *

Si tomaran mi candidatura en consideración, les agradecería . . .

Si se decidieran a considerar mi candidatura, les agradecería . . .
. . . que me diesen la oportunidad de hablar personalmente con ustedes.
. . . que me concedieran una entrevista para así poder tratar los demás detalles.

Dándoles las gracias por anticipado y esperando verme favorecida con una contestación afirmativa,

les saludo muy atentamente

Anexo: C.V.

8.2 Currículum Vítae

Currículum vítae de . . .

Fecha de nacimiento: 2 de enero de 19 . . .

Domicilio actual: . . . straße 5, 22589 Hamburgo, Alemania

<u>Formación escolar</u>

199... - 199... Escuela de Enseñanza Primaria

20... - 20... Educación Secundaria Obligatoria
Bachillerato/Graduado en Educación Secundaria

20... - 20... Escuela de Formación Profesional de Hamburgo
Examen de Corresponsal/Secretaria bilingüe . . .

<u>Formación profesional</u>

20... - 20... Aprendizaje de . . . en la empresa . . .
con examen final ante la Junta de la Cámara de Comercio de . .
.

20... - 20... Secretaria/Asistente comercial/. . . en la empresa . . .

Hamburgo, . . de . . . de . . .

Elfriede Ott

*) Haupt-, Realschulabschluss

8.3 Anuncios

IMPORTANTE EMPRESA

NECESITA

SECRETARIA

Cualificaciones:

- Bilingüe español/alemán.
- Experiencia minima de 3 años en puesto similar.
- Perfecta mecanografía.
- Responsable y buena capacidad de comunicación.

Nuestra oferta:

- Integración inmediata en una empresa dinámica con un ambicioso plan de expansión en España.
- Remuneración acorde con su capacidad de trabajo.

Interesadas, mandar *currículum vítae* lo más detallado posible, acompañado de los certificados y estudios realizados y puestos de trabajo desempeñados, a:

IBERCONSULTING
Capitán Haya, 55, 1°, 5
28020 Madrid

SECRETARIA EJECUTIVA
BILINGÜE (INGLÉS)
NECESITAMOS

Persona entre 27 a 40 años con experiencia para ocupar cargo de Gerencia General.

SE EXIGE
buena presencia, taquigrafía y redacción propia; iniciativa y desarrollo en el trabajo.

Dominio de WP y Lotus Notes.

Se agradecerá enviar Currículum Vítae con pretensiones de renta a:

BILINGÜE 2581
CASILLA 13-D - SANTIAGO

PROMOTORA INMOBILIARIA

INCORPORA

SECRETARIA DE DIRECCIÓN

EXPERIENCIA MÍNIMA 3 AÑOS

Cea Bermúdez n.° 34, 4° derecha, de 10 a 13 y de 15.30 a 16 horas.

KRUPP IBÉRICA, S.A.

busca para sus nuevas oficinas en Fuencarral

UNA SECRETARIA DE DIRECCIÓN

Con:

- Alemán y español perfecto, escrito y hablado.
- Conocimientos de inglés.
- Todas las tareas propias de una secretaria de alta dirección.
- 5 años de experiencia.

Rogamos llamen urgentemente al teléfono 93 734 72 48, señorita Renate.

IMPORTANTE GRUPO TURÍSTICO CON HOTELES EN CARIBE Y ESPAÑA

DIRECTOR DE HOTEL

Perfil de los candidatos:

- Solteros o con disponibilidad para viajar.
- Dominio del alemán e inglés (imprescindibles). Se valorarán otros.
- Sólida formación en turismo y/o empresarial.
- Experiencia en el puesto (mínimo 5 años) en hoteles vacacionales y/o resort.
- Edad entre 30 y 45 años.

Se ofrece:

- Incorporación inmediata.
- Remuneración según valía.

ABSOLUTA CONFIDENCIALIDAD

Interesados, remitan currículum urgente, con fotografía reciente, al apartado de correos número 324 de Palma de Mallorca.

TRUMPF TRUMPF TRUMPF TRUMPF TRUMPF TRUMPF TRUMPF

TRUMPF

EMPRESA ALEMANA LÍDER EN MAQUINARIA PARA TRABAJAR LA CHAPA, PRECISA PARA SUS OFICINAS EN ALCOBENDAS (MADRID)

SECRETARIA DE DIRECCIÓN BILINGÜE (ALEMÁN)

Se responsabilizará con autonomía de las tareas propias del puesto, manteniendo contactos con la casa matriz en Alemania y clientes.

Pensamos en una profesional con iniciativa propia y discreción, con completo dominio de alemán y español, experiencia como Secretaria Ejecutiva y conocimientos de informática a nivel de usuario.

Ofrecemos incorporación inmediata e interesantísima remuneracíon.

Interesadas, enviar C.V. y fotografía reciente a:

Auxadi Consultores, S.R.L. AC

Francisco Silvela, 80 – 28028 MADRID

TRUMPF TRUMPF TRUMPF TRUMPF TRUMPF TRUMPF TRUMPF

KRUPP IBÉRICA, S.A.

para sus oficinas en Fuencarral precisa

SECRETARIA BILINGÜE

ALEMÁN/ESPAÑOL

Se valorará inglés; con:

- Experiencia profesional demostrable.
- Conocimientos de PC (Word Perfect nivel usuario).

Interesadas, enviar *currículum vítae* y pretensiones económicas a

KRUPP IBÉRICA, S.A.,
C./Antonio Cabezón, 71,
28034 Madrid.

EMPRESA MULTINACIONAL
DEL SECTOR ELECTRO-MECÁNICO
DEL AUTOMÓVIL

NECESITA

SECRETARIA DE DIRECCIÓN

SE REQUIERE

- Perfecto idioma alemán.
- Conocimientos de inglés y francés.
- Experiencia en puestos similares.

SE OFRECE

- Puesto de gran responsabilidad.
- Dependencia directa del Director Gerente.
- Remuneración conforme a conocimientos y experiencia.

Interesadas, enviar *currículum vítae* al Departamento de Personal, apartado de correos número 286 de Torrejón de Ardoz (Madrid).

IMPORTANTE EMPRESA DE SERVICIOS DE GRAN PRESTIGIO VINCULADA A GRUPO FINANCIERO

••• seleccionará para su organización comercial en Madrid, Bilbao, Zaragoza y Sevilla:

10 Asesores/as camerciales

Si tienes entre 23 y 45 años, posees una buena formación (nivel bachiller), eres una persona decidida y con facilidad de comunicación y aportas dotes comerciales, una vez superado el proceso de selección, te contrataremos garantizándote:

- Contración mercantil en una compañía en plena expansión.
- Carrera profesional con promoción a puestos de responsabilidad a corto plazo.
- Formación continuada a cargo de la empresa.
- Ingresos mínimos en torno a los € 1.200,– en función de objetivos (fijo + variable)

Si estás interesado, solicita entrevista personal llamando de 9 a 14 y de 16 a 18 horas.

MADRID: Sr. Ramos	(91) 309 37 68
BILBAO: Srta. Esther	(94) 423 93 68
ZARAGOZA: Srta. Alicia	(976) 29 08 30
SEVILLA: Srta. Vargas	(95) 456 18 96

Ejercicios de comprensión auditiva

Escriba las soluciones en su cuaderno.

Schreiben Sie die Lösungen in Ihr Heft.

1. Solicitud de oferta

La empresa española *Tiendas Preciosas* es una cadena de tiendas que vende, entre otras cosas, también grifos (= *Wasserhähne*).
Antonio Molina, jefe de compras de esta empresa llama a Carmen, su secretaria, por teléfono interno:

1. Escuche la conversación.
2. Usted es ahora la secretaria. Haga una lista con la información que debe incluir el correo electrónico.
3. Ordene la información y escriba el correo electrónico.

2. Oferta

Dialog 1:

Herr Falke, von der Firma Falke GmbH, Hamburg, schrieb eine Anfrage (siehe S.12) an den Hersteller von Büromöbeln *Olmedo y Román* aus Castellón. Nun ruft Frau Bermejo von dieser spanischen Firma bei der Firma Falke an.
Hören Sie sich das Gespräch zwischen Frau Bermejo und Jutta Müller an. Für diese Aufgabe übernehmen Sie die Rolle von Jutta Müller und fertigen für Herrn Falke eine Aktennotiz an.

AKTENNOTIZ	
Für:	______________________
Anrufer/in:	______________________
Firma:	______________________
E-Mail-Adresse:	______________________
Datum und Uhrzeit:	______________________
Aufgenommen von:	______________________
Nachricht:	______________________
	______________________
	______________________
	______________________

Dialog 2:

Frau Bermejo besucht Herrn Falke in Hamburg. Hören Sie das Gespräch und notieren Sie die wichtigsten Informationen für Herrn Falke.

ANGEBOT

Firma ______________________

Artikel ______________________

Material ______________________

Preis ______________________

Transportkosten ______________________

____

Sonderrabatt ______________________

Mengenrabatt ______________________

____

Lieferfrist ______________________

Zahlungsbedingungen ______________________

____

____

____

3. Pedido

Hoy es miércoles, 26 de febrero. Son las nueve y media de la mañana. El Sr. Falke, de Falke GmbH de Hamburgo, llama a la Sra. Bermejo de Olmedo y Román, Castellón.
Escuche el diálogo y complete los datos de la siguiente nota de pedido que el Sr. Falke le manda a la Sra. Bermejo inmediatamente después de la conversación telefónica.

Falke GmbH

Hamburg

Nota de Pedido

No. de pedido: ________ C 7359 ____________________

Fecha: ____________________

Artículo	Nº de ref.	Cantidad	Color/ Descripción	Precio
	1045			
				€ 423 c/u

Descuento(s): ____________________

Plazo de entrega: ____________________

Modo de transporte: ____________________

Lugar de entrega: ____________________

Plazo de pago: ____________________

Forma de pago: ____________________

____
(Firma)

4. Confirmación del pedido y aviso de despacho

Olmedo & Román, fabricante de muebles de oficina, ha recibido un pedido de la empresa alemana *Falke GmbH* de Hamburgo. Ahora la señora Bermejo de *Olmedo & Román* llama al señor Falke para informarle de la expedición de la mercancía.
Escuche la conversación entre el Sr. Falke y la Sra. Bermejo y rellene la siguiente nota en nombre del Sr. Falke:

Telefonnotiz

Gesprächspartner/in: ....

Lieferant: ....

Auftrags-Nr.: ....

	Ankunftsdatum:	Artikel:
Lieferung Nr.	....	....
		....
Lieferung Nr.	....	....
		....

Transportart: ....

5. Reclamación

Ver carta A (pág. 126), diálogo 1:

1. Comente el tono de la conversación.
2. Uno de los interlocutores está muy irritado. ¿Tiene razón?
3. ¿Por qué le amenaza con cambiar de proveedor?
4. ¿Qué solución propone el Sr. Vergara?
5. ¿El Sr. Vergara consigue tranquilizar al Sr. Wenzel?

Ver carta E (pág. 130), diálogo 2:

Escuche el diálogo y rellene el siguiente formulario en nombre del Sr. Brinkmann de Calvos:

Hogar 2000

Nota de Reclamación

Fecha: .... Hora: ....

Hablado con: ....

No. de pedido: ....

Problema: ....

....

....

Posible causa: ....

....

....

Medidas: ....

....

....

Tomado por: ....

Ver carta F (pág. 131), diálogo 3:

1. Haga un resumen detallado de la conversación.
2. ¿A qué se debe el problema?
3. ¿Cómo se soluciona el problema?

6. Respuesta a una reclamación

Ver carta B (pág. 153):

1. Describa el motivo de la conversación.
2. ¿Qué medidas tomó el proveedor para evitar tales incidentes?
3. ¿Qué se puede decir de las relaciones entre ambas empresas?

7. El representante

Ver cartas C (pág. 170):

1. Describa las circunstancias de esta conversación.
2. Hay detalles que no se mencionan porque se trataron en la correpondencia de los interlocutores. ¡Búsquelas en las cartas correspondientes y piense en posibles preguntas que pueden tener los dos interlocutores!
3. Haga una lista de los detalles del futuro contrato
   a) que se encuentran en la carta
   b) que se oyen en la conversación telefónica.

8. Solicitud de empleo

Escuche la siguiente entrevista de trabajo que la Sra. Montes, jefe de personal de la empresa Zaira, realiza con la candidata preseleccionada para el puesto de secretaria de dirección vacante y rellene a continuación la ficha con sus datos.

FICHA PERSONAL	
Nombre y apellidos	
Nacionalidad	
Edad	
Lugar de nacimiento	
Lugar de residencia	
Formación	Estudios: Idiomas: Nivel:
Experiencia laboral	
Puesto actual	
Motivo de la solicitud	
Disponibilidad de la candidata	

Transcripciones de los diálogos

1. Solicitud de oferta

Locutor:
La empresa española *Tiendas Preciosas* es una cadena de tiendas que vende, entre otras cosas, también grifos *(= Wasserhähne)*.
Antonio Molina, jefe de compras de esta empresa llama a Carmen, su secretaria, por teléfono interno:

Ca = Carmen, la secretaria
An = Antonio Molina, su jefe

Ca: Sí.

An: Hola, Carmen, soy yo, Antonio.

Ca: Hola, Antonio. ¿Qué hay?

An: ¿Te acuerdas de que a mediodía hablamos sobre el anuncio de una empresa alemana que produce grifos ecológicos?

Ca: Sí, sí, pueden ahorrar agua y parecen muy interesantes para nuestro surtido.

An: Sí, por eso quiero que les escribas un correo electrónico en el que hagas referencia al anuncio de la revista „Eco Económico" que se publicó ayer.

Ca: Un momento, ... la revista „Eco Económico" publicada ayer. ¿Nos interesan solamente los grifos?

An: No, nos interesan principalmente los grifos, pero también estamos interesados en todo el surtido de esa empresa.

Ca: Bien, ... grifos ... todo el surtido. ¿Algo más?

An: Pídeles además un catálogo y la lista de precios. Diles que somos una cadena de tiendas y nuestro volumen de ventas es considerable.

Ca: Espera. ... volumen de ventas considerable.

An: Sí. Y por eso les rogamos que nos indiquen los precios más bajos y las condiciones más favorables.

Ca: ... condiciones más favorables.

An: Pregúntales también si estarían dispuestos a concedernos un descuento para ayudarnos en el lanzamiento de sus productos.

Ca: ... un descuento de lanzamiento ...

An: ... y que nos contesten lo más pronto posible porque estamos preparando y el próximo catálogo.

Ca: ... próximo catálogo. ¿Esto es todo?

An: Sí, y aquí tienes la dirección: info@seyffert.de.

Ca: Deletrea *seyffert*, por favor.

An: ese - e – i-griega – efe efe – e – ere – te.

Ca : Bien. ¿Firmo con tu nombre?

An: Sí, como siempre. Y mándame una copia.

Ca: Sí, claro.

An: Eso es todo por ahora.

Ca: Vale, hasta luego.

2. Oferta

Diálogo 1

(ver carta A, pág. 12)

Locutor:
El señor Falke, de la empresa alemana *Falke GmbH* de Hamburgo, ha escrito a la empresa española *Olmedo y Román S. A.* de Castellón para pedir información sobre la nueva colección.

JM = Jutta Müller Be = Sra. Bermejo

JM: Falke, guten Tag.
Be: Buenos días, ¿habla usted español?
JM: Sí. Dígame.
Be: Soy la señora Bermejo, llamo de la empresa *Olmedo y Román* de Castellón y quisiera hablar con el señor Falke si es posible.
JM: Lo siento, el señor Falke está en una reunión importante y no puede ponerse al teléfono.
Yo soy Jutta Müller, su secretaria. Dígame, ¿en qué puedo servirle?
Be: Verá ... el señor Falke nos escribió una carta en la que pide información sobre la nueva colección de muebles de oficina que hemos lanzado al mercado.
JM: Efectivamente; recuerdo la carta. El señor Falke vio los modelos de la nueva colección en la revista „Officeworld" y le gustaron mucho.
Be: Sí, aquí estamos teniendo mucho éxito. Mire, precisamente la semana que viene voy a estar en Alemania para promocionar la colección; el lunes estaré en Stuttgart y si le viene bien al Sr. Falke, puedo pasar por Hamburgo el martes y mostrarle algunos modelos. ¿Qué le parece?
JM: Creo que le va a parecer una idea estupenda. ¿A qué hora podría estar aquí?
Be: Iré en coche, así que no dependo de horarios de tren. Creo que podré estar ahí a las diez de la mañana, ¿le parece bien a esa hora?
JM: Sí, a esa hora el señor Falke no tiene ningún compromiso y la puede recibir sin inconveniente. Además, tenemos su dirección electrónica, y si hubiera algún problema, me pondría en contacto con usted por este medio, ¿de acuerdo?
Be: Le agradecería que me lo confirmara por correo electrónico para no hacer el viaje en balde.
JM: Claro, por supuesto. Déjeme comprobar si tengo la dirección correcta: muebles.oficina@bermejo.es ¿no es así?
Be: Así es.
JM: ¿Conoce usted Hamburgo? ¿Sabe dónde está la empresa?
Be: Tengo la dirección y llevo un plano de Hamburgo; además puedo defenderme en alemán.
JM: Muy bien. Si necesita ayuda, no dude en llamarnos. Hasta el martes, señora Bermejo. Esperamos su visita.
Be: Gracias. Hasta el martes.

2. Oferta

Diálogo 2

Locutor:
Después de concertar una cita, la señora Bermejo visita al Sr. Falke en Hamburgo.

Fa = Sr. Falke
Be = Sra. Bermejo

Fa: Buenos días, señora Bermejo. Adelante. ¿Qué tal el viaje?
Be: Buenos días, señor Falke. Bien, gracias.
Fa: ¿Ha podido encontrar la dirección sin problemas?
Be: Sí, he llegado fácilmente y sin problemas, incluso he encontrado un aparcamiento aquí mismo.
Fa: Pues ha tenido suerte, porque esta zona para eso es horrible.
¿Le puedo ofrecer algo, agua mineral o café?
Be: Sí, agua mineral pero sin gas, por favor.
Fa: Muy bien, enseguida se lo traen.
Bien, pues usted dirá. Estoy impaciente por ver lo que me trae.
Be: Como le dije, estoy haciendo promoción de nuestra nueva colección de muebles de oficina de diversos colores y materiales. Mire, aquí puede verlos bien.
Fa: Sí, efectivamente son muy bonitos. *(Ruido de hojear)* Dígame, ¿de qué material es este armario?
Be: De madera y metal.
Fa: ¿Y cuánto cuesta?
Be: El precio al por mayor es de 738 € la unidad, pero le puedo conceder un descuento especial del 8% sobre los precios de todos los productos que ve aquí.
Fa: ¿Y los gastos de transporte están incluidos en ese precio?
Be: No, el precio es franco transportista Castellón. Para obtener el precio porte pagado Hamburgo hay que aumentar un 6%.
Fa: ¿Ofrecen también descuentos por cantidad?
Be: Sí, aquí tiene la lista. Si, por ejemplo, nos pasa un pedido de más de 10.000 €, les podemos conceder un descuento del 3%, si el pedido es de más de 20.000 €, el descuento sería del 4% y así sucesivamente.
Fa: Entiendo. ¿Y el plazo de entrega?
Be: Solemos suministrar en un plazo de 6 semanas después de recibir el pedido.
Fa: *(Ruido de hojear)* ... Esta silla es muy elegante.
Be: Sí, es de la serie Royal y hace juego con esta mesa.
Fa: Mmm ... Creo que esta colección se podría vender muy bien aquí.
¿Cuáles son sus condiciones de pago?
Be: Las usuales. Puede pagar a 30 días fecha factura o, si lo desea, en el plazo de 10 días con un descuento adicional del 3%.
Fa: Me gustaría estudiar esta oferta detenidamente. ¿Podría dejarme las fotos y la información sobre las condiciones?
Be: Por supuesto. Mire, le he traído también nuestro catálogo ilustrado actual con toda la información sobre condiciones y precios y, además, puede ver los demás productos de nuestra casa.

Fa: Estupendo. Así tendré oportunidad de estudiarlo detenidamente y sin prisas. Bien, señora Bermejo. Pues esto es todo. Agradezco mucho que haya venido personalmente.

Be: Para mí ha sido un placer. Siempre es bueno conocerse personalmente.

Fa: Mire, ya son las 12 y media de la mañana y aquí en Alemania es hora de comer. La invito a probar la comida típica de esta región. ¿Qué le parece y usted me cuenta algo más de su empresa?

Be: Con mucho guso.

3. Pedido

Locutor:
Hoy es miércoles, 26 de febrero. Son las nueve y media de la mañana.
El Sr. Falke, de Falke GmbH de Hamburgo, llama a la Sra. Bermejo de Olmedo y Román, Castellón.

Sec = secretaria de la Sra. Bermejo
Fa = Sr. Falke
Be = Sra. Bermejo

Sec: Olmedo y Román. Buenos días.

Fa: Buenos días. ¿Puede pasarme a la señora Bermejo, por favor?

Sec: ¿Quién habla?

Fa: Peter Falke de Falke GmbH, de Hamburgo.

Sec: No cuelgue, por favor. Se la paso.

...

Be: Buenos días, señor Falke. ¿En qué puedo servirle?

Fa: Nuestra empresa está muy interesada en hacer un ensayo con algunos de los muebles que me enseñó aquí en Hamburgo. Pero antes de pasarle el pedido, quisiera aclarar algunos detalles. Necesitamos los muebles antes del 10 de abril. Si le paso el pedido ahora, ¿podrán cumplir hasta esta fecha?

Be: Depende. ¿Qué artículos les interesan?

Fa: Productos de la serie *Royal*, la silla para secretaria, en los colores azul, rojo y gris.

Be: Un momento. A ver. ¿Tiene el número de referencia?

Fa: Sí, es el número 1045.

Be: ... ¿Cuántas necesitaría?

Fa: 20 azules, 12 rojas y 10 grises.

Be: Sí, las tenemos en almacén.

Fa: El precio es de 84 euros cada una, gastos de transporte incluidos, menos el descuento especial del 8% que me ofreció por todos los artículos que me presentó en Hamburg, ¿verdad?

Be: Sí, correcto.

Fa: Muy bien. Y 10 sillones de dirección, de piel negra, con brazos, número de referencia 1091.

Be: A ver. ... No los podemos entregar inmediatamente, pero hasta principios de abril sí estaremos en condiciones de hacerlo.

Fa: ¿A 423 euros cada uno?

Be: Sí, así es. ¿Algo más?
Fa: Sí, las mesas de despacho, número 1146. ¿Están disponibles las de 1 metro 40 cm de ancho?
Be: ¿Cuántas?
Fa: 15.
Be: ¿De qué colores?
Fa: 3 negras, 4 grises y 8 de color crema.
Be: ... Lo siento. Las mesas grises no están disponibles y no pueden estar listas para la entrega antes del 10 de abril.
Fa: Y el precio, ¿es el mismo que me dijo en Hamburgo?
Be: Sí, 553 euros la unidad.
Fa: Entonces anote: 3 negras y 8 de color crema.
Be: Sí, esto es posible. ¿Algo más?
Fa: No, por el momento nada más. ¿El pago, lo podemos efectuar a 30 días fecha factura por transferencia bancaria?
Be: Por supuesto.
Fa: ¿Cómo suelen realizar el transporte?
Be: Por carretera; tenemos un transportista de mucha confianza.
Fa: Muy bien, entonces el lote llegará directamente a nuestro almacén.
Be: Así es. ... Pues bien, he tomado nota de sus deseos, pero si no hay más dudas, le agradecería que me enviara este pedido en firme, por correo electrónico.
Fa: Por supuesto, se lo enviaré en seguida.
Be: Espero que nuestros productos tengan tanto éxito en el mercado alemán como en el español.
Fa: Eso espero yo también. Adiós, señora Bermejo.
Be: Adiós, señor Falke.

4. Confirmación del pedido y aviso de despacho

(continuación del diálogo de Pedido)

Locutor:
Olmedo & Román, fabricante de muebles de oficina, ha recibido un pedido de la empresa alemana *Falke GmbH* de Hamburgo.
La señora Bermejo de *Olmedo & Román* llama al señor Falke para informarle de la expedición de la mercancía.

Fa = Sr. Falke
Be = Sra. Bermejo

Fa: Dígame.
Be: Hola, Buenos días. Soy Ana Bermejo de Olmedo y Román.
Fa: Ah, sí, señora Bermejo, buenos días, ¿qué tal?
Be: Bien, mucho trabajo pero esto es una buena señal.
Fa: Sí, así es.
Be: Le llamo para decirle que esta tarde saldrá el primer envío.
Fa: ¿Podría decirme el número del pedido para que lo vea en mi ordenador?
Be: Sí, es el número C 7359.

Fa: ... Ah, sí, aquí está. ¿Pero por qué habla del primer envío? ¿No puede enviarlo todo de una vez?
Be: Lamentablemente no. Tuvimos un pequeño problema en la fábrica y nos vimos obligados a suspender la producción durante dos días.
Fa: ¡Vaya contratiempo! Los muebles son para un cliente muy importante que los necesita urgentemente.
Be: No se preocupe, creo que podremos suministrárselos a tiempo. El segundo envío llegará dos días después.
Fa: ¿Y qué mandarán en el primer envío?
Be: En el primer envío encontrará las 42 sillas para secretaria y 7 mesas de despacho.
Fa: ... 42 sillas y 7 mesas ... .
Be: Eso es, y el segundo envío se lo despacharemos dos días después. Incluirá los 10 sillones de dirección y las 8 mesas de despacho restantes.
Fa: ¿Cuándo podemos contar con la llegada del primer envío?
Be: Como ya le he dicho, el primer envío saldrá esta tarde. El camión tardará tres días en llegar a Sevilla.
Fa: Hoy es el 7, ... entonces deberían llegar el 10.
Be: Bien, y el segundo envío el 12.
Fa: Si todo va bien, vamos a poder entregar los muebles puntualmente.
Be: Estoy convencido de que todo irá bien. Usted sabe que siempre hemos entregado la mercancía a su debido tiempo.
Fa: Sí, con puntualidad „alemana".
Be: Muchas gracias por su comprensión. Si todavía tiene alguna pregunta, no dude en llamarnos.
Fa: Lo haré. Gracias y adiós.

5. Reclamación

Diálogo 1:
Ver carta A (pág. 126):

Interlocutores:
Sr. Wenzel, de Trockenfruchtagentur, Hamburg
Sr. Vergara, de Frutasa, Chile
La secretaria de Frutasa, Chile

Sec = Secretaria
W = Wenzel
V = Vergara

Sec Frutasa Chile. Buenos días. ¿En qué puedo servirle?
W Wenzel, de Hamburgo. Buenos días.
Póngame rápidamente con el señor Vergara, por favor. Es muy urgente.
Sec En seguida se pone, señor.
V Hola, señor Wenzel. ¿Qué tal?
W Regular. Esperando todavía su envío. Estamos ya a 10 de marzo y usted me aseguró la entrega para finales de febrero a más tardar. Tengo grandes problemas con mis clientes. ¡Me van a anular los contratos!

V A ver... *(Teclado)* ¿No ha recibido mi correo electrónico?
W No, no hemos recibido ningún correo electrónico.
V Me estraña. – Bien, en el correo electrónico le informaba de la salida del barco y de la llegada a Hamburgo el 12. Ya sabe que no va directo, hace escala en Rotterdam. ¿Quiere que organicemos un traslado por camión?
W ¿Ha dicho el 12? ¿Cómo se llama el barco?
V Un momento .... Se llama „Lisboa".
W Bien. (*Teclado*) Sí, correcto, según la lista que tengo aquí debe llegar el 12, pero no podemos tolerar más retraso, de lo contrario me vería obligado a cambiar de proveedor, señor Vergara. Lo siento. En el futuro tendrá que buscar otra solución para garantizar el plazo de entrega.
V No se preocupe, Sr. Wenzel. Haremos todo lo posible para respetar los plazos de entrega convenidos, pero en este caso no nos ha sido posible.
W Muy bien. En cuanto hayan llegado sus ciruelas le mandaré un correo electrónico.
V De acuerdo, señor Wenzel, y hasta pronto.
W Hasta pronto, señor Vergara.

Diálogo 2:

Ver carta E (pág. 130):

Interlocutores:
Alfonso Martínez, de Martínez & Cía, Cádiz
Carlos Brinkmann de Calvos, de Hogar 2000, Barcelona
Secretaria de Hogar 2000

Sec = Secretaria
M = Alfonso Martínez
B = Carlos Brinkmann de Calvos

Sec Hogar 2000. Buenos días. ¿En qué puedo servirle?
M Martínez. Buenos días. Con el Sr. Brinkmann, por favor.
Sec ¿De parte de quién?
M *(enojado)* Martínez, jefe de la empresa Martínez y Cía.
Sec Perdón, Sr. Martínez. Le paso inmediatamente.
B Brinkmann de Calvos. Buenos días, señor Martínez, ¿cómo está?
M Buenos días, señor Brinkmann. Le llamo porque ha habido un incidente bastante desagradable.
B Espero que no sea culpa nuestra.
M Me temo que sí. Se trata de nuestro último pedido núm. C7378 – microondas y congeladores. Sólo llegaron los microondas y los hoteles me están reclamando los congeladores constantemente. Estamos en plena temporada.
B Lo entiendo perfectamente. Lo siento mucho. *(Teclado)* Según mis datos deben haber salido en el mismo camión. ..... Quizás hayan descargado los congeladores en Almería. .....Bueno. Le prometo ocuparme del asunto en seguida. En todo caso – sea culpa nuestra o del transportista – es grave y lo arreglaré cuanto antes. Como todavía nos quedan los congeladores del mismo tipo en almacén, se los podemos enviar por vía rápida hoy mismo y los tendrán mañana o pasado mañana con seguridad.
M De acuerdo.

B Volveré a llamarle pasado mañana para estar seguro de que todo ha llegado como estaba previsto. Disculpe la molestia que todo esto le está causando. No me puedo explicar qué ha podido ocurrir, porque hasta la fecha siempre ha cumplido y nunca hemos tenido retrasos .....Tiene que ser otro problema. Ya lo comprobaremos. Hasta pronto, señor Martínez.

M Hasta pronto, señor Brinkmann.

Diálogo 3:

Ver carta F (pág. 131)

Interlocutores:
Sr. Guijarro, de Tejidos Peletier, Barcelona
Sra. Sánchez (contable), de Ordóñez & Cía, Madrid
Secretaria de Ordóñez & Cía

G = Guijarro
S = Sánchez
Sec = Secretaria

Sec Ordóñez y Compañía. Buenas tardes. ¿En qué puedo servirle?

G Póngame con Contabilidad, por favor.

Sec Un momento, le pongo con la señora Sánchez.

S Sánchez. Buenos días.

G Buenos días, señora Sánchez. Soy el señor Guijarro, de Tejidos Peletier y llamo porque todavía hay tres pagos pendientes. Le escribí el 10 de agosto, estamos a 2 de septiembre y no hemos recibido ni un euro. ¿Cómo es posible?

S A ver. ¿De qué facturas se trata?

G Núm. 24854 del 10 de junio, núm. 24855 del 11 de junio y núm. 25122 del 30 de junio.

S ¿Puede repetir el segundo número, por favor?

G Es el 24 855.

S Gracias. *(Teclado)*. Ya lo veo. No lo entiendo, señor Guijarro. Yo misma hice las transferencias el 20 de agosto. Los tres importes al mismo tiempo.

G Pues, aquí no ha llegado nada. ¿Quizás se equivocó de número de cuenta? ¿A qué cuenta hizo la transferencia?

S Banco de Santander, núm. 30 31 49 75 2.

G ¿30 31 49 75 **2**?

S Sí, así es.

G Claro, usted escribió el número incompleto, al final no es el 2 sino el 12. ¿No le devolvieron la transferencia?

S Un momento, voy a ver. *(Teclado)* Ah, sí. Nos devolvieron el importe anteayer. No me di cuenta. Lo siento, señor Guijarro. Volveré a hacer la transferencia inmediatamente. Disculpe, hablaré con el banco para que se lo remitan hoy mismo.

G Bien. Eso es todo, gracias. Adiós.

S Adiós, señor Guijarro. Y disculpe el descuido.

6. Respuesta a una reclamación

Ver carta B (pág. 153):

Interlocutores:
Sr. Villón, de Flor de Azahar, Valencia
Sra. Schulze de Lübecker Marzipanfabriken, Lübeck
Secretaria de Lübecker Marzipanfabriken

V = Villón
Sch = Schulze
Sec = Secretaria

Sec Lübecker Marzipanfabriken. Guten Tag ! Was kann ich für Sie tun?
V Villón de Flor de Azahar, España. ¿Habla usted castellano?
Sec Sí, señor. ¿En qué puedo servirle?
V Habla Vd. muy bien español.
Sec Más o menos, gracias.
V Hágame el favor de ponerme con la señora Schulze.
Sec Un momento, por favor. Creo que está en una reunión. ....¿Señor Villón?
V Sí.
Sec La señora Schulze está en su despacho. Ahora se pone.
V Gracias.
Sch Señor Villón. Buenos días. Me alegro de que llame porque sus almendras han llegado esta mañana sin problemas.
V Me alegro de oírlo. Quería asegurarme de que ha recibido la mercancía. Son ustedes uno de nuestros más antíguos clientes y accidentes como el mencionado en la última carta no sirven para mejorar nuestras relaciones, ¿verdad?
Sch No se preocupe, señor Villón. Pero ¿qué pasó?
V Bueno, como ya le conté, cambiamos de transportista y fue un error. Nos dimos cuenta tarde de que no sabe que nuestra mercancía necesita un trato especial. Sin embargo, tengo que admitir que la falta de almendras de primera calidad fue culpa nuestra. Lo siento. No volverá a repetirse. Ya habrá visto que la nueva factura incluye un descuento.
Sch Sí, sí. Se lo agradezco. Bueno, espero que no haya más problemas y que sigamos siendo socios, señor Villón.
V Por supuesto. Sólo me queda darle las gracias por su comprensión. Adiós, señora Schulz.
Sch Adiós, señor Villón.

7. El representante

Ver cartas C y D (pág. 170, 171):

Interlocutores:
Sr. Jigueira, de Cocoexport, Venezuela
Sr. Carlos Werner, de Represantaciones Carlos Werner, Hamburg
Secretaria de Cocoexport, Venezuela

Sec = Secretaria
W = Carlos Werner
J = Sr. Jigueira

Sec Cocoexport. ¡Buenos días!
W Carlos Werner. ¡Buenos días! ¿Está el señor Da Silva en su oficina?
Sec Un momento, voy a averiguarlo....
No, lo siento. Está en Coro. ¿Le pongo con el señor Jigueira?
W Bueno, si el señor Da Silva no está....
J Buenos días señor Werner. ¿Qué tal el viaje? Hace mucho calor aquí, ¿verdad?¿Dónde está alojado?
W Sí, qué calor. En Alemania están a 2 ó 3 grados pero bueno, hay que adaptarse. Me quedan algunos días ...Estoy en el „Altamira", ¿lo conoce?
J Sí. Está un poco lejos de nuestras oficinas. ¿Quiere pasar por aquí esta tarde? Tenemos aire acondicionado.
W Me gustaría, Sr. Jigueira, pero desgraciadamente tengo tantas citas hoy y ya me tengo que ir.
J Vaya, qué casualidad, yo también me voy mañana. Mire, el señor Da Silva no puede entrevistarse con Vd. porque tuvo que irse a Coro ayer y no volverá antes de pasado mañana. Así que, si está de acuerdo, podemos seguir hablando por teléfono sobre el asunto ¿qué le parece?
W De acuerdo. Ya me lo dijo su secretaria. Me hubiera gustado conversar con él pero estoy seguro de que podemos arreglar los pocos puntos que quedan también entre nosotros.
J Sí, claro. El señor Da Silva me dejó todos los papeles. Bueno. Ya le comunicamos que estamos interesados en su trabajo y quisiéramos saber si además de los países mencionados en su oferta tiene buenos contactos en Francia.
W Ya tengo algunos, pero pronto podré contar incluso con más, sobre todo en el norte de Francia. En el sur tengo buenos clientes sobre todo en Marsella.
J Muy bien. Esto nos interesa mucho. Si nombramos a un representante será para los Países Bajos, Bélgica, Luxemburgo y Francia. Las condiciones son las que mencionó el señor Da Silva en su última carta.
W De acuerdo. ¿Y qué entiende usted por aumento de comisión a partir del segundo año y de qué depende?
J Significa que contamos con un volumen de ventas de 200.000 dólares al año. Si usted puede sobrepasar este volumen en un 10 % le concederemos un 0,5 % más. Queda claro que facturaremos nosotros. En cuanto a la publicidad, necesitaremos un presupuesto y algunos ejemplares de los folletos que usted piensa distribuir. ¿Cuántos necesitaría para empezar?
W Unos 150 de cada producto.

J Bien. Voy a redactar el contrato hoy mismo y se lo enviaré al hotel esta misma tarde. Y los folletos los mandaré directamente a Alemania. ¿Tiene alguna pregunta más?
W De momento eso es todo. De todas formas le llamaré mañana por la mañana antes de salir de viaje.
J Muy bien. Estaré en mi despacho a partir de las 8.
W Hasta mañana, señor Jigueira.
J Hasta mañana, señor Werner.

8. Solicitud de empleo

Escuche la siguiente entrevista de trabajo que la Sra. Montes, jefe de personal de la empresa Zaira, realiza con la candidata preseleccionada para el puesto de secretaria de dirección vacante y rellene a continuación la ficha con sus datos.

SM = Sra. Montes
MU = Marta Ugarte

SM: Buenos días, ¿es usted la señora Marta Ugarte Wegener?
MU: Sí, soy yo.
SM: Pase, tome asiento, por favor.
MU: Gracias. Buenos días.
SM: Me alegro de que haya podido venir a la entrevista y poder saludarla personalmente; para nuestra empresa el trato personal es esencial.
MU: Estoy a su disposición.
SM: Bien, pues vamos a empezar. Como ya le comunicamos, después de haber examinado detenidamente su currículum, usted ha sido una de las candidatas preseleccionadas para el puesto de asistente de dirección que ofrecemos. Veo que tiene la nacionalidad española y la alemana, ¿no es así?
MU: Efectivamente. Nací en Múnich y allí estudié el bachillerato. Más tarde mi padre fue nombrado gerente de una filial de su empresa y por eso nos vinimos a vivir a Madrid. Aquí hice la formación profesional de secretariado bilingüe.
SM: Veo que empezó a trabajar muy temprano. Cuénteme algo de la empresa en la que empezó a trabajar.
MU: Era una empresa familiar que se dedicaba a la distribución de vinos españoles. Como en aquella época todavía no tenía experiencia, mi tarea consistía sólo en contestar las solicitudes de oferta y concertar citas con los clientes. Cuando ya gané experiencia, empecé a ocuparme de los pedidos y de algunas reclamaciones. En esa empresa estuve trabajando 2 años.
SM: Y ahora trabaja en otra empresa. Dígame, ¿por qué dejó aquella empresa?
MU: Porque no había perspectivas de ascenso. Entonces decidí hacer una pausa y marcharme a Inglaterra para perfeccionar el inglés. Cuando volví, después de pasar un año estudiando en Londres, entré en la empresa donde trabajo actualmente. Es una empresa de Informática y ya llevo trabajando 3 años en el departamento de márketing; aquí tengo más responsabilidades, pero lo que realmente me interesa es el puesto de asistente de dirección. Me gusta buscar información, preparar presentaciones con Power Point y gestionar la agenda del director. Ya tengo 30 años y pienso que tengo suficiente experiencia para ocupar un puesto como el que ustedes ofrecen.

SM: Sí, y por eso precisamente la hemos preseleccionado, porque su perfil nos gusta y su experiencia nos parece muy valiosa. Una última pregunta, ¿por qué quiere trabajar con nosotros?
MU: Su empresa tiene diversas filiales en Alemania y creo que con ustedes tendría grandes posibilidades de trabajar en alguna de ellas.
SM: Claro, ya entiendo. Dígame, en caso de que sea seleccionada, ¿cuándo podría incorporarse?
MU: Estaría disponible a partir del 30 de octubre.
SM: Perfecto. Pues eso es todo por hoy. En los próximos días nos pondremos en contacto con usted.
MU: Muchas gracias y espero que hasta pronto.
SM: Adiós, señorita Ugarte, hasta pronto.

español – alemán

SOLICITUD DE OFERTA

1 Introducción

empresa, la	das Unternehmen
conseguir (-i-)	hier: bekommen
relaciones comerciales, las	die Geschäftsbeziehungen
comprador, el	der Käufer
información, la	die Auskunft, die Information
básico	grundlegend
consulado, el	das Konsulat
embajada, la	die Botschaft
Cámara de Comercio, la	die Handelskammer
anuncio, el	die Anzeige
feria, la	die Messe
guía de ramos, la	das Branchenadressbuch
detallado	ausführlich
proveedor, el	der Lieferant

1.1 Modelos de cartas

Carta A

c/ (= calle, la)	die Straße
estimar	schätzen
aparecer (-zc-)	erscheinen
n.° = número, el	die Nummer
ofrecer (-zc-)	anbieten
muebles, los	die Möbel
mencionar	erwähnen
nos interesa (algo)	uns interessiert (etwas)
en especial	insbesondere, besonders
silla, la	der Stuhl
secretaria, la	die Sekretärin
reunión, la	die Sitzung, die Versammlung
armario, el	der Schrank
tengan (Uds.) la amabilidad de	bitte .../(seien Sie so nett ...)
enviar	schicken
catálogo, el	der Katalog
lista de precios, la	die Preisliste
rogar (-ue-)	bitten
comunicar	mitteilen
condiciones de pago, las	die Zahlungsbedingungen
condiciones de entrega, las	die Lieferbedingungen
competencia, la	die Konkurrenz
fuerte	stark
mercado, el	der Markt
agradecer (-zc-)	danken
indicar	angeben

oferta, la	das Angebot
satisfacer	zufriedenstellen, zusagen
pasar un pedido	einen Auftrag erteilen
pedido de prueba, el	der Probeauftrag
respuesta, la	die Antwort
dirección, la	die Anschrift, Adresse
pedir (-i-)	bitten um, verlangen
casa, la	hier: die Firma
estar dispuesto a	bereit sein zu
utilizar	(be)nutzen, verwenden

Carta B

S.A. (= sociedad anónima, la)	die Aktiengesellschaft
apartado (de correos), el	das Postfach
apreciar	schätzen
proporcionar	be-/verschaffen; hier: zur Verfügung stellen
dedicarse a (una cosa)	sich (einer Sache) widmen
importación, la	der Import
cava, el	der (spanische) Sekt
champán, el	der Sekt (französischer und allgemein)
subir	steigen
considerable	beträchtlich
entablar (p. ej. relaciones comerciales)	aufnehmen (z. B. geschäftliche Beziehungen)
tengan la bondad de (+ infinitivo)	bitte.../seien Sie so freundlich ...
informar de/sobre (algo)	informieren über
actual	derzeitig, aktuell
plazo de entrega, el	die Lieferfrist
aproximado	ungefähr
demás	übrige, weitere
favorable	günstig
contar (-ue-) con	rechnen mit
importante	hier: größer
(en) caso de que	falls
dirigirse a	sich wenden an
facilitar	zur Verfügung stellen
datos, los	die Angaben; die Unterlagen; die Daten
someter/hacer una oferta	ein Angebot unterbreiten
entretanto	in der Zwischenzeit
artículo, el	der Artikel
comprar algo a alguien	etwas von jmd. kaufen
prometer	versprechen
producto, el	das Erzeugnis, das Produkt
categoría, la	hier: die Art

Carta C

Asunto:	Betrifft: (sonst: Angelegenheit)
electrónico	elektronisch

alegrarse de	sich freuen über
ampliar	erweitern
surtido, el	das Sortiment
compra, la	der Kauf
modelo, el	das Modell
serie, la	die (Fabrikations-) Serie
por ello	deshalb
cuál, cuáles	welche/r/s
estar equipado con	ausgestattet sein mit
además	außerdem
quisiéramos saber	wir möchten gerne wissen
garantizar	garantieren
suministro, el	die Lieferung
pieza de recambio, la	das Ersatzteil
durante	während
por lo menos	mindestens, wenigstens
incluir en	hier: aufnehmen in; sonst auch: beilegen
próximo	nächste
cuanto antes	so bald wie möglich
departamento, el	die Abteilung
comparar	vergleichen
introducción, la	die Einführung
anterior	vorhergehend
¿Qué información específica?	Welche Art Information?

Carta D

Ctra. (= carretera)	die Landstraße
lanzamiento, el	hier: die Einführung (eines Produktes)
distinguido	hier: ge-/verehrt (in Anrede)
calzado, el	die Schuhe, das Schuhwerk
tener ocasión de	die Gelegenheit haben, zu
comprobar (-ue-)	feststellen, (über-) prüfen
calidad, la	die Qualität
expuesto (exponer)	ausgestellt (ausstellen)
stand, el	der Messestand
a través de	durch, mittels
representante, el	der Vertreter
exportar	exportieren
cadena de tiendas, la	die Ladenkette
volumen de ventas, el	der Umsatz
introducir (-zc-)	einführen
marca, la	die Marke
temporada, la	die Saison
precio de exportación, el	der Exportpreis
condiciones de venta, las	die Verkaufsbedingungen
muestra, la	das Muster
piel, la	hier: das Leder
lanzar	hier: einführen
conceder	gewähren

rebaja especial, la	der Sonderrabatt
en espera de	in der Hoffnung auf
pronto	baldig (Adj.), bald (Adv.)
aprovechar la ocasión para	die Gelegenheit nutzen, um
gerente, el	der Geschäftsführer
fabricante, el	der Hersteller
entrar en (relaciones)	(Beziehungen) aufnehmen
distribuidor, el	der Wiederverkäufer
cliente, el	der Kunde
detalle, el	die Einzelheit
contener	beinhalten
¿Qué clase de...?	Welche Art von ...?

1.2 Frases modelo

suministrar	liefern
noticias, las	die Nachrichten

1.3 Ejercicios de gramática

mayorista, el	der Großhändler
perfume, el	das Parfüm
representación, la	die Vertretung
colaborar	zusammenarbeiten
folleto, el	der Prospekt
ventajoso	vorteilhaft
importador, el	der Importeur
clientela, la	die Kundschaft
estar seguro (de)	(sich z. B. einer Sache) sicher sein
convenir	zusagen, gefallen
resultado de venta, el	das Verkaufsergebnis
factura, la	die Rechnung
enseñar	zeigen
mercancía, la	die Ware
completo	vollständig
lamentar	bedauern
despachar	abschicken
sustituir	ersetzen
complemento, el	das Objekt (gramm.)
en cursiva	kursiv gedruckt
en almacén	auf Lager
negocio, el	das Geschäft
colección, la	die Kollektion (= Mustersammlung von Waren)
competitivo	konkurrenzfähig
antena parabólica, la	die Parabolantenne
técnico	technisch
transformar	umwandeln

demostración, la	die Vorführung
hacer una demostración de u/c	etwas vorführen
aparato, el	der Apparat
mobiliario, el	das Mobiliar; die Möbel
sartén, la	die Pfanne
acero, el	der Stahl
inoxidable	rostfrei
rebaja por cantidades, la	der Mengenrabatt

1.4 Ejercicios de vocabulario y construcción de frases

abreviatura, la	die Abkürzung
de repente	plötzlich
cuero, el (la piel)	das Leder
cristal, el	das Glas
relacionar	verbinden
utilizar	(be)nutzen, verwenden
celebrar una feria	eine Messe abhalten
altavoz estéreo, el	der Stereo-Lautsprecher
incorporado	hier: eingebaut
esencia, la	die Essenz
perfumería, la	der Parfümerie-Artikel; die Parfümerie
completar	vervollständigen, ergänzen
intención, la	die Absicht
propietario, el	der Eigentümer

1.5.1 Anuncios

calzoncillo, el	die Unterhose
algodón, el	die Baumwolle
estampado	bedruckt (bei Textilien)
albornoz, el	der Bademantel
manga, la	der Ärmel
camiseta, la	das T-Shirt; Unterhemd
tejido, el	der Stoff
acabado, el	die Verarbeitung
estuche regalo, el	die Geschenkpackung
aceite vegetal, el	das Pflanzenöl
oveja, la	das Schaf
distinguirse por	sich auszeichnen durch
curación, la	die Reife (bei Käse)
sabor, el	der Geschmack

1.7 Pasatiempos

sinónimo, el	das Synonym (= das gleichbedeutende Wort)
eslógan publicitario, el	der Werbeslogan
seguro de vida, el	die Lebensversicherung
fragancia, la	der Duft
vestir (-i-)	anziehen
inolvidable	unvergesslich
placer, el	die Lust, das Vergnügen
nítido	scharf (Bild)
medir (-i-)	messen
andar	gehen
loco	verrückt
descubrir	entdecken
adivinanza, la	das Rätsel
trabalenguas, el	der Zungenbrecher
refrán, el	das Sprichwort
contenido, el	der Inhalt
significar	bedeuten
solicitar	bitten um, anfordern

OFERTA

2.1 Modelos de cartas

Carta A

conservas de pescado, las	die Fischkonserven
escrito, el	das Schreiben
clientela, la	die Kundschaft
exigente	anspruchsvoll
idea, la	die Vorstellung
caja, la	die Kiste; der Karton
cada (unveränderlich)	jeder
especialidad, la	die Spezialität
de este modo	auf diese Weise
excelente	ausgezeichnet
presentación, la	die Aufmachung
sin duda	zweifellos
encontrar (-ue-) buena acogida entre	gute Aufnahme finden/gut ankommen bei
consumidor, el	der Verbraucher
enviar adjunto	beilegen, als Anlage schicken
último	letzter
cotización, la	die Preisangabe
sin compromiso	unverbindlich
FOB	= Incoterm (free on board)
plazo, el	die Frist
en el plazo de	innerhalb von
después de recibir...	nach Erhalt ...
tratarse de	sich handeln um

realizar un negocio	ein Geschäft abwickeln
carta de crédito, la	das Akkreditiv
abrir una carta de crédito	ein Akkreditiv eröffnen
irrevocable	unwiderruflich
confirmado	bestätigt
por medio de	durch, über
sucursal, la	die Zweigstelle
material de publicidad, el	das Werbematerial
por ejemplo	zum Beispiel
cartel, el	das Plakat
vídeo	das Video (Videokassette)
favorecernos (-zc-) con su pedido	uns einen Auftrag erteilen (wörtlich: uns mit Ihrem Auftrag begünstigen)
con puntualidad	pünktlich
a su entera satisfacción	zu Ihrer vollen Zufriedenheit
anexo, el	die Anlage
forma de pago, la	die Zahlungsart
exigir	fordern, verlangen
entregar	liefern
ayuda, la	die Hilfe
conquistar	erobern
estar convencido de	überzeugt sein von

Carta B

natural	hier: naturbelassen
prestigio, el	das Prestige
burbuja, la	die Luftblase
alegre	fröhlich
atención, la	die Aufmerksamkeit
competir (-i-)	konkurrieren
gozar de	genießen
mercado nacional, el	der inländische Markt
varios países	mehrere Länder
Estados Unidos, (los)	die Vereinigten Staaten
éxito, el	der Erfolg
confirmar	bestätigen
en cuanto a	bezüglich, hinsichtlich
actualizado	aktualisiert
observar	hier: beachten
cantidad mínima por orden, la	die Mindestbestellmenge
orden, la	der Auftrag
botella de 0,75 litros, la	die Dreiviertelliterflasche
neto	netto
a 30 días fecha factura	30 Tage nach Rechnungsdatum
descuento, el	der Rabatt
conceder un descuento	einen Rabatt gewähren
elevado	hoch
en el plazo de	innerhalb

acabar de hacer algo	etwas gerade gemacht haben
dentro de	innerhalb von
por correo aparte	mit getrennter Post
preferir (-ie-/-i-)	vorziehen, bevorzugen
transporte, el	der Transport
productor, el	der Hersteller (von landwirtschaftlichen Erzeugnissen)

Carta C

en respuesta a	in Beantwortung
cte. (= del corriente)	dieses Monats
tener el gusto de	sich freuen
ejemplar, el	das Exemplar
al por mayor	Großhandels-
solicitar	um etwas bitten; anfordern
reducción, la	hier: die Ermäßigung
mejorar	verbessern
destacar por	sich auszeichnen durch
no solo... sino también...	nicht nur ... sondern auch ...
aspecto, el	das Aussehen
acabado, el	die Verarbeitung
reciente	hier: neuerer
fabricación, la	die Produktion
procesador de textos, el	das Textverarbeitungsprogramm
famoso	berühmt
teclado, el	die Tastatur
anunciar	ankündigen
publicidad, la	die Werbung
estar contento con	zufrieden sein mit
sumamente	höchst, äußerst
resultado, el	das Ergebnis
poner a su disposición	Ihnen zur Verfügung stellen
almacén, el	das Lager
al por mayor	Großhandels-
incluir	hier: einschließen
instalación, la	hier: der Einbau
gratuito	kostenlos
adecuado para	geeignet, angemessen für
embalaje, el	Verpackung, die
entrega, la	die Lieferung
seguro, el	die Versicherung
sin embargo	jedoch
contratar el seguro	die Versicherung abschließen
cargar	belasten
(Le cargamos el seguro.)	(Wir belasten Sie mit der Versicherung.)
descuento por cantidades, el	der Mengenrabatt
margen de beneficio, el	die Gewinnspanne
estrecho	eng; hier: klein

aconsejar	raten
reducir (-zc-) (los precios)	(die Preise) herabsetzen
presentar	vorstellen, präsentieren
p. d. = por delegación	in Vertretung (i. V.)
material informativo, el	das Informationsmaterial
justificar	begründen

Carta D

aparatos electrodomésticos, los	elektrische Haushaltsgeräte
exportador, el	der Exporteur
(horno de) microondas, el	der Mikrowellenherd
llegar en perfectas condiciones	in tadellosem Zustand ankommen
envío, el	die Lieferung, die Sendung
debido a	aufgrund
lograr un/tener éxito	einen Erfolg erzielen/Erfolg haben
incomparable	unvergleichlich
ventaja, la	der Vorteil; hier: der Vorzug
perfección técnica, la	die technische Vollkommenheit
venderse bien	sich gut verkaufen lassen
facilitar	erleichtern
oferta especial, la	das Sonderangebot
referencia, la	hier: Bestellnummer
capacidad, la	die Kapazität
potencia, la	die Leistung
vatio, (el)	(das) Watt
plato giratorio, el	der Drehteller
recetario (de cocina), el	das Kochbuch
unidad, la	das Stück; hier: pro Stück
ex fábrica	ab Fabrik
se sobreentiende que	es versteht sich von selbst, dass ...
garantía, la	die Garantie
ser válido	gültig sein
caja de cartón, la	der Karton
peso, el	das Gewicht
c/u (= cada uno)	pro Stück
efectuar la entrega	die Lieferung durchführen
la entrega se efectuará...	die Lieferung wird... erfolgen
el pago debe efectuarse...	die Zahlung muss... erfolgen
entrega, la	hier: die Übergabe
documentos, los	die Dokumente
general	allgemein
invitar	einladen
exposición, la	die Ausstellung
superior	hervorragend
ir dirigido a	an ... gerichtet sein (Brief)
tener en cuenta	berücksichtigen
tamaño, el	die Größe

Carta E

nos complace	es freut uns
saber	hier: erfahren
actualmente	zurzeit
desarrollar	entwickeln
estrategia, la	die Strategie
comercial	Handels-
lanzar al mercado alemán	auf den deutschen Markt bringen
alcanzar	erreichen, erlangen
grado de popularidad, el	der Beliebtheitsgrad
diverso	verschieden
disponer de	verfügen über
propio	eigen
red, la	das Netz
permitir	erlauben
llamar la atención sobre	die Aufmerksamkeit lenken auf
escaparate, el	das Schaufenster
ilustrado	bebildert
Unión Europea, la	die Europäische Gemeinschaft
habitualmente	(für) gewöhnlich, in der Regel
en general	im Allgemeinen
apertura, la	die Eröffnung
nada conocido	überhaupt nicht bekannt
variar según	hier: abhängen von
variar	sich ändern, wechseln
no dudar en (hacer algo)	nicht zögern, (etwas zu tun)
ponerse en contacto con	sich in Verbindung setzen mit
director de ventas, el	der Verkaufsleiter
gustosamente	gerne
surtido (adj.)	gemischt, Auswahl-
talla, la	die Größe (Schuhe, Kleidung)
para caballeros	für Herren (Schuhe, Kleidung)
envío, el	der Versand
según	gemäß
remesa, la	die Sendung
remitir	schicken
principal	hauptsächlich, wesentlich
referente a	bezüglich
quedar a su disposición	zu Ihrer Verfügung stehen
entero	vollständig, ganz
cualquier	jegliche(r/s)
adicional	zusätzlich
ambas casas	beide Firmen
consistir en	bestehen in; freier: sich handeln um

Carta F

popelín, el	der Popelin (Gewebe)
gabardina, la	der Gabardine (Gewebe)
con mucho gusto	sehr gerne
seguir (+ gerundio)	weiterhin (tun)
ancho, el	die Breite
(en los anchos de ...)	(in den Breiten ...)
enrollar	auf rollen
tubo, el	die Röhre
por lo tanto	deshalb
encargar	bestellen
pieza, la	das Stück
como de costumbre	wie gewohnt
verse obligado a	sich gezwungen sehen, zu
ligero	leicht
reajuste, el	(Neu-) Anpassung
tela, la	das Gewebe, der Stoff
aumento, el	der Anstieg
continuo	ständig, kontinuierlich
costes, los	die Kosten
junto con	zusammen mit
contener (-ie-)	beinhalten
diseño, el	das Muster, das Dessign
véase	siehe
según su deseo	wunschgemäß
por correo separado	mit getrennter Post
uniforme, el	die Uniform
hogar, el	das Zuhause
ropa para el hogar	Kleidung für zu Hause, Homewear
aparte de	außer, neben, abgesehen von
azul oscuro	dunkelblau
verde claro	hellgrün
precintado	eingeschweißt
al recibir el pedido	bei Erhalt des Auftrages
por cheque	per/mit Scheck
exceder	übersteigen
cordial	herzlich
párrafo, el	der Abschnitt
particularidad, la	die Besonderheit
comercialización, la	die Vermarktung
escoger	aussuchen

2.2.1 Incoterms

modo de transporte, el	die Transportart
lugar, el	der Ort
convenir (-ie-)	vereinbaren
puerto de destino, el	der Bestimmungshafen

2.2.3 Frases modelo

dar las gracias por	danken für
quedar agradecido por	danken für
acusar recibo de	den Empfang bestätigen von
celebrar	hier: sich freuen
Nos es grato...	Es freut uns ...
tener el placer (de...)	das Vergnügen haben, sich freuen
adjuntar a (la presente)	(z.B. diesem Brief) beilegen
incluir en (la presente)	(z.B. diesem Brief) beilegen
prospecto, el	der Prospekt
sentir (-ie-/-i-)	bedauern
corresponder a su deseo	Ihrem Wunsch entsprechen
obtener un descuento	einen Rabatt erhalten
hecho, el	die Tatsache
novedad, la	die Neuheit
desde almacén	ab Lager
ejecutar el pedido	den Auftrag ausführen
esmero, el	die Sorgfalt

2.3 Ejercicios de gramática

acero, el	der Stahl
ser de su agrado	Ihnen gefallen
equivalente, el	die Entsprechung; (hier: die Übersetzung)
tratar (de hacer)	versuchen (zu tun)
aniversario, el	der Jahrestag
causar	verursachen
competición, la	der Wettbewerb
echar	hinauswerfen, entlassen
asunto, el	die Angelegenheit
pedir (-i-)	bestellen
indispensable	unerlässlich
empleado, el	der Angestellte
es preciso que (+ subj.)	es ist notwendig, dass
conducir (-zc-)	hier: führen
caer (caigo,...)	fallen
error, el	der Irrtum
callarse	schweigen
entre paréntesis	in Klammern
usual	üblich
elegir (-i-)	auswählen
cotización, la	hier: die Preisangabe
objeto, el	der Gegenstand
asociado, el	der Teilhaber, der Partner
confianza, la	das Vertrauen
comprador, el	der Käufer
encargarse de u/c	etwas übernehmen; sich um etwas kümmern

servir (-i-) un pedido	einen Auftrag ausführen
ocuparse de	sich befassen mit
casa competidora, la	die Konkurrenzfirma

2.4 Ejercicios de vocabulario y construcción de frases

relacionar	verbinden
columna, la	die Spalte (auf Buchseite)
minorista, el	der Einzelhändler
hipermercado, el	der (sehr große) Supermarkt, SB-Warenhaus
apertura, la	die Eröffnung
cuenta bancaria, la	das Bankkonto
documentos de embarque, los	die Verschiffungsdokumente
importe (de la factura), el	der (Rechnungs-) Betrag
sustancia, la	die Substanz

2.5 Ejercicios de redacción

dibujo, el	die Zeichnung
(pantalones) vaqueros, los	die Jeans
algodón, el	die Baumwolle
tapa, la	der Deckel
medida, la	das Maß
grosor, el	die Dicke, die Stärke
base, la	hier: die Bodenplatte
mango, el	der Griff
apropiado para	geeignet für
individual	hier: einzeln
diámetro, el	der Durchmesser
crema solar, la	die Sonnencreme
lentejas, las	die Linsen
melocotón, el	der Pfirsich
albaricoque, el	die Aprikose
fresa, la	die Erbeere

2.7 Pasatiempos

crucigrama, el	das Kreuzworträtsel
comportarse	sich verhalten
comestible	essbar
conservar	aufbewahren
aceituna, la	die Olive
cartel, el	das Plakat
respirar	atmen
colgar (-ue-)	aufhängen
consejo, el	der Rat

PEDIDO
3.1 Modelos de cartas
Carta A

de acuerdo con	in Übereinstimmung mit; gemäß
mantener una conversación	ein Gespräch führen
colaborador, el	der Mitarbeiter
siguiente, el	folgender
pisapapel, el	der Briefbeschwerer
madera de olivo, la	das Olivenholz
regla, la	das Lineal
medida, la	das Maß, die Abmessung
CIP	(siehe Incoterms, S. 47)
seguro, el	die Versicherung
cubrir, cubierto	decken, gedeckt
sin otro particular	span. Floskel am Briefende (nicht übersetzen)

Carta B

apdo. = apartado	das Postfach
amabilidad, la	die Freundlichkeit
dicho	hier: der besagte
resultar	ausfallen, sich erweisen als; hier einfach: sind
entero, -a	voll, gänzlich
atún, el	der Thunfisch
claro	hell
en escabeche	in Marinade, mariniert
berberecho, el	die Herzmuschel
al natural	in eigenem Saft
lo más tarde	spätestens
a finales de	Ende ...
dado que	da, weil
a principios de	zu Beginn, Anfang (hier: des Monats)
tener lugar	stattfinden
mariscos, los	die Meeresfrüchte
cumplir con	einhalten
hacerse cargo de algo	etwas übernehmen; hier: besorgen
póliza, la	Police, die
advertir (-ie-/-i-)	(darauf) hinweisen
marcar	markieren
por lo menos	mindestens
altura, la (de 15 cm de altura)	die Höhe (mit einer Höhe von 15 cm)
transacción, la	das Geschäft
estar de acuerdo	einverstanden sein
apertura, la	Eröffnung, die
a su favor	zu Ihren Gunsten
estudiar la posibilidad	die Möglichkeit prüfen
facilidades de pago, las	die Zahlungserleichterungen
con motivo de	anlässlich
disponer de	verfügen über

preferentemente	vorzugsweise
Fdo. = firmado	gezeichnet

Carta C

junto con	zusammen mit
conforme a	entsprechend, gemäß
código, el	die Kennziffer; der Code
importe total, el	der Gesamtbetrag
estantería, la	das Regal
correr por nuestra cuenta	zu unseren Lasten gehen
cuenta, la	das Konto
ordenar	beauftragen; anordnen
crédito documentario, el	das Akkreditiv
válido	gültig
pagadero en	zahlbar bei
aún	noch
transferencia, la	die Überweisung
factura proforma, la	die Pro-forma-Rechnung
avisar	mitteilen, benachrichtigen
fecha de embarque, la	das Verschiffungsdatum
creciente	wachsend
demanda de, la	die Nachfrage nach
ampliar	erweitern

Carta D

gabardina, la	hier: der Gabardinestoff
tener el placer de	sich freuen (z. B. mitteilen zu können)
nota de pedido, la	der Bestellschein
en vez de	anstatt, anstelle von
previsto	vorgesehen
en firme	fest, verbindlich
de lo contrario	andernfalls
anular	stornierer
devolver (-ue-)	zurückschicken
debidamente	ordnungsgemäß
firmar	unterzeichnen, unterschreiben
propuesta, la	der Vorschlag
género, el	hier: das Gewebe, der Stoff
se sobreentiende	es versteht sich von selbst
tejido, el	der Stoff
corresponder a	entsprechen
algodón estampado, el	der bedruckte Baumwollstoff
p. p. = por poder	ppa. = per Prokura
disponer el envío de	den Versand... veranlassen
cuadruplicado	vierfach
enrollado (en)	aufgerollt (auf)
tubo, el	die Rolle
presente, el presente pedido	vorliegend, der vorliegende Auftrag

Carta E

portada, la	das Deckblatt
embarque, el	die Verladung, die Verschiffung
surtido, el	das Sortiment, die Auswahl; die Mischung
cupo, el	hier: der Frachtraum im Flugzeug

Carta F

recepción, la (sudam.) = recibo, el	Empfang
anunciar	ankündigen
fechado	datiert
comprobar (-ue-)	feststellen
llegar a la conclusión	zu dem Schluss kommen; (etw.) schließen
ofertar	anbieten
contenedor, el	Container, der
a granel	lose, unverpackt, Schüttgut
factura comercial, la	die Handelsrechnung
conocimiento de embarque, el	das Konnossement, der Seefrachtbrief
certificado de origen, el	das Ursprungszeugnis
certificado fitosanitario, el	die Pflanzenschutzbescheinigung
disponible	verfügbar
ensayo, el	der Versuch
cumplimiento, el	die Erfüllung, die Erledigung

3.2 Frases modelo

a principios de	zu Beginn (z. B. eines Monats)
a mediados de	Mitte (des Monats)
a finales de	Ende (des Monats)
buque, el	das Schiff

3.3 Ejercicios de gramática

retraso, el	die Verzögerung
regularidad, la	die Regelmäßigkeit
aspirador, el	der Staubsauger
potencia, la	die Leistung
provisto de	ausgestattet/versehen mit
micrófono, el	das Mikrofon
rechazar	zurückweisen, ablehnen
escalera, la	die Leiter
capaz de	fähig zu; hier: geeignet
soportar	hier: tragen
joven, el	der Jugendliche
degustar	(Geschmack) kosten, probieren
cheque cruzado, el	der Verrechnungsscheck
aprovechar la oportunidad	die Gelegenheit nutzen
de puerta a puerta	von Tür zu Tür (Versicherungsklausel)

cubrir	decken (Versicherung)
bombilla, la	die Glühbirne
esfuerzo, el	die Anstrengung

3.4 Ejercicios de vocabulario y construcción de frases

gama de productos, la	die Produktpalette
viruta, la	der Holzspan, der Sägespan
bulto, el	das Packstück
empresa financiera, la	das Finanz(ierungs)unternehmen
acero inoxidable, el	der rostfreie Stahl
acordado	hier: vereinbart
mediante	mittels, per

3.5 Ejercicios de redacción

reloj, el	die Uhr
reloj de pulsera, el	die Armbanduhr
cubertería, la	das Besteck
toalla, la	das Handtuch
cesto, el	der Korb
paja, la	das Stroh
pera, la	die Birne (Frucht)
bandeja, la	das Tablett; die flache Steige (für Obst)

3.6 Ejercicios de traducción

la fecha de caducidad	das Verfalldatum
por quintuplicado	fünffach

3.7 Pasatiempos

término, el	der Begriff
coincidir con	übereinstimmen mit
casilla, la	hier: das Kästchen
colgar (-ue-)	(auf)hängen

CONFIRMACiÓN DEL PEDIDO Y AVISO DE DESPACHO

4 Introducción

confirmación, la	die Bestätigung
aviso de despacho, el	das Versandavis, die Versandanzeige
rectificar	berichtigen
constatar	feststellen

modificación, la	die Änderung
rechazar	ablehnen, zurückweisen

4.1 Modelos de cartas

Carta A

depositar confianza en alguien	Vertrauen setzen in jmd.
nos/me complace	es freut uns/mich
confirmar	bestätigen
en relación con	bezüglich, in Bezug auf
escaso	knapp
puesto que	da, weil
iniciar	beginnen
por esta razón	aus diesem Grund
el stock	der Lagerbestand, der Vorrat
(tener en stock)	(auf Lager haben)
hacer todo lo posible para	alles tun, um
totalidad, la	die Gesamtheit
restante	restlich
respecto a	bezüglich
norma, la	die Regel, die Richtlinie
establecer normas	Regeln aufstellen
no obstante	trotzdem, dennoch
dirección, la	die (Geschäfts-) Leitung
revisar (los precios)	(die Preise) überprüfen
sumamente (interesado)	äußerst (interessiert)
impreso	gedruckt
a la mayor brevedad posible	so schnell wie möglich
citar	anführen, erwähnen

Carta B

refrigerador, el	der Kühlschrank
descongelación automática, la	die Abtauautomatik
capacidad, la	die Kapazität, das Fassungsvermögen
expedir (-i-)	(ab-)schicken
porte pagado	frachtfrei
observar	hier: beachten
instrucciones, las	die Anweisungen
estrictamente	strikt, streng
ir incluido	eingeschlossen sein
comisión, la	die Provision
agente intermediario, el	der Vermittler
asimismo	ebenso, ebenfalls
apreciar	hier: beurteilen
gama (de productos), la	die Produktpalette
llegar en buenas condiciones	in gutem Zustand ankommen

Carta C

tonelada, la	die Tonne
ciruela, la	die Pflaume
empaquetar	verpacken
estipular	(vertraglich) festlegen
proceder a (hacer algo)	dazu übergehen/sich anschicken (etwas zu tun)
salir de/para	hier: (Schiff) auslaufen aus/nach
quedar/estar conforme con	einverstanden sein mit

Carta D

a continuación	im Folgenden
almíbar, el	der Sirup
cosecha, la	die Ernte
por carretera	per LKW
etiqueta a utilizar, la	das zu verwendende Etikett
bote, el	die Büchse, die Dose
código de barras, el	der Strichcode (europäische Artikelnummerierung)
CMR (= carta de porte)	Frachtbrief für den LKW-Transport
marcar	markieren
lote, el	der Posten, die Partie (= best. Menge einer Ware)

Carta E

de acuerdo con	in Übereinstimmung mit; gemäß
pasta de anchoa, la	die Sardellenpaste
a bordo (de un buque)	an Bord (eines Schiffes)
destino, el (con destino a Hamburgo)	der Bestimmungsort, das Ziel (nach Hamburg)
previsto (prever)	vorgesehen
adelantar	hier: vorwegschicken
vía fax	per Fax
certificado sanitario, el	das Gesundheitszeugnis
visar	mit einem Vermerk versehen
autoridades, las	die Behörden
local	örtlich
espera, la (estar a la espera de)	das Warten (warten auf)
partida, la	der Posten, die Partie

4.2 Frases modelo

anotar (el pedido)	(den Auftrag) vormerken
sin más tardar	unverzüglich
embarcar	verschiffen, verladen

curso, el	hier: der Lauf/Verlauf
(en el curso de esta semana)	(im Laufe dieser Woche)
vapor, el	der Dampfer
portacontenedores, el	das Containerschiff
aviso, el	die Benachrichtigung
disminuir los precios [(en) un 2 %]	die Preise (um 2 %) senken
anular/cancelar (el pedido)	(den Auftrag) stornieren
existencias, las	der Lagerbestand, der Vorrat
agotarse	ausgehen (Waren)

4.3 Ejercicios de gramática

mocasín deportivo, el	der Sportslipper
reservarse el derecho (de hacer algo)	sich das Recht vorbehalten (etwas zu tun)
inicial, la	der Anfangsbuchstabe
embalar	einpacken, verpacken
departamento de expedición, el	die Versandabteilung
transmitir	übermitteln
despacho, el	der Versand
tarro, el	das (Einmach-/Marmeladen-) Glas
deducir (-zc-) (el descuento)	(den Rabatt) abziehen
mantenerse estable	stabil bleiben
reemplazar	ersetzen
agente de transportes, el	der Spediteur
prestar un servicio	einen Dienst leisten

4.4 Ejercicios de vocabulario y construcción de frases

instruir	anweisen
petición, la	die Bitte
inicio, el	der Beginn

4.7 Pasatiempos

poner en desorden	in Unordnung bringen
reconvertir (-ie-/-i-)	hier: zurückverwandeln
encerrar (-ie-)	einschließen
cuadro, el	hier: das Kästchen
guía de teléfonos, la	das Telefonbuch
ser, el	das Wesen
microscópico	winzig (wörtl.: mikroskopisch klein)

RECLAMACIÓN

5.1 Modelos de cartas

Carta A

mercadería, la	die Ware
correspondiente	entsprechend
poder, el; llegar a nuestro poder	die Macht; in unseren Besitz gelangen
ciruela, la	die Pflaume
en consecuencia	demzufolge
contraer un compromiso	eine Verpflichtung eingehen
demora, la	die Verzögerung
incluso	sogar
ocasionar	verursachen
pérdida, la	der Verlust
siempre y cuando	sofern (+ Subj.)
a partir de	ab; von ... an
insistir en	bestehen auf
respetar	hier: einhalten
convenido	vereinbart
incidente, el	das Vorkommnis
tal incidente	ein solcher Vorfall
remedio, el	das Mittel; hier: bliebe uns keine andere Wahl, als
culpa, la	die Schuld

Carta B

retirar	hier: übernehmen, in Empfang nehmen
coincidir con	übereinstimmen mit
encargar	bestellen
semilla, la	hier: der Kern
acta, el	hier: das Protokoll
levantar un acta	ein Protokoll erstellen
sin duda alguna	ohne jeden Zweifel
percance, el	der Vorfall
error, el	der Irrtum
se debe a	ist zurückzuführen auf
departamento de expedición, el	die Versandabteilung
hecho, el	die Tatsache
inconveniente, el	die Unannehmlichkeit
cumplir con	erfüllen
molestia, la	die Unannehmlichkeit
quedarse con	behalten
siempre que	falls, sofern
procurar	dafür sorgen, dass; sich bemühen
la partida	Sendung; (Versand-) Posten
calificar	hier: beurteilen
atribuir a	zurückführen auf
justificar	begründen, rechtfertigen

Carta C

porcentaje, el	der Prozentsatz
diferir (-ie-/-i-) de	abweichen von
anterior	vorherig
últimamente	in letzter Zeit
grano, el	hier: die Bohne
fermentado	gegoren
olor, el	der Geruch
informe, el	der Bericht, die Mitteilung
experto, el	der Sachverständige, der Fachmann
beneficio,el	südam.: die Plantage
arreglo, el	die Regelung, die Lösung
ambos	beide
comercialización, la	die Vermarktung
elaboración, la	Verarbeitung(sprozess)

Carta D

inspector, el	der Inspekteur, der Kontrolleur, der Gutachter
verificar	prüfen; (Tatsache) bestätigen
afirmación, la	die Behauptung
constatar	feststellen
mojado	feucht, nass
roto	hier: zerbrochen
mejillones al ajillo, los	die Miesmuscheln in Knoblauchsauce
mitad, la	die Hälfte
líquido, el	die Flüssigkeit
derramarse	auslaufen
descuido, el	die Unachtsamkeit, Nachlässigkeit
rellenar	(auf-)füllen
espacio, el	der Raum
vacío	leer, hohl
cartón ondulado, el	die Wellpappe
hallar	finden
recordar (-ue-)	erinnern
verbalmente	mündlich
solucionar	lösen, eine Lösung finden
valor, el	der Wert
compensar	ersetzen, vergüten
proteger	schützen
choque, el	der Stoß
verse obligado a	sich gezwungen sehen, zu
abastecerse en (-zc-)	sich eindecken bei
pendiente de	in Erwartung
desarrollarse	sich entwickeln

Carta E

temer	fürchten
quejarse de	sich beschweren über
ruido, el	der Lärm
excesivo	übermäßig
deficiente	unzureichend, nachlässig
chapa, la	das Blech; die Blechverkleidung
sostener	hier: behaupten
considerar	betrachten, ansehen als
perjudicial	schädlich
salud, la	die Gesundheit
por lo tanto	deshalb
terreno, el	das Land, der Boden hier: der Marktanteil
provocar	provozieren; auf den Plan rufen
intervención, la	das Eingreifen
unión de los consumidores, la	der Verbraucherverband
infundir	einflößen
seguridad, la	die Sicherheit
servicio posventa, el	der Kundendienst
reparación, la	die Reparatur
a domicilio	zu/nach Hause
reconocer (-zc-)	(an)erkennen
gravedad, la	der Ernst; die Wichtigkeit
reemplazo, el	der Ersatz
indemnización, la	die Entschädigung
apropiado	geeignet, angemessen

Carta F

vencimiento, el	die Fälligkeit
inadvertido	unbeachtet
pasar inadvertido	entgehen
pagadero	zahlbar
duplicado, el	das Duplikat, die Zweitausfertigung
pendiente	hier: offen
liquidar	hier: bezahlen, begleichen
mediante	mittels, per
brevedad, la	die Kürze
cancelar	hier: begleichen
contabilidad, la	die Buchhaltung
contable, el	der Buchhalter

5.2 Frases modelo

retraso, el	die Verspätung
dimensión, la	die Abmessung
talla, la	die (Konfektions-) Größe
confundir	verwechseln

tamaño,el	die Größe
textura, la	die Beschaffenheit
tela, la	der Stoff
fino	fein, dünn
resistente	strapazierfähig
grueso	grob, dick
cosido	genäht
costura, la	die Naht
corte, el	der Schnitt
diseño, el	das Design
dibujo, el	die Zeichnung
abollado	verbeult
acabado	gefertigt, verarbeitet
podrido	verdorben
maduro	reif
húmedo	feucht
rasgado	zerrissen, aufgeschlitzt
sujetado	befestigt
promesa, la	das Versprechen
desembalar	auspacken
enfado, el	die Verärgerung
trato, el	die Handhabung, die Behandlung
trasbordo, el	die Umladung
inadecuado	ungeeignet, unsachgemäß
sufrir	erleiden
daño, el	der Schaden
sumamente	höchst
precario	misslich, prekär
defectuoso	schadhaft; defekt
fijar	festlegen
plazo límite, el	die äußerste Frist
exigir	fordern
rechazar	zurückweisen, ablehnen
indemnización, la	die Entschädigung
hacer responsable de	verantwortlich machen für
perjuicio, el	der Schaden; die Schädigung
rescindir (el contrato)	(den Vertrag) auflösen
reservarse el derecho de	sich das Recht vorbehalten
abastecerse (-zc-) en	sich versorgen/eindecken bei
disposición, la	die Verfügung
gastos de reenvío, los	die Kosten für den Rücktransport
correr a cargo de (alguien)	zu Lasten von (jmd.) gehen
llevar a los tribunales	vor Gericht bringen
prescindir de	verzichten auf
erróneamente	irrtümlicherweise
previamente	vorher
de lo contrario	andernfalls

5.3 Ejercicios de gramática

despertador, el	der Wecker
alicates, los	die Flachzange
señal, la	das Zeichen
retrasar	verzögern
materia prima, la	der Rohstoff

5.4 Ejercicios de vocabulario y construcción de frases

almendra, la	die Mandel
frescura, la	die Frische
cosechado	geerntet
ignorar	nicht wissen
obra en nuestro poder	befindet sich in unserem Besitz
mazapán, el	das Marzipan
dulce, el	die Süßigkeit
proceder con	umgehen mit

5.5 Ejercicios de redacción

saco, el	der Sack
roto (romper)	hier: zerrissen
peso, el	das Gewicht
tapa(dera), la	der Deckel
frasco, el	hier: das Glas (Konserven-)
lata, la	die (Blech-) Dose
tarro, el	das (Einmach-/Marmeladen-) Glas
cuello, el	hier: der Kragen
manga, la	der Ärmel
bolsillo superior, el	die Brusttasche
arrugado (arrugar)	zerknittert
bandeja, la	das Tablett (hier: Tablett mit Mulden)
maduro	reif
podrido (pudrirse)	verfault
bote, el	die (größere) Dose
abollar	verbeulen
taburete, el	der Hocker
tacón, el	der (Schuh-) Absatz
suela, la	die Sohle
costura, la	die Naht
despegado	losgelöst
señal de, la	das Zeichen
mostrar señales de	Anzeichen ... aufweisen

RESPUESTA A UNA RECLAMACIÓN

6 Introducción

justificado	gerechtfertigt
pedir (-i-) disculpas	um Entschuldigung bitten
cumplimiento, el (del contrato)	die Erfüllung (des Vertrages)

6.1 Modelos de cartas

Carta A

herramientas, las	das Werkzeug
alicates, los	die Flachzange
cumplimentar (el pedido)	(den Auftrag) ausführen
a tiempo	rechtzeitig
conflicto laboral, el	der Arbeitskampf
interrumpir	unterbrechen
afortunadamente	glücklicherweise
ritmo, el	der Rhythmus; hier: Geschwindigkeit
estar atrasado en u/c	mit etwas im Rückstand sein
prioridad, la	der Vorrang
dar la máxima prioridad a u/c	etwas mit höchster Dringlickeit behandeln
fecha límite, la	äußerster/letzter Termin
fijar	festsetzen
sincero	aufrichtig
disculpa, la	die Entschuldigung
involuntario	unfreiwillig
afectar a u/c	etwas beeinträchtigen
retrasarse	sich verspäten

Carta B

por ser Uds....	weil Sie ... sind
confundir con	verwechseln mit
destinado a	bestimmt für
dañar	beschädigen
compañía de transportes, la	die Spedition
dejar mucho que desear	viel zu wünschen übrig lassen
responsable, el	der Verantwortliche
facturar	in Rechnung stellen, fakturieren
disculpar	entschuldigen
medida, la	die Maßnahme
tono, el	der Ton; der Stil

Carta C

elaborar	herstellen; hier: entwickeln
en efecto	in der Tat, tatsächlich
fórmula, la	hier: die Rezeptur
orgulloso (de u/c)	stolz (auf etwas)
progreso, el	der Fortschritt
de forma que	sodass (hier: das heißt, dass)

deducir (-zc-)	abziehen
actitud, la	die Haltung, das Verhalten
tener en cuenta	berücksichtigen

6.2.1 Razones y explicaciones de retrasos y diferencias

enfermedad, la	die Krankheit
escasez, la	der Mangel
materia prima, la	der Rohstoff
prefabricado	vorgefertigt
avería, la	der Schaden, die Störung
huelga, la	der Streik
compañía naviera, la	die Reederei
negligencia, la	die Nachlässigkeit
fuerza mayor, la	die höhere Gewalt
catástrofe natural, la	die Naturkatastrophe
incendio, el	der Brand
inundación, la	die Überschwemmung
tormenta, la	der Sturm, das Unwetter; das Gewitter
guerra, la	der Krieg

6.2.2 Elementos de una respuesta a una reclamación

formular	formulieren
formular una reclamación	reklamieren
cuestión, la	das Problem; die Angelegenheit
iniciar	hier: einleiten
investigación, la	die Untersuchung
indagación, la	die Untersuchung
transportista, el	der Spediteur
aclarar (el caso)	(den Fall) klären
validez, la	hier: die Rechtmäßigkeit
negar (-ie-)	leugnen
cometer (un error)	(einen Irrtum) begehen
producirse	geschehen; sich ereignen
por falta de	mangels, aus Mangel an
malentendido, el	das Missverständnis
envío de reemplazo, el	die Ersatzlieferung
retirar (la mercancía)	(die Ware) zurücknehmen
devolución, la	die Rückgabe
a cargo de	zu Lasten von
complacer (-zc-)	hier: entgegenkommen
abonar (en su cuenta)	(auf Ihrem Konto) gutschreiben
mejora, la	die Verbesserung
haremos (hacer) todo lo que esté a nuestro alcance	wir werden unser Möglichstes tun
incidente, el	der Vorfall
repetirse (-i-)	sich wiederholen

6.3 Ejercicios de gramática

cenicero, el	der Aschenbecher
constar	aufgeführt sein
atenerse a u/c (-ie-)	sich halten an, sich richten nach
transporte marítimo, el	der Seetransport
queja, la	die Klage
carecer (-zc-) de	mangeln an
riesgo, el	das Risiko
compañía de seguros, la	die Versicherungsgesellschaft
de todos modos	auf alle Fälle
averiguar (la causa)	(die Ursache) ermitteln/herausfinden
esforzarse (-ue-)	sich bemühen
perturbar	beeinträchtigen

6.4 Ejercicios de vocabulario y construcción de frases

ordenador, el	der Computer
volverse (-ue-) loco	verrückt werden; hier: verrückt spielen
desordenar	durcheinanderbringen
fallo, el	der Fehler
colocación, la	die Anordnung (Lagerung)
reiterar	wiederholen
reponer	ersetzen
repercusión, la	hier: die negativen Auswirkungen, Folgen
antecedentes, los	die Vorgeschichte

6.7 Pasatiempos

lío, el	das Durcheinander
esconder	verstecken, verbergen
descubrir	entdecken
caballo, el	das Pferd
ajedrez, el	das Schach(spiel)
lograr	gelingen
equivaler	gleichkommen
espina, la	der Dorn
pecho, el	die Brust

EL REPRESENTANTE

7.1 Modelos de cartas

Carta A

ofrecimiento, el	das Angebot
enterarse de	erfahren
consultoría, la	die Unternehmensberatung

asesoría, la	die Beratung
de habla hispana	spanischsprachig
apoyo, el	die Unterstützung
establecer (-zc-)	aufbauen
atender (-ie-)	sich kümmern um; bedienen
adquisición, la	der Erwerb, der Kauf
materia prima, la	der Rohstoff
equipo, el	hier: die Ausrüstung
indispensable	unverzichtbar
tarea, la	die Aufgabe
asumir	übernehmen, betraut sein mit
apoyar	unterstützen
capacidad de producción, la	die Produktionskapazität
volumen exportable, el	die exportierbare Menge
materia plástica, la	das Plastikmaterial

Carta B

prestar servicios	Dienste leisten
fundado	gegründet
industria papelera, la	die Papierindustrie
tela metálica, la	der Maschendraht
avance, el	der Fortschritt
hilado de poliéster, el	die Polyesterfaser
en lugar de	anstelle von
bronce fosforoso, el	die Phosphorbronze
facturación, la	der Umsatz
ubicado; estar ubicado	gelegen; sich befinden
constar de	bestehen aus
nave, la	hier: die Werkhalle
edificado	hier: bebaut
sumamente	besonders, äußerst
requerir (-ie-/-i-)	erfordern
asesorar	beraten(d unterstützen)
determinado	bestimmt
imprescindible	unerlässlich
experimentado	erfahren
área, el (fem.)	das Gebiet, das Fachgebiet
entrenamiento, el	die Schulung
en su defecto	falls nicht vorhanden
asociado	assoziiert, verbunden
apreciar	hier: feststellen
familiarizarse con	sich näher befassen, sich vertraut machen mit
entrevista, la	das Gespräch
abordar	in Angriff nehmen, angehen
intercambio de opiniones, el	der Meinungsaustausch
comienzo, el	der Beginn
amistoso	freundschaftlich

Carta C

colocación, la	hier: die Platzierung auf dem Markt
pulpa de coco, la	das Kokosmark
nuez, la	die Nuss
elaboración, la	die Herstellung; auch: die Verarbeitung
dulce, el	die Süßigkeit
colocar	unterbringen (Ware)
consumo masivo, el	der Massenkonsum; hier: der Großverbrauch
representante exclusivo, el	der Alleinvertreter
comisión, la	die Provision
con la finalidad	mit dem Ziel
al respecto	diesbezüglich
esbozo, el	der Entwurf; die Skizze
requisito, el	hier: die Voraussetzung

Carta D

nombrar	nennen
entrevistarse con	sich unterhalten mit
modalidad, la	die Modalität, die Bedingung
año de prueba, el	das Probejahr
periodo, el	der Zeitraum
comprometerse a	sich verpflichten zu
reembolsar	(rück)erstatten
escoger	aussuchen, (aus)wählen
ingresos, los	die Einkünfte

Carta E

prórroga, la	die Verlängerung (zeitl.)
recambios, los	die Ersatzteile
alcanzar	erreichen
cifra de ventas, la	der Umsatz, die Umsatzzahlen
ejercicio, el	hier: das Geschäftsjahr
revista técnica, la	die Fachzeitschrift
escaso	rar, spärlich; gering
rescindir un contrato	einen Vertrag kündigen
perspectiva, la	die Aussicht
fructífero	fruchtbar, erfolgreich
alentador	erfreulich

Carta F

acerca de	hinsichtlich
evaluar	einschätzen
planificar	planen
a diferencia de	im Gegensatz zu
sugerir (-ie-/-i-)	vorschlagen
piña, la	die Ananas
merma, la	der Schwund, die Beeinträchtigung

plaga, la	die Plage, die Seuche
estar en capacidad	fähig/in der Lage sein (südam.)
creciente	steigend
pulpa de mango, la	das Mangomark
granja, la	der Bauernhof
guayaba, la	die Guave
siembra, la	die Saat
réspero, el	südam. Frucht
guanábana, la	südam. Flaschenbaumfrucht
descartar	ausschließen
incremento, el	die Steigerung, der Anstieg
variaciones, las	hier: die Schwankungen
compensar	ausgleichen, kompensieren
alza, el	die Erhöhung
proveniente de (provenir de)	stammend aus (seinen Ursprung haben in)
cultivo orgánico, el	der organische Anbau
pertenecer (-zc-) a / perteneciente a	gehören zu/zugehörig
contaminar	verseuchen
sustancia química, la	die chemische Substanz
biofertilizante, el	der Biodünger
maquinaria, la	die Geräte, die Maschinen
ahondar	vertiefen
procedimiento, el	hier: das Vorgehen

7.2 Frases modelo

semestralmente	halbjährlich
abonar	gutschreiben, vergüten
incrementarse	sich erhöhen, steigen

7.3 Ejercicios de gramática

corrupción, la	die Bestechung; die Bestechlichkeit; die Korruption
florecer (-zc-)	blühen, florieren
eficaz	leistungsfähig, wirksam
saturado	gesättigt
japonés	japanisch
suceder	geschehen, passieren
actitud, la	die Haltung
hostil	feindselig
coreano	koreanisch
atravesar (-ie-)	hier: durchmachen
gerente, el	der Geschäftsführer
meta, la	das Ziel
tormenta, la	das Unwetter; das Gewitter
bolsa, la	die Börse

deuda exterior, la	die Auslandsschuld
balance de pagos, el	die Zahlungsbilanz
desarrollo, el	die Entwicklung

7.4 Ejercicios de vocabulario y construcción de frases

pronosticar	vorhersagen
central de compra, la	die Einkaufszentrale
cartera de clientes, la	die Kundenkartei

SOLICITUD DE EMPLEO

8 Solicitud de empleo

solicitud de empleo, la	die Bewerbung
bilingüe	zweisprachig
trilingüe	dreisprachig
currículum vítae, el	der Lebenslauf
formación, la	die Ausbildung
contabilidad, la	die Buchführung
tratamiento de textos, el	die Textverarbeitung
atraer	anziehen
reunir	hier: verfügen über
aptitud, la	die Fähigkeit, die Befähigung
requisito, el	die Voraussetzung (Befähigung)
requerido	gewünscht, erwünscht
sueldo, el	das Gehalt
en el campo de	auf dem Gebiet
promocionarse	vorankommen, aufsteigen
tomar en consideración	in Betracht ziehen
tratar	verhandeln, sprechen über
nacimiento, el	die Geburt
aprendizaje, el	die Lehre
junta, la	die Kommission, der Prüfungsausschuss
por anticipado	im Voraus

alemán – español

en orden alfabético

A

ab, von ... an	a partir de
Abbildung	ilustración, la
abbrechen (Beziehungen)	romper, cortar
abgesehen von	aparte de
abgesehen von der Tatsache, dass	aparte de que
Abmessung	medida, la
Absatz (Schuh-)	tacón, el
absenden	despachar, expedir (-i-)
Absicht	intención, la
abweichen von	diferir (-ie-/-i-) de
abwickeln	realizar, ejecutar, efectuar
Abwicklung (Auftrag)	ejecución, la
abziehen (Betrag)	deducir (-zc-), descontar (-ue-)
AG (Aktiengesellschaft)	S.A. (sociedad anónima)
ähnlich	semejante, parecido
Akkreditiv	crédito documentario, el; carta de crédito, la
aktuell	actual
Akzept	aceptación, la
Alleinvertreter	representante exclusivo, el
Alleinvertretung	representación exclusiva, la
alles tun, um	hacer todo lo posible para
allgemein	general
Analyse	análisis, el
Ananas	piña, la
anbieten	ofrecer (-zc-), südam.: ofertar
anderenfalls	de lo contrario, en caso contrario
ändern (etwas ...)	modificar, cambiar (algo)
ändern, sich ..., wechseln	variar
anerkennen	reconocer (-zc-)
Anfang	principio, el; comienzo, el
Anfangsbuchstabe	inicial, la
Anfrage	solicitud de oferta, la
angeben (Preise, Daten)	indicar, mencionar
Angebot	oferta, la
Angelegenheit	asunto, el
angesichts	en vista de
Angestellter	empleado, el
anhand	con ayuda de
Anklang finden bei	encontrar (-ue-) buena acogida entre
ankündigen	anunciar
Anlage (zum Brief, zur E-Mail etc.)	anexo, el
anlässlich	con motivo de
anordnen, beauftragen	ordenar
Anordnung (Lagerung)	colocación, la
Anpassung; Neuanpassung	ajuste, el; reajuste, el
anschneiden, zurSprache bringen	abordar
Anschrift	dirección, la
anspruchsvoll	exigente
anstatt, anstelle von	en vez de, en lugar de
Anstieg	aumento, el
Antwort	respuesta, la
anweisen	instruir
Anweisung	instrucción, la
anwenden (auf etwas)	aplicar (a algo)
Anzeige	anuncio, el
anziehen (Kleidung)	vestir (-i-) (intransitiv); ponerse (transitiv)
anziehen, auf sich ziehen	atraer
Aprikose	albaricoque, el
argentinisch	argentino
Ärmel	manga, la
aromatisch	aromático
Artikel (Ware)	artículo, el
Aschenbecher	cenicero, el
assoziiert	asociado
aufbauen	establecer (-zc-)
Aufgabe	tarea, la

aufgerollt (auf)	enrollado (en)
aufgrund	debido a, a causa de
aufgrund der Tatsache, dass ...	debido a que
aufhängen	colgar (-ue-)
aufheben, auflösen	anular
auflösen (Vertrag), annullieren	rescindir, cancelar, anular
Aufmachung	presentación, la
Aufmerksamkeit	atención, la
aufnehmen (Geschäftsbeziehung)	entrar en, entablar
aufnehmen (in Katalog)	incluir
Abtauautomatik	descongelación automática, la
Auftrag	pedido, el; orden, la
Auftragsbestätigung	confirmación de pedido, la
Ausbildung	formación, la
ausdrücklich	expresamente
ausfallen (Maschine)	fallar
ausfallen (Ergebnis)	resultar
ausfertigen (Dokument)	extender (-ie-)
Ausfuhr	exportación, la
ausführen (aus dem Land)	exportar
ausführen, erledigen (Auftrag)	ejecutar, cumplimentar
ausführlich	detallado
Ausführung (Auftrag)	ejecución, la
Ausgaben, Kosten	gastos, los
ausgestattet mit, versehen mit	equipado con, provisto de
ausgezeichnet	excelente
ausgleichen, kompensieren	compensar
Auskunft	información, la
Auslandsschuld	deuda exterior, la
auslaufen (Flüssigkeit)	derramarse
auslaufen (Schiff) nach	salir/zarpar para
Ausmaß, Abmessung	dimensión, la
auspacken	desembalar, desempaquetar
Ausrüstung	equipo, el
ausschließen	descartar
Ausschreibung	concurso público, el; licitación, la
Aussehen	aspecto, el
Aussicht	perspectiva, la
ausstellen (auf Messe)	exponer
ausstellen (Scheck)	extender (-ie-)
ausstellen (Wechsel)	librar, girar
aussuchen, (aus)wählen	escoger
Ausstellung (von Waren)	exposición, la
Auswahl, Mischung	surtido, el; selección, la
Auswirkung, Folge	repercusión, la
auszeichnen, sich ... durch	distinguirse, destacar por
außer, neben, abgesehen von	además de, aparte de
außerdem	además
avisieren, ankündigen	avisar

B

Bademantel	albornoz
Bahn, per	por ferrocarril
bald	pronto, dentro de poco
(bald), so bald wie möglich	cuanto antes
Bankkonto	cuenta bancaria, la
Banküberweisung	transferencia bancaria, la
Barzahlung	pago al contado, el
Bauernhof	granja, la
Baumwolle	algodón, el
beachten	observar, respetar
Beamter	funcionario, el
beantragen	solicitar
bebildert	ilustrado
bedauern	sentir (-ie-/-i-), lamentar
bedeuten	significar
Bedingung	condición, la
bedruckt (bei Textilien)	estampado
bedruckt sein mit	llevar impreso...
beeindruckt von	impresionado por
beeinträchtigen	afectar
befassen, sich ... mit	dedicarse a, ocuparse de
befassen, sich vertraut machen	familiarizarse con, estudiar

befestigt	sujetado
begehen, einen Irrtum ...	cometer un error
Beginn; Anfang (z. B. eines Monats)	principio, el; comienzo, el; a principios de
beginnen, einleiten	iniciar
begleichen (Rechnung)	cancelar, liquidar, saldar (la factura)
begründen	justificar
behalten	quedarse con
Behandlung	trato, el
behaupten	sostener
Behauptung	afirmación, la
Behörden	autoridades, las
behördliche Schritte	tramítes administrativos, los
beide	ambos
beilegen (in Postsendung, E-Mail, etc.)	adjuntar, enviar adjunto
beilegen (Streitigkeiten)	arreglar
beinhalten	contener
bekannt	conocido, popular
belasten	cargar
Beliebtheitsgrad	grado de popularidad, el
bemühen, sich ...	esforzarse (-ue-)
benachrichtigen	avisar
Benachrichtigung	aviso, el
benötigen	necesitar, precisar
benutzen	utilizar
Benutzung	uso, el
beratend unterstützen	asesorar
Beratung	asesoría, la
berechnen, in Rechnung stellen	cargar, facturar
berechnen, Bestechlichkeit, kalkulieren	calcular
berechtigt	justificado
bereit sein, zu	estar dispuesto a
berücksichtigen	tener en cuenta
berühmt	famoso
besagte	dicho
beschädigen	dañar
Beschädigung	avería, la; daño, el
Beschaffenheit	textura, la
Bescheinigung	certificado, el
beschleunigen	acelerar
Beschwerde	reclamación, la
beschweren, sich ...	quejarse
Besitz, in unseren ... gelangen	llegar a nuestro poder
Besonderheit	particularidad, la
besonders, äußerst	sumamente
bestätigen	confirmar
bestätigen (Erhalt)	acusar (recibo)
Bestätigung	confirmación, la
Bestechung, Bestechlichkeit, Korruption	corrupción, la
Besteck	cubertería, la
bestehen auf	insistir en
bestehen aus	consistir en, constar de
Bestell-, Bezugsnummer	número de referencia, el
bestellen	pasar un pedido, encargar, pedir (-i-)
Bestellschein	nota de pedido, la
Bestellung	pedido, el
bestickt	bordado
bestimmt	determinado
bestimmt für	destinado a
Bestimmungsort, Ziel	destino, el
betrachten, ansehen als	considerar
beträchtlich	considerable
Betrag, (Rechnungs-...)	importe, el; suma, la
betragen	(Summe, Rechnung) ascender (-ie-) a, elevarse a
betragen (auch Frist)	ser de
Betrifft:	Asunto:
beurteilen (abschätzen)	apreciar
bevorzugen	preferir (-ie-/-i-)
Bewerbung	solicitud de empleo, la
bezahlen, begleichen	pagar, liquidar, saldar
beziehen auf, sich ...	referirse a (-ie-/-i-)
Beziehungen aufnehmen	entablar relaciones
bezüglich	referente a, con referencia, a en cuanto a

Biodünger	biofertilizante, el
Birne (Frucht)	pera, la
bisher	hasta ahora
Bitte	petición, la
bitten, bitten um	rogar (-ue-), solicitar
Blech; Blechverkleidung	chapa, la
bleiben	permanecer (-zc-)
blühen, florieren	florecer (-zc-)
Bohne (Kaffee)	grano, el
Bord, an ... des (Schiffes)	bordo, el; a bordo de
Bordkonnossement	conocimiento a bordo, el
Börse	bolsa, la
Botschaft (Amt)	embajada, la
Branche, Geschäftszweig	ramo, el; sector, el
Brand, Feuersprunst	incendio, el
breit (100 cm breit)	ancho (100 cm de ancho)
Breite	ancho, el; anchura, la
Briefbeschwerer	pisapapel, el
Bruch	rotura, la
Brust	pecho,el
Brusttasche	bolsillo superior, el
Buchführung	contabilidad, la
Buchhalter	contable, el
Buchhaltung	contabilidad, la
Büchse, Dose	bote, el
Büromöbel	muebles de oficina, los
C	
chemische Substanz	sustancia química, la
circa	aproximadamente
Computer	ordenador, el; computadora, la
Container	contenedor, el
Containerschiff	portacontenedores, el
D	
da, weil	como, dado que (Satzanfang), porque, ya que (Satzmitte), puesto que (Satzmitte und -anfang)
damit	para que (+ subjuntivo)
Dampfer	vapor, el
danken	agradecer (-zc-)
Daten	datos, los
datiert	fechado
dazugehören, zugehörig	pertenecer (-zc-) a, perteneciente
Deckblatt	portada, la
Deckel	tapa, la; tapadera, la
decken (Versicherung)	cubrir (participio: cubierto)
demzufolge	en consecuencia
deshalb	por lo tanto
Design	diseño, el
deswegen, deshalb	por este motivo, por esta razón, por lo tanto
Devisen	divisas, las
Dicke, Stärke	grosor, el
Dienste leisten	prestar servicios
diesbezüglich	al respecto
Dokument	documento, el
dortig	de esa localidad, de ese país
Dose (aus Blech)	lata, la
Dose (Kekse)	caja, la
Dose, größere ...; Kanister	bote, el; bidón, el
Drehbleistift	portaminas, el
Drehteller	plato giratorio, el
dreifach,in 3-facher Ausfertigung	por triplicado
dreisprachig	trilingüe
dringend	urgente
Dringlichkeit	urgencia, la
drucken	imprimir (participio: impreso)
Druckfehler	error de imprenta, el
Druckkosten	costes de imprenta, los; gastos de impresión, los
Duft	fragancia, la
dunkel/dunkelblau	oscuro/azul oscuro

Duplikat, Zweitausfertigung	duplicado, el
durch, mittels	a través de, mediante, por medio de
durchführen	realizar, efectuar
durchmachen (Phase)	atravesar (-ie-)
Durchmesser	diámetro, el (de 100 cm de diámetro)
durchsehen (prüfen)	revisar, estudiar
E	
ebenso, ebenfalls	asimismo
eigen	propio
Eigentümer	propietario, el
Einbau	instalación, la
eindecken, sich... bei	abastecerse (-zc-) en...
einflößen	infundir
Einfuhr	importación, la
einführen	importar
Einführung (Neu-)	lanzamiento, el; introducción, la
Einführungsangebot	oferta de lanzamiento, la
Eingang bestätigen	acusar recibo
Eingang, nach... von	después de recibir
eingebaut	incorporado
eingehen (Verpflichtung)	contraer
eingeschlossen (Kosten)	incluido
eingeschweißt	precintado
Eingreifen, das	intervención, la
einhalten	respetar
Einkaufszentrale	central de compra, la
Einkünfte, Einnahmen	ingresos, los
einladen, auffordern	invitar
einschätzen	evaluar
einschließen, beinhalten	incluir
einschließlich	incluido
Einschreiben (Brief)	carta certificada, la
einschweißen in Plastikfolie	precintar en plástico
eintreffen (in)	llegar (a)
einverstanden sein	estar conforme con, estar de acuerdo con
Einzelhändler	minorista, el
Einzelheit	detalle, el
einzeln	individual (adj.)
einziehen (Verbindlichkeiten)	cobrar
elektronisch	electrónico
Empfang	recibo, el; recepción, la (sudam.)
Empfänger (Brief)	destinatario, el
empfehlen	recomendar (-ie-)
Ende (des Monats)	a finales de
Energiesparprogramm	programa de ahorro de energía, el
eng, gering (Spanne)	estrecho
Englisch	inglés
entdecken	descubrir
entgegenkommen (bzgl. Bedingungen)	complacer (-zc-) (referente a las condiciones)
entgegentreten	hacer frente a
entgehen (der Aufmerksamkeit)	escapar a, pasar inadvertido
entladen	descargar
entmutigend	desalentador
entschädigen	indemnizar
Entschädigung	indemnización, la
entschuldigen	disculpar
Entschuldigung	excusa, la; disculpa, la
entsprechen	corresponder a, concordar (-ue-) con, coincidir con
entsprechend, gemäß	correspondiente a, conforme a
entwickeln, (sich ...)	desarrollar(se)
Entwicklung	desarrollo, el
Entwurf, Skizze	esbozo, el
Erdbeere	fresa, la
erfahren (Kenntnis erhalten über)	enterarse de
erfahren (Adj.)	experimentado
Erfolg	éxito, el
erfolgen (Zahlung)	efectuarse
erfordern	requerir (-ie-/-i-)
erfreulich, ermutigend	alentador

erfüllen (Vertrag)	cumplimentar
erfüllen (Versprechen)	cumplir (con)
Erfüllung, Erledigung (Vertrag)	cumplimiento, el
Erfüllungsort (= Lieferort)	lugar de entrega, el
Ergebnis	resultado, el
Ergebnis erzielen	obtener un resultado
Erhalt bestätigen	acusar recibo
erhalten (z. B. Ware)	recibir
erhalten, erlangen (z. B. Preisermäßigung)	obtener
erheblich	considerable
erhöhen, sich ...	aumentar, subir, incrementarse
Erhöhung (Preise)	aumento, el; alza, el
erinnern	recordar (-ue-)
erkennen, anerkennen	reconocer (-zc-)
erlauben, sich ...	permitir(se)
erleichtern	facilitar
erleiden	sufrir
Ermäßigung	reducción, la; rebaja, la
ermitteln, herausfinden	averiguar
Ernst, Wichtigkeit	gravedad, la
Ernte	cosecha, la
ernten	cosechar
erobern	conquistar
eröffnen (Akkreditiv)	abrir
Eröffnung (Akkreditiv)	apertura, la
erreichen, erlangen (Ergebnisse)	alcanzar, obtener
Ersatz	reemplazo, el
Ersatzlieferung	envío de reemplazo, el
Ersatzteil	pieza de recambio, la; recambio, el
erscheinen (Anzeige)	aparecer (-zc-)
erschöpft (Lagerbestand)	agotado
ersetzen (Ware)	sustituir, reponer, reemplazar
ersetzen, vergüten (Verluste)	compensar, indemnizar (pérdidas)
erstatten, rückerstatten (Kosten)	reembolsar (gastos)
Erstattung, Rückerstattung	reembolso, el
erstklassige Qualität	primera calidad
erteilen (Auftrag)	pasar (un pedido), favorecer con (-zc-)
ertragen; tragen (z. B. Last)	soportar
erwähnen	mencionar, citar
Erwartung, in ...	en espera de; pendiente de (bei Verärgerung)
erweitern	ampliar
Erwerb, Kauf	adquisición, la
erwerben	adquirir (-ie-/-i-)
Erzeugnis	producto, el
erzielen (Ergebnis)	lograr, alcanzar
erzielen, einen Erfolg ...	lograr un éxito
Essenz	esencia, la
essbar	comestible
Etikett	etiqueta, la
Etui, Geschenkkarton	estuche, el
europäisch	europeo
Europäische Union	Unión Europea, la
Exemplar	ejemplar, el
Export	exportación, la
Exportagentur	agencia de exportación, la
Exporteur	exportador, el
exportierbare Mengen	volumen exportable, el
exportieren	exportar
F	
Fachmann	experto, el
Fachzeitschrift	revista técnica, la
fähig sein, in der Lage sein	estar en condiciones de, ser capaz de; (sudam.:) estar en capacidad de
Fähigkeit, Befähigung	aptitud, la
Fahrrad	bicicleta, la
falls	en caso de que, siempre que (+ subj.); si (+ indic.)
falsch geliefert	erróneamente suministrado
Faltblatt	folleto, el
Farbe	color, el
Faser (Polyester-)	hilado (de poliéster), el
Fassungsvermögen, Kapazität	capacidad, la

Fass	barril, el; tonel, el
Fax; per Fax	fax, el; por fax
Fehler	fallo, el; falta, la; defecto, el
fehlerhaft, mangelhaft	defectuoso
fein, dünn	fino
feindselig	hostil
fest, verbindlich	firme
festlegen (vertraglich)	estipular
festsetzen, vereinbaren	fijar
feststellen	comprobar (-ue-), constatar
Feststellung, zu der ... kommen	llegar a la conclusión
Fett, Fettanteil	materia grasa, la
feucht, nass	húmedo, mojado
Feuerzeug	encendedor, el
Filiale	sucursal, la
Filzstift	rotulador, el
Finanz(ierungs)unternehmen	empresa financiera, la
finden, sich befinden	encontrar(se), hallar(se)
Firma	empresa, la; casa, la
Fischkonserven	conservas de pescado, las
Flachzange	alicates, los
Flakon; Fläschchen (Parfüm, Medizin)	frasco, el
Flasche	botella, la
Flug	vuelo, el
Flüssigkeit	líquido, el
folgende, der	siguiente, el
fordern	exigir
fördern	fomentar, promover (-ue-)
Formalitäten	trámites, los
Formel, Rezept(ur)	fórmula, la
Formular	formulario, el; impreso, el
Fortschritt	avance, el; progreso, el
Fracht(-Kosten)	flete, el; porte, el
Fracht (Ladung)	cargamento, el; carga, la
Frachtbrief	carta de porte, la
Frachter (Schiff)	carguero, el
frachtfrei	porte pagado
Frachtkosten	gastos de transporte, los
frei Kellerei	ex bodega
frei Lager	ex almacén
freuen, (sich ... über)	alegrarse (de)
Freundlichkeit	amabilidad, la
freundschaftlich	amistoso
Frische	frescura, la
Frist, äußerste Frist	plazo, el; plazo límite, el
fröhlich	alegre
fruchtbar, erfolgreich	fructífero
füllen, auffüllen	rellenar
fünffach, in fünffacher Ausfertigung	quintuplicado, por quintuplicado
fürchten	temer
G	
Gabardinestoff	gabardina, la
Garantie	garantía, la
Garantiekarte	certificado de garantía, el
garantieren	garantizar
Gebiet, auf dem ...	campo, el; sector, el; en el campo de...
Gebrauchsanweisung	instrucciones de uso, las
Gebühr(en)	derechos, los
Geburt	nacimiento, el
gedruckt	impreso
geeignet für, angemessen	adecuado, apropiado para
geeignet, fähig zu	capaz de
Gefäß	envase, el
Gefrierschrank	congelador, el
gegenteiligen Fall, im ...	en (el) caso contrario, de lo contrario
gegoren	fermentado
Gehalt	sueldo, el
gehören zu	pertenecer a (-zc-)
gelegen; sich befinden	ubicado, estar ubicado
Gelegenheit	ocasión, la; oportunidad, la
gelingen	lograr, conseguir (-i-)
gemäß	según, conforme a

Genehmigung	autorización, la; permiso, el; licencia, la
Generalkonsulat	consulado general, el
genießen, sich erfreuen	gozar de
Gerät	aparato, el
Geräte, Maschinen	maquinaria, la
gerechtfertigt	justificado
Gericht, vor ... bringen	llevar a los tribunales
gerichtet sein an	ir/estar dirigido a
gerne	con gusto, gustosamente
Geruch, der	olor, el
Gesamtbetrag	importe total, el
Gesamtheit	totalidad, la
gesättigt	saturado
Geschäft (Laden)	tienda, la
Geschäft (Transaktion)	negocio, el; transacción, la
Geschäftsbeziehungen	relaciones comerciales, las
Geschäftsfreund	socio, el; compañero, el
Geschäftsführer	gerente, el
Geschäftsjahr	ejercicio, el
Geschäftsleitung	dirección, la
geschehen	producirse, ocurrir
Geschenkpackung	estuche de regalo, el
Geschmack	sabor, el; gusto, el; paladar, el (con respecto al vino)
geschmort(e Tomaten)	(tomate) frito
Gesellschaft	compañía, la; sociedad, la
Gesellschafter	socio, el
Gesetz	ley, la
Gespräch; Bewerbungsgespräch	entrevista, la
Gesundheit	salud, la
getrennt, mit getrennter Post	separado, por correo separado
gewähren	conceder
Gewalt, höhere ...	fuerza mayor, la
Gewicht	peso, el
Gewinn	beneficio, el
Gewinnspanne	margen de beneficio, el
Gewitter; Unwetter	tormenta, la
gewöhnlich, für ...	habitualmente
gewohnt, wie ...	como de costumbre
gewünscht, erwünscht	requerido
gezeichnet	Fdo. (= firmado)
gezwungen, sich ... sehen, zu	obligado, verse obligado a
Glas (Einmach-/Konserven-)	tarro, el
Glas (feines ...)	cristal, el
Glas (Material)	vidrio, el
gleichkommen	equivaler
gleichzeitig	al mismo tiempo
Glühbirne	bombilla, la
Gräte, Dorn	espina, la
Griechisch	griego
grob, dick	grueso
Größe, Ausmaß (allg.)	tamaño, el
Größe, Konfektions-	talla, la
größer (Auftrag)	de mayor importancia, importante
Großhandels-	al por mayor
Großhändler	mayorista, el
Großverbrauch	consumo masivo, el
gründen	fundar
gültig	válido
Gültigkeit	validez, la
Gunst, zu Ihren Gunsten	favor, a su favor
günstig	favorable, ventajoso
Gürtel	cinturón, el
gutschreiben, dem Konto ...	abonar, abonar en (la) cuenta
Gutschrift	abono (en la cuenta), el; nota de abono, la

H

Hafen	puerto, el
haftbar machen für	hacer responsable de
halbjährlich	semestralmente
Hälfte	mitad, la
halten, sich halten an	atenerse a (-ie-)
Haltung, Verhalten	actitud, la
Handtuch	toalla, la

handeln, sich ... um	tratarse de
Handelskammer	Cámara de Comercio, la
Handelsrechnung	factura comercial, la
Händen, zu ... von	a la atención de
Handhabung, Behandlung	trato, el
Händler	comerciante, el
hauptsächlich, vor allem (Adv.)	sobre todo
hauptsächlich, wesentlich (Adj.)	principal
Haus, frei ...	franco domicilio
Haushaltsgeräte	aparatos electrodomésticos, los
Hautverträglichkeit	tolerancia cutánea, la
Heim	hogar, el
hell/hellblau	claro/azul claro
herabsetzen (Preise)	reducir (-zc-)
Herd	horno, el
herstellen	producir (-zc-), fabricar
Hersteller	fabricante, el; productor, el
Herstellung	producción, la; fabricación, la
Herzmuschel	berberecho, el
Hilfe	ayuda, la
hinsichtlich	en cuanto a, referente a, acerca de, (con) respecto a
hinweisen, darauf ..., dass	indicar, advertir (-ie-/-i-) que
hinweisen auf	llamar su atención sobre
hoch	alto, elevado
höchst	sumamente
Hocker	taburete, el
Höhe (mit einer Höhe von 15 cm)	altura, la (de 15 cm de altura)
Holz	madera, la
Holzspan, Sägespan	viruta, la

I

ignorieren; nicht wissen	ignorar
im Gegensatz zu	a diferencia de
Import	importación, la
Importeur	importador, el
importieren	importar
in Betracht ziehen	tomar en consideración
inbegriffen	incluido
Inflation	inflación, la
Informationsmaterial	material informativo, el
Inhalt	contenido, el
Initialen, Anfangsbuchstaben	iniciales, las
innerhalb	en el plazo de; dentro de
insbesondere, konkret	concretamente
Insektenplage	plaga de insectos, la
Inspektor, Kontrolleur	inspector, el
investieren	invertir (-ie-/-i-)
Investition	inversión, la
Investor	inversor, el
inzwischen	entretanto, mientras tanto
Irrtum	error, el
irrtümlicherweise	erróneamente
item (Warenart)	rubro, el

J

japanisch	japonés
Jeans (hose)	pantalón tejano, el; vaqueros, los
jeder	cada (unveränderlich)
jedenfalls, auf alle Fälle	de todos modos
jedoch	sin embargo
jeglicher	cualquier (veränderlich)
Jugendlicher	joven, el

K

Kabeljau	bacalao, el
Kampagne	campaña, la
Kapital	capital, el
Karton	caja (de cartón), la
Kasserolle	cacerola, la
Katalog	catálogo, el
Kauf	compra, la; adquisición, la
kaufen, von jdm. ...	comprar a alguien

Käufer	comprador, el
Kaufhaus	grandes almacenes, los
Kaufkraft	poder adquisitivo, el
Kaufvertrag	contrato de compraventa, el
Keks	galleta, la
Kellerei, ab ...	bodega, la; ex bodega
Kennziffer; Code	código, el
Kern, (Frucht-)	semilla, la
Kette	cadena, la
Kiste	caja, la
Klage, Beschwerde	queja, la
klären	aclarar
Kleidung	ropa, la
knapp	escaso
Kochbuch	libro de cocina, el; recetario, el
Kokosmark	pulpa de coco, la
Kollektion, Musterkollektion	colección, la; muestrario, el
Kommission, Provision	comisión, la
Kommission, Prüfungsausschuss	junta, la
Kommissionär	comisionista, el
Konditorei	pastelería, la
Konkurrent	competidor, el
Konkurrenz	competencia, la
konkurrenzfähig	competitivo
Konkurrenzfirma	casa competidora, la
Konkurrenzunternehmen	empresa competidora, la
konkurrieren	competir (-i-)
Konnossement	conocimiento, el
Konsulat	consulado, el
Konsulatsfaktura	factura consular
Kontakt haben mit	tener contacto, estar en contacto con
Konto	cuenta, la
Kontoauszug	extracto de cuenta, el
Kopie	copia, la
Korb	cesto, el
Korbmöbel, Rattan-	muebles de mimbre, los
koreanisch	coreano
Kosten	costes, los; gastos, los
kosten (Geschmack), probieren	degustar, probar (-ue-)
Kostenaufstellung	relación de gastos, la
kostenlos	gratis (adv.), gratuito (adj.)
Kragen	cuello, el
Krankheit	enfermedad, la
Kredit	crédito, el
Kreditkarten	tarjeta de crédito, la
Krieg	guerra, la
Kühlschrank	nevera, la; refrigerador, el; frigorífico, el
Kühlsystem	sistema de refrigeración, el
kümmern, sich ... um, bedienen	atender (-ie-)
Kunde	cliente, el
Kundendienst	servicio posventa, el
Kundenkartei	cartera de clientes, la
kündigen (Vertrag)	rescindir
Kundschaft	clientela, la
Kürze	brevedad, la

L

Labor	laboratorio, el
laden	cargar
Ladenkette	cadena de tiendas, la
Ladung	cargamento, el; carga, la
Lage, in der ... sein	estar en condiciones de
Lager (Gebäude)	almacén, el
Lager, auf ... haben	tener en almacén
Lagerbestand	existencias, las; stock, el
Länge, mit einer Länge von ... cm	largo, el; de... cm de largo, en el largo de... cm
Lärm	ruido, el
Lasten, zu ... von	a cargo de
Lasten, zu ... gehen von	correr por cuenta de, correr a cargo de
Lastwagen, per LKW	camión, el; por carretera
Lauf(e), im ...der Woche	en el curso de
laufend, des ... Monats	cte. (= corriente),... del cte.
laut (= gemäß)	según

Lautsprecher, Stereo-	altavoz, el; altavoz estéreo, el
Lebenslauf	currículum vítae, el
Leberpastete (Gänse-)	foiegras, el; paté de oca, el
Leder	cuero, el
Leder; Haut	piel, la
leer, hohl	vacío
Lehre	aprendizaje, el
leicht	ligero
leider	desgraciadamente, desafortunadamente
Leinen	lino, el
leisten, Dienste ...	prestar servicios
Leistung, Stärke	potencia, la
Leistung; mit voller ...	rendimiento, el; a pleno rendimiento
leistungsfähig, wirksam	eficaz
Leiter (Gerät)	escalera, la
lenken auf, Aufmerksamkeit ...	llamar la atención sobre
letzter	último
leugnen	negar (-ie-)
Lieferant	proveedor, el
Lieferbedingungen	condiciones de entrega, las
liefern	suministrar, entregar
Lieferung (Vorgang + Ware)	entrega, la
Lieferung (Vorgang)	suministro, el
Lieferzeit, Lieferfrist	plazo de entrega, el
Lineal	regla, la
Linsen	lentejas, las
lose, unverpackt, Schüttgut	a granel
lösen, eine Lösung finden	solucionar
losgelöst	despegado
Luftpost, per ...	por correo aéreo

M

Macht	poder, el
mahnen	reclamar algo
Makler	corredor, el
Mandarine	mandarina, la
Mandel	almendra, la
Mangel (Fehler)	defecto, el
Mangel (Knappheit)	escacez, la
mangelhaft	defectuoso, con defectos
mangeln an	carecer de (-zc-)
Mängelrüge	reclamación, la
mangels	por falta de
Mangomark	pulpa de mango, la
Marke	marca, la
markieren (Kisten)	marcar
Markierung	marcas, las; marcación, la
Markt	mercado, el
Markt, auf den ... bringen	lanzar al mercado
Marktanteil	cuota del mercado,la; parte del mercado, la
Marzipan	mazapán, el
Maß; Maßnahme	medida, la
Meinungsaustausch	intercambio de opiniones, el
Menge	cantidad, la
Mengenrabatt	descuento por cantidad(es), el
Messe	feria, la
messen	medir (-i-)
Miesmuscheln	mejillones, los
Mikro-Anlage	microcadena
Mikrofon	micrófono, el
Mikrowellenherd	(horno de) microondas, el
Militärputsch	golpe militar, el
Mindest-	mínimo (adj.)
mindestens	por lo menos, como mínimo
Minister	ministro, el
Missgeschick, Vorfall	percance, el
misslich, prekär	precario
Missverständnis	malentendido, el
Mitarbeiter	colaborador, el
Mitte (z. B. eines Monats)	a mediados de
mitteilen	comunicar, informar
Mitteilung	informe, el; aviso, el; noticia, la
Mittel; Wahl (bleibt uns keine andere Wahl, als ...)	remedio, el; no nos queda otro remedio que
mittels, per	mediante, a través de

Mixgerät	batidora, la
Mobiliar, Möbel	mobiliario, el
Modalität, Bedingung	modalidad, la
Modell	modelo, el
Mountainbike	bicicleta de montaña, la
mündlich	verbalmente
Muster (Warenprobe)	muestra, la
Muster, Design	diseño, el
Muster (Nahrungsmittel)	prueba, la
N	
Nachfrage nach	demanda de, la
Nachlässigkeit	negligencia, la
Nachricht	noticia, la
nächster	próximo
nähen	coser
Naht	costura, la
Naturkatastrophe	catástrofe natural, la
Nelke	clavel, el
nennen	nombrar, indicar
netto	neto
Netz	red, la
neuer(en Datums)	(de) reciente
Neuheit	novedad, la
nicht nur, sondern auch	no solo... , sino también...
Niederlassung	sucursal, la
niedrig	bajo
noch	aún, todavía
nochmals	una vez más
nordisch	nórdico
notwendig sein	ser preciso/necesario que (+ subj.)
Nuss	nuez, la
nutzen (Gelegenheit)	aprovechar
nutzen, abnutzen	usar, desgastarse
nutzen, die Gelegenheit ...	aprovechar la ocasión para
O	
obwohl	aunque, a pesar de que
Öl	aceite, el
Olive	aceituna, la; oliva, la
Olivenholz	madera de olivo, la
Olivenöl	aceite de oliva, el
Opposition	oposición, la
ordnungsgemäß	debidamente
organischer Anbau	cultivo orgánico, el
örtlich	local
P	
packen, verpacken	embalar, empaquetar
Packstück	bulto, el
Packung	paquete, el
Papierindustrie	industria papelera, la
Parfüm	perfume, el
Parfümerie-Artikel	artículos de perfumería, los
Partie, Posten (Ware)	lote, el; partida, la
Pfanne	sartén, la
Pfirsich	melocotón, el
Pflanzenschutzbescheinigung	certificado fitosanitario, el
pflanzlich	vegetal
Pflaume	ciruela, la
Plage, Seuche	plaga, la
Plakat	cartel, el
planen	planificar
Plantage	beneficio, el (sudam.); plantación, la
Plastikmaterial	materia plástica, la
Platzierung (auf dem Markt)	colocación, la
plötzlich	de repente
Police	póliza, la
Porto	franqueo, el; porte, el
Porzellan	porcelana, la
Post, mit getrennter ...	por correo separado
Postfach	apdo. = apartado, el; casilla, la (sudam.)
Präzedenzfall	precedente, el
Preis	precio, el

Preisänderungen vorbehalten	sujeto a modificaciones de precios
Preisangabe	cotización, la
Preisliste	lista de precios, la
Probe	muestra, la; prueba, la
Probeauftrag	pedido de prueba, el
Probejahr	año de prueba, el
Produktionskapazität	capacidad de producción, la
Produktpalette, Sortiment	gama de productos, la
Pro-forma-Rechnung	factura proforma, la
prompt (pünktlich)	con puntualidad
Prospekt	folleto, el; prospecto, el
Protokoll (Schadens-)	acta, el
Protokoll erstellen	levantar un acta
Provision	comisión, la
provozieren, auf den Plan rufen	provocar
Prozentsatz	porcentaje, el
prüfen (Möglichkeit, Katalog)	estudiar
prüfen (Ware)	examinar
prüfen, feststellen (Qualität)	comprobar (-ue-)
prüfen, revidieren (Preis)	revisar
prüfen, Tatsache bestätigen	verificar
pünktlich	puntual (adj.), pronto (adj./adv.)
Q	
Qualität	calidad, la
Quittung	recibo, el
R	
Rabatt	rebaja, la; descuento, el
Radio mit Kassettenteil	radiocasete, el
rar, spärlich	escaso
raten	aconsejar
Ratenzahlung	pago a plazos, el
ratsam	aconsejable
Ratschlag	consejo, el
Raum	espacio, el
rechnen mit	contar (-ue-) con
Rechnung	factura, la
Rechtmäßigkeit	validez, la; legitimidad,la
rechtzeitig	a tiempo
Reederei	compañía naviera, la
Referenz	referencia, la
Regal	estantería, la
Regel; Regeln aufstellen	norma, la; establecer normas
Regelmäßigkeit	regularidad, la
Regelung (Lösung)	arreglo, el
Regierung	Gobierno, el
reif	maduro
reisen	viajar
Reisender (Handels ...)	viajante, el
reklamieren	formular una reclamación
Reparatur	reparación, la
Rest	resto, el
restlich	restante
Rhythmus, Geschwindigkeit	ritmo, el
Risiko	riesgo, el
Rohr, Röhre	tubo, el
Rohstoff	materia prima, la
Rolle	rollo, el; tubo, el
rollen, aufrollen	enrollar
rostfrei	inoxidable
Rückerstattung	reembolso, el
Rückgabe	devolución, la
Rücksendung	reexpedición, la; reenvío, el
Rückstand, im ... sein mit etwas	estar atrasado en algo
Rücktransport; Kosten für den ...	reenvío, el; gastos de reenvío, los
Ruf	reputación, la
S	
Saat	siembra, la
Sachverständiger, Fachmann	experto, el; perito, el
Sack	saco, el
Saison, Jahreszeit	temporada, la
Sardelle	anchoa, la

sauer	agrio
Schaden (ideeller)	daño, el; perjuicio, el
Schadenersatz	indemnización, la
schädlich	perjudicial
scharf, sauber (Foto, Druck)	nítido
schätzen, einschätzen	estimar
Schaufenster	escaparate, el
Scheck, per ...	cheque, el; por cheque
schicken, abschicken	enviar, expedir (-i-), remitir; despachar
Schiff	buque, el
Schlussfolgerung	conclusión, la
schnell; so ... wie möglich	a la mayor brevedad posible
Schnitt	corte, el
Schrank	armario, el
Schreiben	escrito, el
Schriftwechsel	correspondencia, la
Schritte, behördliche	trámites, los
Schuld	culpa, la
Schulung, die	entrenamiento, el; formación, la
schützen	proteger
Schwankungen	variaciones, las
Schwund, Beeinträchtigung	merma, la
Seetransport	transporte marítimo, el
Seide	seda, la
Sekt (span.)	cava, el
selbstklebend	autoadhesivo
selbstverständlich	por supuesto, se sobreentiende que
Sendung	remesa, la; envío, el
Sendung veranlassen	disponer el envío de
senken (Preise)	reducir (-zc-), disminuir
Serie	serie, la
Sicherheit	seguridad, la
Sichttratte (-wechsel)	giro a la vista, el
Sichtwechsel; 30-Tage-Sichtwechsel	giro a la vista, el; giro a 30 d/v, el
siehe ...	véase...
Sirup, leichter Sirup	almíbar, el; almíbar ligero
Sitzungstisch	mesa para reuniones, la
Skonto	descuento, el
sodass; das heißt	de forma que
sofern	siempre y cuando (+ subj.); siempre que (+ subj.)
sofort	inmediato (adj.), en seguida (adv.)
sogar	incluso
Sohle	suela, la
Soja	soja, la
Sojaöl	aceite de soja, el
solcher (Vorfall)	tal (incidente)
Sonderangebot	oferta especial, la
Sonnencreme	crema solar, la
sorgen, dafür ... dass; sich bemühen	procurar
Sorgfalt	esmero, el
sorgfältig (ausführen)	con cuidado, con esmero, cuidadosamente
sorgfältig, eingehend (prüfen)	detenidamente
Sortiment	surtido, el
sowohl ... als auch	tanto... como
spanischsprachig (z. B. Länder)	de habla hispana
spätestens	lo más tarde, a más tardar
Spediteur	agente de transportes, el
Spediteur, Spedition	transportista, el; empresa de transportes, la
Spesen	gastos, los
Spezialität	especialidad, la
Sportschuh	zapato deportivo, el
stabil halten, sich ...	mantenerse estable
Stahl	acero, el
Stammkunde	cliente habitual/fijo, el
Stand (Messe-)	stand, el
ständig	constante
stark	fuerte
statt	en vez de, en lugar de
stattfinden	tener lugar
Staubsauger	aspirador, el
steigen, anwachsen	subir, crecer (-zc-)
steigend	creciente

Steigerung	incremento, el
Steuern	impuestos, los
Steige (flach, für Obst)	bandeja, la
Stoff	tejido, el; tela, la
stolz auf etwas sein	estar orgulloso de
stornieren (Auftrag)	anular, cancelar
Stornierung	anulación, la; cancelación, la
Stoß	choque, el
strapazierfähig	resistente
Strategie	estrategia, la
Streik	huelga, la
streng, strikt	estricto
Stück	unidad, la; pieza, la
Stück (Fisch)	trozo, el
Stuhl	silla, la
Sturm, Unwetter, Gewitter	tormenta, la
Substanz	sustancia, la
Suche, auf der ... nach	busca, la; en busca de
Summe	suma, la
Supermarkt (sehr groß); SB-Warenhaus	hipermercado, el
Süßigkeit	dulce, el

T

Tablett; flache Steige (für Obst)	bandeja, la
tadellos	perfecto, excelente
taiwanisch; aus Taiwan	taiwanés
Tastatur	teclado, el
Tatsache	hecho, el
tatsächlich, in der Tat	en efecto
technisch	técnico
Teilhaber, Geschäftspartner	socio, el; asociado, el
Teillieferung	entrega parcial, la
Telefax, per ...	telefax, el; por telefax
Telefonbuch	guía de teléfonos, la ; guía telefónica, la
Telefongespräch	conversación telefónica, la
Tendenz, aufsteigend	tendencia al alza, la
Textilien	tejidos, los
Textverarbeitung	tratamiento de textos, el
Textverarbeitungsprogramm	procesador de textos, el
Thunfisch	atún, el
Tintenfische	calamares, los
Tischdecke	mantel, el
Tischdecke , rund	mantel para mesa redonda, el
Tomatensoße	salsa de tomate, la
Ton; Stil	tono, el
Tonne (Gewicht)	tonelada, la
Topf (Koch-)	olla, la
Tradition	tradición, la
Transport	transporte, el
Transportkosten	gastos de transporte, los
Transportmittel	medio de transporte, el
Tratte	giro, el
trotz	a pesar de
trotzdem	no obstante, a pesar de

U

übereinstimmen mit	corresponder a, coincidir con
Übereinstimmung, in ... mit	de acuerdo con
Übergabe	entrega, la
übergeben, zuschicken	entregar, remitir
übergehen, (dazu ..., etwas zu tun)	proceder a hacer algo
übermäßig	excesivo
übermitteln	transmitir
übernehmen (Aufgabe, Verantwortung)	asumir, encargarse de, hacerse cargo de
übernehmen, abholen	retirar
überschreiten	exceder
Überschwemmung	inundación, la
übersehen (wir)	escapar a nuestra atención
übertragen (Vertretung)	conceder
überweisen	transferir (-ie-/-i-)
Überweisung (Bank-)	transferencia (bancaria), la
überzeugen	convencer
üblich	usual

übrig lassen, viel zu wünschen ...	dejar mucho que desear
übrige, weitere	demás
Uhr	reloj, el
umgehen, verfahren mit	proceder con
Umladung	trasbordo, el
Umsatz, Umsatzzahlen	volumen de ventas, el; cifra de ventas, la
umtauschen	cambiar
unabhängig	independiente
Unachtsamkeit, Nachlässigkeit	descuido, el
unangemessen	inadecuado
Unannehmlichkeit	inconveniente, el; molestia, la
unbeabsichtigt	involuntario
unbeachtet	inadvertido
unbezahlt, offen	pendiente (de pago)
unbrauchbar (Maschine)	inservible
unentschlossen	indeciso
unerläßlich	indispensable, imprescindible
unfreiwillig	involuntario
ungeeignet	inadecuado
ungefähr	aproximado (adj.), alrededor de
Uniform	uniforme, el
unterbrechen	interrumpir
unterbreiten (Angebot)	someter (una oferta)
unterbringen (Ware)	colocar
unterhalten, sich ... mit	entrevistarse con, conversar con
Unterhaltung	conversación, la
Unterhose (Herren-)	calzoncillo, el
Unterlagen	documentos, los; documentación, la
Unternehmen	empresa, la
Unternehmensberatung	consultoría, la
unterschiedlich, verschieden	diverso; diferente; distinto
unterschreiben, unterzeichnen	firmar
Unterschrift	firma, la
unterstützen	apoyar
Unterstützung	apoyo, el
Untersuchung	investigación, la; indagación, la
unverbindlich	sin compromiso
unvergesslich	inolvidable
unvergleichlich	incomparable
unverzichtbar	indispensable
unverzüglich	sin más tardar
Unwetter; Gewitter	tormenta, la
unwiderruflich	irrevocable
unzureichend, nachlässig	deficiente
Ursprung	origen, el
Ursprung haben; herstammend	provenir; proveniente
Ursprungszeugnis	certificado de origen, el
V	
verantwortlich machen	hacer responsable de
Verantwortlicher	responsable, el
Verarbeitung (Qualität)	acabado, el
Verarbeitung(-sprozeß)	elaboración, la; fabricación, la
Verärgerung	enfado, el; disgusto, el
verbessern	mejorar
Verbesserung	mejora, la
verbeulen	abollar
Verbindung, sich in ... setzen mit	contacto, el; ponerse en contacto con
Verbraucher	consumidor, el
Verbraucherverband	asociación de consumidores, la
verdanken	deber a
vereinbart	convenido
Verfalldatum	fecha de caducidad, la
verfault, verdorben	podrido (inf.: pudrirse; algo se pudre)
verfügbar	disponible
verfügen über	disponer de
verfügen über (Fähigkeiten)	reunir
Verfügung, zur ... stellen	disposición, la; poner a (su) disposición; facilitar
Verfügung, zur ... stehen	estar a (su) disposición
vergessen	olvidar
vergleichen	comparar
Vergnügen, Lust	placer, el
verhalten, sich ...	comportarse

verhandeln, sprechen über	tratar sobre
verhandeln, über etwas ...	negociar algo
Verhandlung	negociación, la
Verkauf	venta, la
verkaufen	vender
verkaufen lassen, sich ...	venderse
Verkaufsbedingungen	condiciones de venta, las
Verkaufsleiter	director de ventas, el
Verkaufsergebnis	resultado de venta, el
Verkaufsnetz	red de ventas, la
verladen (Ware)	cargar, embarcar
Verlängerung, ... eines Vertrags	prórroga, la ; la prórroga de un contrato
Verlust	pérdida, la
Vermarktung	comercialización, la
Vermittler	(agente) intermediario, el
Vermittlung; durch ... von	por intermedio de
verpacken	empaquetar, embalar
Verpackung	embalaje, el
verpflichten, sich ... zu	comprometerse a; hacerse cargo de
verpflichtet sein, zu	estar obligado a
Verpflichtung	compromiso, el; obligación, la
Verpflichtung eingehen	contraer un compromiso/una obligación
verprechen	prometer
Verrechnungsscheck	cheque cruzado, el
Versand	envío, el; despacho, el; expedición, la
Versandabteilung	departamento de expedición, el
Versandanzeige	aviso de despacho, el
versandbereit	listo para el envío
Versanddokumente	documentos de embarque, los
verschieben (zeitlich)	aplazar
verschiffen	embarcar
Verschiffung	embarque, el
Verschiffungsdatum	fecha de embarque, la
Verschiffungsdokumente	documentos de embarque, los
versehen (sein) mit	(estar) provisto de
versenden	enviar, despachar, expedir (-i-)
verseuchen	contaminar
versichern	asegurar
Versicherung	seguro, el
Versicherungsgesellschaft	compañía de seguros, la
Versicherungspolice	póliza de seguro, la
Versicherungszertifikat	certificado de seguro, el
versiegeln, verschweißen	sellar, precintar
versorgen, sich ... bei, sich eindecken bei	abastecerse en (-zc-)
verspäten	retrasarse
Verspätung	retraso, el
Versprechen	promesa, la
verstecken	esconder
verstehen, sich von selbst ...	sobreentenderse (-ie-)
Versuch, einen ... machen	hacer un ensayo
verteilen	repartir, distribuir
vertiefen	ahondar, intensificar
Vertrag	contrato, el
Vertrauen	confianza, la
vertrauen auf	confiar en
Vertrauen, in jmd. ... setzen	depositar confianza en alguien
vertreiben (verkaufen)	comercializar, distribuir, vender
vertreten	representar
vertreten sein	estar representado
Vertreter	representante, el; agente, el
Vertrieb	distribución, la; venta, la
verursachen	ocasionar, causar
vervollständigen, ergänzen	completar
verwechseln mit	confundir con
verzichten auf	prescindir de, renunciar a
verzögern	retrasar
Verzug, Verzögerung	retraso, el; demora, la
Video	vídeo, el
vielversprechend	alentador, prometedor
vierfach, in 4-facher Ausfertigung	por cuadruplicado
voll, gänzlich	entero
Vollkommenheit	perfección, la
vollständig	entero, completo

vorankommen, aufsteigen	promocionarse
Voraus, im ...	por adelantado; por anticipado
Voraussetzung (Befähigung)	requisito, el
Voraussetzung, unter der V., dass ...	a condición de que (+ subj.)
Vorauszahlung	pago (por) adelantado, el
vorbehalten, sich das Recht ...	reservarse el derecho
Vorfall	incidente, el; percance, el
Vorführung	demostración, la
Vorgehen	procedimiento, el
Vorgeschichte	antecedentes, los
vorgesehen	previsto
vorgewaschen	prelavado
vorhanden, falls nicht ...	en su defecto
vorher	previamente
vorhergehend, vorherig	anterior
vorhersagen	pronosticar
vorhersehen	prever
Vorkommnis	incidente, el
vorliegend, vorliegender Auftrag	presente, el presente pedido
vormerken	anotar
Vorrang	prioridad, la
Vorrang geben	dar (máxima) prioridad a algo
Vorschlag	propuesta, la
vorschlagen	sugerir (-ie-/-i-), proponer (-ng-)
vorstellen, präsentieren	presentar
Vorstellung, Idee	idea, la
Vorteil, Vorzug	ventaja, la
vorteilhaft	ventajoso
vorwegschicken	adelantar
vorzüglich, hervorragend	superior, excelente
vorzugsweise	preferentemente
W	
wachsen	crecer (-zc-)
wachsend	creciente
Wahl	elección, la
Wahlkampagne	campaña electoral, la
Währung	moneda, la
Ware	mercancía, la; mercadería, la (sudam.)
Warenart	género, el
Wechsel (Dokument)	letra (de cambio), la; giro, el
Wecker	despertador, el
wegen	debido a, a causa de
Wein: Weißwein, Rotwein, Rosé	vino blanco, tinto, rosado; el
weitere	demás
Wellpappe	cartón ondulado, el
wenden, sich... an	dirigirse a
Werbematerial	material de publicidad, el; material publicitario, el
Werbeslogan	eslógan publicitario, el
Werbung	publicidad, la
Werk, ab ...	fábrica, la; ex fábrica
Werkzeug	herramientas, las
Wert	valor, el
widerstandsfähig	resistente
widmen, sich ...	dedicarse a
wiederaufnehmen, -anknüpfen	reanudar
wiederholen	reiterar, repetir (-i-)
Wiederverkäufer	distribuidor, el
winzig	minúsculo, microscópico
Wolle	lana, la
wunschgemäß	según su deseo
Z	
zahlbar bei	pagadero en
zahlreich	numeroso
Zahlung	pago, el
Zahlungsbedingungen	condiciones de pago, las
Zahlungsbilanz	balanza de pagos, la
Zahlungserleichterungen	facilidades de pago, las
Zahnpasta	pasta dentífrica, la
Zeichnung	dibujo, el
zeigen, lehren	enseñar
Zeit, zur ...	actualmente, por el momento

Zeitraum	periodo, el
Zeitschrift	revista, la
zerbrochen	roto
zerknittert	arrugado
zerrissen	roto (inf.: romper), rasgado
Zertifikat	certificado, el
Ziel	meta, la
Ziel, mit dem Ziel	finalidad, la; con la finalidad (de)
Zinsen	intereses, los
zögern, etwas zu tun	dudar en hacer algo
Zoll(amt)	aduana, la
Zollgebühren	aranceles, los; derechos arancelarios, los
Zollnummer	número de aduana, el; número arancelario, el
zufrieden sein mit	estar satisfecho de/contento con
Zufriedenheit	satisfacción, la
Zufriedenheit, zu Ihrer vollen ...	a su entera satisfacción
zufriedenstellen	satisfacer
zugänglich machen	facilitar
zuletzt, in letzter Zeit	últimamente
zurücknehmen, die Ware ...	retirar la mercancía
zurückschicken	devolver (-ue-)
zurückweisen	rechazar
zurückzahlen	reembolsar
zurückzuführen sein auf	atribuirse a, deberse a
zusagen (gefallen)	convenir, satisfacer
zusammen mit	junto con
Zusammenarbeit	colaboración, la
zusammenarbeiten	colaborar
zusätzlich	adicional
Zustand	estado, el
Zustand, in tadellosem ... ankommen	llegar en perfectas condiciones
zuständig	pertinente
zweifach, in 2-facher Ausfertigung	por duplicado
zweifellos	sin duda alguna
zweisprachig	bilingüe
zwingen, gezwungen sein, zu	obligar, estar obligado a

Zeichenerklärung: In Klammern gesetzte Buchstabenkombinationen (-ie/-i-) bezeichnen Unregelmäßigkeiten der Präsens- bzw. Indefinido-Formen.

Bildquellenverzeichnis

Cover: MEV Verlags GmbH, Augsburg
fotolia: beermedia (S. 16 ff.), Jakob Kamender (S. 30 ff.)
Zeichnungen: Stéffie Nasution, Unkel